DOMINANDO O CICLO DE MERCADO

BEST-SELLER DO *NEW YORK TIMES*

DOMINANDO O CICLO DE MERCADO

APRENDA A RECONHECER PADRÕES PARA INVESTIR COM SEGURANÇA

HOWARD MARKS

ALTA BOOKS
EDITORA
Rio de Janeiro, 2019

Dominando o Ciclo de Mercado
 ISBN: 978-85-508-0878-9

Impresso no Brasil — 1ª Edição, 2019 — Edição revisada conforme o Acordo Ortográfico da Língua Portuguesa de 2009.

Publique seu livro com a Alta Books. Para mais informações envie um e-mail para autoria@altabooks.com.br

Obra disponível para venda corporativa e/ou personalizada. Para mais informações, fale com projetos@altabooks.com.br

Produção Editorial
Editora Alta Books

Gerência Editorial
Anderson Vieira

Produtor Editorial
Juliana de Oliveira

Marketing Editorial
marketing@altabooks.com.br

Editor de Aquisição
José Rugeri
j.rugeri@altabooks.com.br

Vendas Atacado e Varejo
Daniele Fonseca
Viviane Paiva
comercial@altabooks.com.br

Ouvidoria
ouvidoria@altabooks.com.br

Equipe Editorial
Adriano Barros
Bianca Teodoro
Carolinne Oliveira
Ian Verçosa
Illysabelle Trajano
Keyciane Botelho
Larissa Lima
Laryssa Gomes
Leandro Lacerda
Livia Carvalho
Maria de Lourdes Borges
Paulo Gomes
Raquel Porto
Thales Silva
Thauan Gomes
Thiê Alves

Tradução
Carlos Bacci

Copidesque
Alessandro Thomé

Revisão Gramatical
Priscila Gurgel
Rochelle Lassarot

Revisão Técnica
Flavio Barbosa
Doutor em Ciência Política pela UFJF com CAPES/PDSE na Prague University of Economics

Diagramação
Luisa Maria Gomes

Capa
Larissa Lima

Dados Internacionais de Catalogação na Publicação (CIP) de acordo com ISBD

M346d Marks, Howard

Dominando o Ciclo de Mercado: aprenda a reconhecer padrões para investir com segurança / Howard Marks ; traduzido por Carlos Bacci. - Rio de Janeiro : Alta Books, 2019.
336 p. : il. ; 17cm x 24cm.

Tradução de: Mastering the Market Cicle
Inclui índice.
ISBN: 978-85-508-0878-9

1. Economia. 2. Mercado. 3. Investimento. I. Bacci, Carlos. II. Título.

2018-2172 CDD 330
CDU 33

Elaborado por Vagner Rodolfo da Silva - CRB-8/9410

Rua Viúva Cláudio, 291 — Bairro Industrial do Jacaré
CEP: 20.970-031 — Rio de Janeiro (RJ)
Tels.: (21) 3278-8069 / 3278-8419
www.altabooks.com.br — altabooks@altabooks.com.br
www.facebook.com/altabooks — www.instagram.com/altabooks

ALTA BOOKS
EDITORA

ASSOCIADO
CBL Câmara Brasileira do Livro

Com Todo o Meu Amor
a Nancy
Jane, Justin, Rosie e Sam
Andrew e Rachel

Sumário

DOMINANDO O CICLO DE MERCADO

INTRODUÇÃO

Sete anos atrás escrevi um livro chamado *The Most Important Thing: Uncommon Sense for the Thoughtful Investor* ("A Coisa Mais Importante: O Senso Fora do Comum para o Investidor Previdente", em tradução livre), que tratava dos pontos nos quais os investidores deveriam concentrar sua maior atenção. Nele eu dizia que "o mais importante é estar atento aos ciclos". Na verdade, porém, também rotulei 19 outras coisas como "a coisa mais importante" — porque não há apenas uma coisa mais importante em que investir. Cada um dos 20 elementos que discuti em *The Most Important Thing* é absolutamente essencial para quem deseja ser um investidor de sucesso.

Vince Lombardi, o lendário treinador dos Green Bay Packers, é famoso por ter dito: "Vencer não é tudo, é a única coisa". Nunca consegui descobrir o que Lombardi queria dizer com isso, mas, sem sombra de dúvida, ele considerava que vencer era a coisa mais importante. No que me diz respeito, não posso dizer que uma compreensão dos ciclos é tudo o que importa em investir, ou a única coisa a ser considerada, mas certamente está bem próxima do topo da lista.

A maioria dos grandes investidores que conheci ao longo dos anos tinha uma excepcional compreensão da forma como os ciclos funcionam em geral, bem como a percepção de em qual ponto estamos no atual. Essa condição lhes permite posicionar vantajosamente seus portfólios com relação ao que vem pela frente. O alinhamento com a evolução do ciclo (combinado com uma abordagem de investimento eficaz e o envolvimento de pessoas excepcionais) explica grande parte do sucesso de minha empresa, a Oaktree Capital Management.

Por essa razão decidi fazer uma sequência para *The Most Important Thing* inteiramente dedicada a uma exploração dos ciclos, movido por três fatores: as flutuações dos ciclos, algo que considero particularmente intrigante; a pergunta mais frequente de meus clientes — onde estamos no ciclo? —; e também porque pouco se tem escrito sobre a natureza essencial dos ciclos. Espero que você o aproveite.

~

Alguns padrões e eventos ocorrem de modo regular em nosso ambiente, influenciando nosso comportamento e nossa vida. O inverno é mais frio que o verão, e o dia é mais claro que a noite. Assim, nos agasalhamos no inverno, e usamos roupas leves no verão, e reservamos o dia para o trabalho ou lazer, e a noite para dormir. Nós acendemos as luzes quando a noite cai e as desligamos ao ir para a cama. Tiramos do armário nossas blusas mais quentes conforme o inverno se aproxima e nossas roupas de banho para o verão. Embora haja algumas pessoas que nadam no mar gelado no inverno por diversão e outras que optam por trabalhar no turno da noite para deixar seus dias livres, a grande maioria de nós segue os padrões circadianos normais, facilitando o dia a dia.

Nós, humanos, nos valemos de nossa capacidade de reconhecer e entender padrões para facilitar decisões, aumentar benefícios e evitar dor. É importante ressaltar que dependemos de nosso conhecimento sobre padrões recorrentes para prevenir que todas as decisões partam do zero. Sabemos que os furacões são mais prováveis em setembro, então evitamos o Caribe nessa época do ano. Enquanto os nova-iorquinos agendam suas visitas a Miami e Phoenix nos meses de inverno, quando o diferencial de temperatura é positivo, não negativo, os turistas brasileiros acostumados ao calor programam suas viagens para as localidades no sul do país a fim de curtir o frio mais intenso. E não precisamos acordar todos os dias em janeiro e decidir se devemos nos vestir para o calor ou para o frio.

Economias, empresas e mercados também operam de acordo com padrões. Alguns desses padrões são comumente chamados de ciclos. Eles surgem de fenômenos que ocorrem naturalmente, mas, em especial, também dos altos e baixos da psicologia humana e do comportamento humano resultante. Em razão do papel relevante dos fatores psicológicos e comportamentais em sua criação, esses ciclos não são tão regulares quanto os ciclos de relógio e calendário, porém dão margem para intensificar determinadas ações, para o bem ou para o mal, podendo afetar profundamente os investidores. Se prestarmos atenção aos ciclos, podemos sair na frente. Se estudarmos os ciclos anteriores, entendermos suas origens e significado e ficarmos alertas para o próximo, não teremos de reinventar a roda para entender novamente cada ambiente de investimento. E teremos menos chances de ser colocados em xeque pelos acontecimentos. Podemos dominar esses padrões recorrentes em nosso benefício.

~

Minha principal mensagem é a de que devemos prestar atenção aos ciclos. Talvez eu devesse dizer "escute-os". Há duas definições estreitamente relacionadas, mas distintas, para a palavra "escutar". A primeira é "concentrar-se com o propósito de ouvir". A segunda é "prestar atenção". Ambas são importantes para o que estou escrevendo.

No intuito de posicionar adequadamente um portfólio diante do que está acontecendo ao redor — e para a implicação disso em relação ao futuro dos mercados —, o investidor tem de manter um alto nível de atenção. Eventos acontecem igualmente para todos os que estão operando em um determinado ambiente. Mas nem todo mundo os "escuta" igualmente no sentido de prestar atenção, estar ciente deles e, assim, potencialmente descobrir sua importância.

E certamente nem todos prestam a devida atenção. Por "devida atenção" eu quero dizer "acate, tenha em mente, assuma como modelo, incorpore". Ou, em outras palavras, "absorver uma lição e seguir seus ditames". Talvez eu possa transmitir melhor esse sentido de "atenção" para escutar listando seus antônimos: ignorar, desconsiderar, repudiar, rejeitar, negligenciar, descuidar, desprezar, desdenhar, escarnecer, não acatar, desconcentrar-se, deixar passar batido ou ficar desatento. Invariavelmente, os investidores que não levam em conta sua posição em ciclos tendem a sofrer sérios revezes.

Para tirar o máximo proveito deste livro — e aprimorar-se na maneira de lidar com ciclos —, um investidor tem de aprender a reconhecer os ciclos, avaliá-los, identificar suas implicações e fazer o que eles lhe dizem para fazer. (Veja adiante a nota do autor sobre meu uso de pronomes masculinos.) Caso um investidor "escute" nesse sentido, poderá converter ciclos, de uma força selvagem, incontrolável e devastadora, em um fenômeno que pode ser entendido e aproveitado: um filão que pode ser explorado para obter um desempenho acima das expectativas mais otimistas.

~

Uma filosofia de investimento vencedora pode ser criada apenas através da combinação de um certo número de elementos essenciais:

- Um ensino técnico em contabilidade, finanças e economia providencia o fundamento: necessário, mas longe de ser suficiente.
- Uma visão de como os mercados funcionam é importante — é preciso ter uma antes de começar a investir, mas ela deve ser complementada, questionada, refinada e reformulada à medida que você segue em frente.
- Algumas de suas perspectivas iniciais são provenientes daquilo que você leu, então a leitura é um elemento essencial. Continuar a ler lhe permitirá aumentar a eficácia de sua abordagem, seja por adotar as ideias que você acha atraentes, seja por descartar as que não são. Convém frisar que é importantíssimo realizar leituras para além dos limites estritos da área relativa a investimentos. O lendário investidor Charlie Munger frequentemente aponta para os benefícios de ler de forma ampla; história e processos em outros campos podem acrescentar muito a eficazes abordagens e decisões de investimento.
- Trocar ideias com outros investidores pode ser uma fonte inestimável de crescimento. Dada a natureza não científica do investimento, não há como terminar com seu aprendizado, e nenhum indivíduo

monopoliza os insights. Investir pode ser solitário, mas penso que aqueles que o praticam na solidão estão perdendo muito, tanto intelectualmente quanto nas relações interpessoais.

- Finalmente, na verdade não há substituto para a experiência. Em cada novo ano ocorre-me investir de forma diferente, e cada ciclo pelo qual passei me ensinou algo sobre como lidar com o próximo. Aconselho ter uma longa carreira, e não vejo razão alguma no horizonte próximo para interrompê-la.

Escrever meus livros foi uma maneira maravilhosa de dar o devido reconhecimento às pessoas que contribuíram para meus insights sobre investimento e a construção de minha vida profissional.

- Ganhei muito lendo o trabalho de Peter Bernstein, John Kenneth Galbraith, Nassim Nicholas Taleb e Charlie Ellis.
- Continuei a captar as dicas das pessoas que citei em *The Most Important Thing* e outras, incluindo Seth Klarman, Charlie Munger, Warren Buffett, Bruce Newberg, Michael Milken, Jacob Rothschild, Todd Combs, Roger Altman, Joel Greenblatt, Peter Kaufman e Doug Kass. E desde que Nancy e eu nos mudamos para Nova York, em 2013, para acompanhar nossos filhos, tive a sorte de incluir Oscar Schafer, Jim Tisch e Ajit Jain nesse círculo. O modo de ver as coisas de cada uma dessas pessoas foi adicionado ao meu.
- Por fim, quero retornar aos colaboradores mais importantes, meus cofundadores da Oaktree: Bruce Karsh, Sheldon Stone, Richard Masson e Larry Keele. Eles me honraram adotando minha filosofia como base para a abordagem de investimento da Oaktree, aplicaram-na habilmente (obtendo reconhecimento por isso) e me ajudaram a complementá-la ao longo dos mais de trinta anos em que fomos associados. Como se vê a seguir, Bruce e eu trocamos ideias e nos apoiamos quase que diariamente durante esse período, e esse conví-

vio dinâmico e produtivo — especialmente nos momentos mais difíceis — desempenhou um papel indispensável no desenvolvimento da abordagem aos ciclos na qual este livro se baseia.

Também sou grato a algumas pessoas cuja participação na criação deste livro foi importante: meu talentoso editor na HMH, Rick Wolff; meu engenhoso agente, Jim Levine, que me levou ao Rick; minha grande amiga Karen Mack Goldsmith, que a todo momento me forçava a tornar o livro mais atraente; e minha assistente de longa data, Caroline Heald. Em particular, quero citar o professor Randy Kroszner, da Universidade de Chicago, Booth School, que ajudou analisando os capítulos sobre o ciclo econômico e a intervenção governamental.

~

Como o conhecimento é cumulativo e nunca sabemos tudo, estou ansioso para aprender mais nos próximos anos. Ao investir, não há nada que sempre funcione, pois o ambiente é mutável por natureza, e os esforços dos investidores para responder ao ambiente o fazem mudar ainda mais. Assim, espero no futuro conhecer coisas que desconheço agora, e fico na expectativa, aguardando por elas, para compartilhá-las em memorandos e livros ainda por vir.

Notas do autor:

1. Como em *The Most Important Thing*, quero fazer desde já um pedido de desculpas geral pelo uso consistente de pronomes masculinos. Pode ser a força do hábito de alguém que começou a escrever há mais de sessenta anos. Acho muito mais fácil e mais atraente escrever "ele" do que "ele/ela". Alternar entre "ele" e "ela" parece forçado. E eu não gosto do uso de "eles" quando o assunto é uma única pessoa. As mulheres excepcionais com quem tive o privilégio de trabalhar ao longo

da minha carreira sabem que eu realmente, ao pensar em profissionais e investidores, tenho em mente tanto homens quanto mulheres.

2. Tal como em *The Most Important Thing*, visando esclarecer meus pontos aqui, de vez em quando me basearei em memorandos de clientes que escrevi ao longo dos anos, a partir de 1990*. Com essa mesma finalidade, também pegarei emprestado meu primeiro livro. Eu poderia me dar ao trabalho de reinventar a roda e escrever sobre esses assuntos de novo, mas não vou. Em vez disso, levantarei as principais passagens do meu livro e memorandos que, em minha opinião, explicam as coisas com clareza. Espero que isso não faça com que aqueles que compraram este livro sintam que receberam menos do que o valor de seu dinheiro.

   Para atender aos propósitos deste livro, ocasionalmente adiciono ou excluo algumas poucas palavras das passagens que cito, ou apresento parágrafos em uma ordem diferente daquela em que apareceram no original. Como eles são trechos de minha autoria, acho que não há problema em fazer isso sem notificar em todos os casos. Mas faço isso apenas para aumentar sua utilidade, não para alterar seu significado ou torná-lo mais correto com o benefício da retrospectiva.

3. Ainda como em *The Most Important Thing*, tratarei aqui de um tema que — tal como o investimento em geral — é complexo e envolve elementos que se sobrepõem, não podendo, por isso, ser nitidamente segregados em capítulos distintos. À medida que alguns desses elementos são abordados em vários lugares, haverá casos em que ocorrerão repetições nas quais incluí citações relevantes de outras pessoas ou de meu livro e memorandos que não posso resistir a usar mais de uma vez.

---

* Esses memorandos sobre diversos assuntos foram escritos pelo autor ao longo do tempo, e ele os deixava à disposição dos clientes de sua empresa. Podem ser consultados em https://www.oaktreecapital.com/insights/howard-marks-memos (conteúdo em inglês).

4. Observe que, quando falo em "investir", parto do pressuposto de que o investidor está comprando, mantendo ou, como dizemos, "dando um tempo" na expectativa de que certos ativos se valorizem. Isso é o oposto de alguém vender valores mobiliários de curto prazo que ainda não possui por considerar que sua cotação cairá (operações denominadas de "mercado a termo"). Os investidores nem sempre têm posições "compradas", em vez de "vendidas", mas isso ocorre na maioria das vezes. O número de pessoas que vendem ações a descoberto ou que já têm "net short" — ou seja, cujas posições vendidas têm um valor total superior ao das ações que possuem — é pequeno em relação àquelas que não possuem. Assim, neste livro falarei exclusivamente sobre como investir em coisas porque elas devem subir, não vendendo ativos com a expectativa de que seus preços cairão.

5. Finalizando: inicialmente concebi este livro como sendo apenas sobre ciclos, entretanto, à medida que o escrevia, surgiram ideias sobre muitos outros tópicos, tais como seleção de ativos e "queda brusca de preços valores ou títulos" . Em vez de descartá-los, eu os incluí. Espero que você fique feliz por eles estarem aqui como um bônus, em vez de um desvio de rota.

I

POR QUE ESTUDAR CICLOS?

As chances variam de acordo com nossa posição nos ciclos. Se não alteramos nossa postura de investimento conforme as coisas mudam, estamos sendo passivos em relação aos ciclos; em outras palavras, estamos ignorando a chance de inclinar as probabilidades a nosso favor. Porém, se obtivermos algum insight sobre os ciclos, podemos aumentar nossas apostas e colocá-las em investimentos mais agressivos quando as probabilidades estão a nosso favor, e podemos ficar mais cautelosos e aumentar nossa postura defensiva quando as probabilidades estão contra nós.

Investir é uma questão de se preparar para o futuro financeiro. A tarefa é simples de definir: montamos hoje portfólios que esperamos que se beneficiem dos eventos dos próximos anos.

Para investidores profissionais, o sucesso consiste em fazer isso melhor do que o investidor médio, ou superar um benchmark (uma referência, um parâmetro) de mercado atribuído, que é determinado pelo comportamento de todos os outros investidores. No entanto, alcançar esse tipo de êxito não é um desafio menor: embora seja muito fácil gerar desempenho médio de investimento, é muito difícil uma performance acima da média.

Um dos mais importantes fundamentos de minha filosofia de investimento é a convicção de que não podemos saber o que o "futuro macro" nos reserva em termos de economias, mercados ou geopolítica. Ou, para ser mais preciso, contam-se nos dedos as pessoas capazes de considerar todos os fatores envolvidos para saber mais sobre o futuro macro. E nossas previsões levarão a um desempenho superior apenas se soubermos mais do que os outros (quer isso consista em ter dados melhores, fazer um trabalho superior de interpretar os dados disponíveis, saber quais ações tomar com base em nossa interpretação, ou ter a coragem emocional necessária para colocar tais ações em prática).

Em resumo, se tivermos as mesmas informações que os outros, analisá-las da mesma maneira, chegar às mesmas conclusões e implementá-las de forma idêntica, não devemos esperar que o processo resulte em desempenho superior. E é muito difícil ser consistentemente superior com relação ao macro.

Então, em minha opinião, é improvável que tentar prever o futuro macro ajude os investidores a obter um desempenho de investimento superior. Muito poucos investidores são conhecidos por terem superado a previsão macro.

Warren Buffett me contou sobre seus dois critérios para uma informação desejável: ela tem que ser importante e compreensível. Embora "todos saibam" que hoje os desenvolvimentos macroeconômicos têm um papel dominante na determinação do desempenho dos mercados, os "macroinvestidores" como um todo mostraram resultados realmente inexpressivos. Não é que a previsão macro não tenha importância, mas, sim, que muito poucas pessoas podem dominá-la. Para a maioria, simplesmente não é compreensível (ou não é suficientemente conhecida e consistentemente suficiente para levar a um melhor desempenho).

Desse modo, dispenso a previsão macro como algo que trará sucesso ao investimento da grande maioria dos investidores, e certamente me incluo nesse grupo. Se é assim, o que resta? Embora haja muitos detalhes e nuances, penso ser vantajoso gastar nosso tempo em três áreas gerais:

- Tentando saber mais do que os outros sobre o que chamo de "o compreensível": os fundamentos das indústrias, das empresas e dos valores mobiliários.
- Sendo disciplinado quanto ao preço apropriado a pagar para participar nesses fundamentos.
- Entendendo o ambiente de investimento em que estamos, a fim de decidir como posicionar estrategicamente nossos portfólios para isso.

Muito já foi escrito sobre os dois primeiros itens. Juntos, eles constituem os ingredientes-chave em "análise dos valores mobiliários" e "investimento em valor": julgamentos sobre o que um ativo pode produzir no futuro — geralmente em termos de lucro ou fluxo de caixa — e o que tais análises dizem sobre valer a pena ou não ter esses ativos hoje.

O que os investidores em valor fazem? Eles se esforçam para tirar proveito das discrepâncias entre "preço" e "valor". Para ter êxito nessa empreitada, eles têm de (a) quantificar o valor intrínseco de um ativo e como ele pode mudar com o tempo e (b) avaliar como o preço de mercado corrente se compara relativamente ao valor intrínseco do ativo, aos preços do ativo no passado, aos preços de outros ativos e aos preços "teoricamente justos" para os ativos em geral.

Em seguida, eles usam essas informações para montar portfólios. Na maioria das vezes, o objetivo imediato é manter investimentos que ofereçam as melhores proposições de valor disponíveis: os ativos com maior potencial de valorização e/ou a melhor relação entre o potencial de crescimento e o risco de declínio das cotações. Pode-se argumentar que a formação de um portfólio deve consistir em nada mais do que identificar os ativos com maior valor e aqueles cujos preços mais o subestimam. Isso pode ser verdade em geral e no longo prazo, mas penso que outro elemento pode entrar com vantagem no processo: posicionar adequadamente um portfólio para o que provavelmente acontecerá no mercado nos próximos anos.

Acredito que a melhor maneira de otimizar o posicionamento de um portfólio em um dado ponto no tempo é decidir como equilibrar agressividade e defensividade. Penso que a relação entre posições mais agressivas e mais defensivas deve ser ajustada ao longo do tempo, em resposta a mudanças no estado do ambiente de investimento e onde houver uma série de elementos em seus ciclos.

> A palavra-chave é "calibrar". O valor investido, a alocação de capital entre as várias possibilidades e o grau de risco das coisas que se possui devem ser calibrados ao longo de um *continuum* que vai de agressivo a defensivo... Quando for barato, devemos ser agressivos; quando for caro, devemos recuar. ("Yet Again?", setembro de 2017)

Calibrar a posição de um portfólio é o assunto principal deste livro.

~

Uma das palavras-chave necessárias para entender as razões do estudo dos ciclos são as "tendências".

Se os fatores que influenciam o investimento fossem regulares e previsíveis — por exemplo, se a previsão macro funcionasse —, poderíamos falar sobre o que "acontecerá". Porém, o fato de não ser esse o caso não significa que somos incapazes de contemplar o futuro. Ao contrário, podemos falar sobre as coisas que podem ou não acontecer, bem como a probabilidade de acontecerem. Essas coisas são o que eu chamo de "tendências".

No mundo dos investimentos, falamos sobre risco o tempo todo, mas não há um acordo universal sobre o que é risco ou as implicações disso no comportamento dos investidores. Há os que pensam que risco é a probabilidade de perder dinheiro, e outros (incluindo muitos acadêmicos de finanças) acham que risco é a volatilidade dos preços ou dos retornos dos ativos. E há muitos outros tipos de risco que fogem ao escopo deste livro.

Eu me inclino fortemente para a primeira definição: em minha opinião, o risco é principalmente a probabilidade de perda permanente de capital. Mas também há o chamado risco de oportunidade: a probabilidade de perder ganhos potenciais. Juntar os dois é perceber que risco é a possibilidade de as coisas não acontecerem do jeito que a gente quer.

Qual é a origem do risco? O falecido Peter Bernstein, um de meus filósofos de investimento favoritos, disse o seguinte em uma edição de seu boletim *Economics and Portfolio Strategy* intitulado "Can We Measure Risk with a Number?" ("Podemos medir o risco com um número?", em tradução livre) (junho de 2007):

> Em essência, risco quer dizer que não sabemos o que vai acontecer... A cada momento rumamos para o desconhecido. Há uma variedade de resultados, e não sabemos onde (o resultado real) ficará nessa série. E com frequência ignoramos a extensão dessa série.

Você encontrará a seguir algumas ideias — resumidas muito brevemente a partir de meu memorando "Risk Revisited Again" ("Revisitando o Risco Novamente", em tradução livre), de junho de 2015 — que, a meu ver, surgem diretamente do ponto de partida fornecido por Bernstein. Elas podem ajudá-lo a entender e lidar com o risco.

Como disse Elroy Dimson, professor aposentado da London Business School, "Risco significa que mais coisas podem acontecer do que acontecerão". Para cada evento em economia, negócios e mercados (entre outras coisas), se apenas uma coisa pudesse acontecer — ou seja, se pudesse haver apenas um resultado —, e se fosse previsível, não haveria, obviamente, incerteza ou risco. E sem incerteza em relação ao que acontecerá, teoricamente poderíamos saber com exatidão como posicionar nossos portfólios para evitar perdas e obter ganhos máximos. Mas na vida e no investimento, uma vez que podem haver muitos resultados diferentes, a incerteza e o risco são inescapáveis.

Em decorrência do exposto, o futuro deve ser visto não como um único resultado fixo que está destinado a acontecer e capaz de ser previsto, mas como uma série de possibilidades e, espera-se, com base nos insights de suas respectivas chances de ocorrer, como uma distribuição de probabilidades. Distribuições de probabilidade refletem a percepção individual de tendências.

Investidores, ou qualquer um que queira lidar com sucesso com o futuro, têm de elaborar distribuições de probabilidade, explícita ou informalmente. Essas probabilidades, caso sejam bem feitas, serão úteis para determinar o curso de ação mais apropriado. Contudo, ainda é crucial ter em mente que, mesmo a par das probabilidades, isso não significa que sabemos o que acontecerá.

Os resultados relativos a uma dada questão podem estar no âmbito de uma distribuição de probabilidade de longo prazo, mas no que diz respeito ao resultado de um único evento, pode haver grande incerteza. Qualquer um dos resultados incluídos em uma distribuição pode ocorrer, ainda que com chances variáveis, já que o processo através do qual o resultado é escolhido será afetado não apenas pelos méritos, mas também pela aleatoriedade. Para inverter a declaração de Dimson, não obstante muitas coisas possam ocorrer, apenas uma acontecerá. Podemos saber o que esperar "em média", mas isso pode não ter conexão alguma com o que realmente acontecerá.

Quanto a isso, na minha maneira de pensar, o sucesso do investimento é como escolher um ganhador da loteria. Ambos são determinados por um bilhete (o resultado) sendo retirado de uma urna (toda a gama de resultados possíveis). Em cada caso, um resultado é escolhido dentre as muitas possibilidades.

Investidores superiores são pessoas que têm uma noção melhor de quais bilhetes estão na urna e, portanto, se vale a pena participar da loteria. Em outras palavras, ainda que os investidores superiores — como qualquer um — não saibam exatamente o que o futuro reserva, eles têm uma compreensão acima da média sobre as tendências futuras.

Cabe aqui, de maneira oportuna, uma observação. A maioria das pessoas acha que a maneira de lidar com o futuro é formulando uma opinião a respeito do que acontecerá, talvez por meio de uma distribuição de probabilidade. Penso que existem dois requisitos, não um. Além de uma opinião sobre o que acontecerá, as pessoas devem ter uma opinião sobre as chances de sua opinião ser correta. Alguns eventos podem ser previstos com substancial confiança (por exemplo, "Um título com determinado grau de investimento pagará os juros prometidos?"), em outros há incerteza ("A Amazon ainda será líder em varejo online em dez anos?"), enquanto alguns são totalmente imprevisíveis ("O mercado de ações vai subir ou descer no próximo mês?"). Meu ponto aqui é que nem todas as previsões devem ser tratadas como igualmente prováveis de serem corretas e, portanto, não devem ser usadas da mesma forma. Eu não acho que a maioria das pessoas esteja tão ciente disso quanto deveriam.

~

Uma boa maneira de pensar sobre o investidor superior descrito é como alguém cuja percepção das tendências permite inclinar as chances a seu favor.

Digamos que existam 100 bolas em um pote, algumas pretas e algumas brancas. Qual cor você deve apostar que aparecerá ao retirar uma delas?

- Se você nada sabe sobre o conteúdo do pote, apostar seria apenas uma questão de adivinhação: especulação desinformada. A situação é semelhante caso você saiba que existem cinquenta bolas pretas e cinquenta brancas. Você pode apostar tanto no preto quanto no branco, mas não teria mais do que 50% de chance de acertar. Assim, apostar será algo estúpido, a menos que você tenha uma chance no mínimo igual — e a menos que você seja capaz de evitar o pagamento de uma taxa de admissão (no investimento, uma comissão ou *spread*) para jogar. Apostar no preto ou no branco com chances iguais não seria muito lucrativo a não ser que você tenha sorte, e a sorte não é algo com que se pode contar. Quando não se dispõe de uma vantagem de conhecimento em relação ao conteúdo do jarro, apostar não seria lucrativo de forma confiável.

- Mas e se você tiver um insight especial sobre o conteúdo do jarro? Digamos que você saiba que existem 70 bolas pretas e 30 brancas. Isso pode lhe permitir ganhar mais vezes do que perder. Se você pode apostar $10 no preto contra alguém que lhe dá chances iguais, você ganhará $10 em 70% do tempo e perderá $10 apenas em 30% do tempo, para um lucro esperado de $40 a cada dez escolhas. (Observação: esses serão os resultados, em média, de um elevado número de tentativas, mas estão sujeitos a variações significativas no curto prazo devido à aleatoriedade.)

- Claro, seu parceiro de apostas só lhe dará chances iguais em uma aposta no preto (a) se ele não souber que as bolas são 70% pretas e 30% brancas e (b) se ele não souber que você sabe. Caso ele soubesse tanto quanto você sobre o conteúdo do pote, ele lhe daria apenas 30:70 em uma aposta no preto, e apostar voltaria a não ser lucrativo.

- Em outras palavras, para vencer nesse jogo com mais frequência do que se perde, você precisa ter uma vantagem de conhecimento. É isso que o investidor superior tem: ele sabe mais do que os outros sobre as tendências futuras.

- No entanto, é importante se lembrar do que eu disse antes: ainda que você conheça as probabilidades — ou seja, mesmo tendo uma percepção superior sobre as tendências —, permanece, em essência, ignorando o que acontecerá. Apesar de saber que a proporção de bolas no pote seja de 70 pretas para 30 brancas, você ainda não sabe qual será a cor da próxima bola retirada. Sim, é mais provável que seja uma preta, mas ainda será uma branca em 30% do tempo. Quando há bolas brancas e pretas no pote, e especialmente quando forças aleatórias e exógenas estão em ação quando a próxima bola é escolhida, não há como ter certeza sobre o resultado.

- Não obstante tudo o que foi dito, não é necessário haver certeza para que o jogo valha a pena ser jogado. Uma vantagem de conhecimento sobre as tendências é suficiente para obter sucesso em longo prazo.

~

E isso nos leva a retornar à questão da compreensão dos ciclos. Sobre o investidor médio, pode-se dizer que ele:

- Não entende completamente a natureza e importância dos ciclos.
- Não está presente há tempo suficiente para ter passado por muitos ciclos.
- Não leu a história financeira e, assim, deixou de aprender as lições dos ciclos passados.
- Percebe o ambiente principalmente em termos de eventos isolados, em vez de observar padrões recorrentes e as razões por trás deles.
- Não entende o mais importante: o significado dos ciclos e o que eles podem lhe dizer sobre como agir.

O investidor superior está atento aos ciclos. Ele vai anotando padrões passados que parecem estar se repetindo, adquire um senso sobre onde estamos nos vários ciclos que importam, e sabe que essas coisas têm implicações para suas ações. Isso o permite fazer julgamentos úteis sobre ciclos e onde estamos neles. Especificamente:

- Estamos perto do começo de uma ascensão, ou nos estágios finais?
- Se um determinado ciclo cresce há algum tempo, já foi tão longe que agora estamos em terreno perigoso?
- O comportamento dos investidores sugere que eles estão sendo motivados pela ganância ou pelo medo?

- Quanto ao risco, os investidores parecem apropriadamente avessos ou toltamente tolerantes?
- O mercado está superaquecido (e superapreciado), ou apático (e, portanto, barato) em função do que está acontecendo ciclicamente?
- Tudo isso somado, nossa posição atual no ciclo implica que devemos enfatizar defensividade ou agressividade?

Estar atento a esses elementos dá ao investidor superior uma vantagem que lhe permite ganhar com mais frequência do que perder. Ele compreende tendências ou probabilidades; assim, sabe de algo que os outros desconhecem sobre a cor das bolas no pote. Ele tem uma percepção mais apurada sobre se as chances de ganhar excedem as chances de perder, e então é capaz de investir mais quando elas são favoráveis, e menos quando não são. É importante ressaltar que todas essas coisas podem ser avaliadas com base em observações a respeito das atuais circunstâncias. Como veremos nos próximos capítulos, elas podem nos dizer como se preparar para o futuro sem exigir que sejamos capazes de prevê-lo.

Lembre-se, nossa posição nos vários ciclos influencia fortemente as probabilidades. Por exemplo, como veremos em capítulos posteriores, as oportunidades de ganho de investimento melhoram quando:

- A economia e os lucros das empresas são mais propensos a subir do que a descer de patamar.
- A psicologia dos investidores é moderada, e não instável.
- Os investidores estão conscientes do risco ou — melhor ainda — excessivamente preocupados com o risco.
- Os preços de mercado não se elevaram demais da conta.

Há ciclos em todas essas coisas (e outras mais), e saber onde estamos dentro deles pode ajudar a inclinar as probabilidades a nosso favor. Resumindo, o movimento ao longo do ciclo reposiciona a distribuição de probabilidade relativa a eventos futuros. No que diz respeito aos retornos de investimento, talvez seja útil ilustrar:

Quando nossa posição nos vários ciclos é neutra, a perspectiva de retornos é "normal".

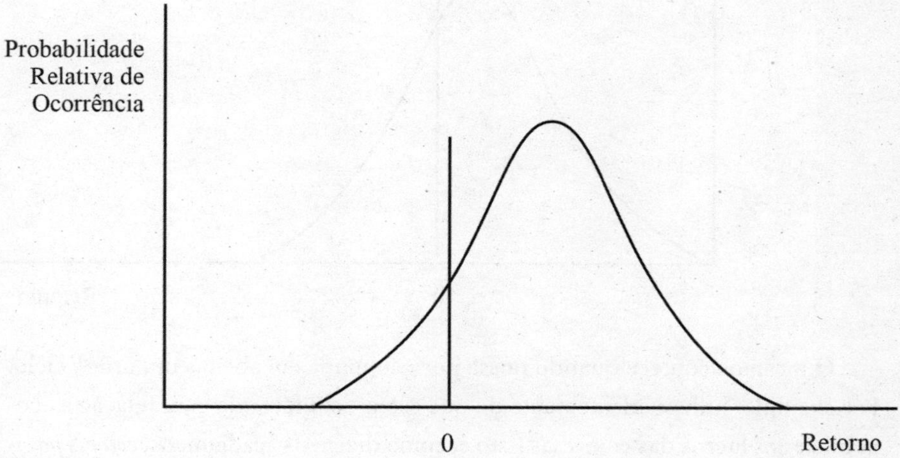

Quando os ciclos estão posicionados de forma propícia, a distribuição de probabilidade move-se para a direita, de modo que a perspectiva de retornos é, agora, inclinada a nosso favor. Nossa posição favorável nos ciclos torna mais prováveis ganhos do que perdas.

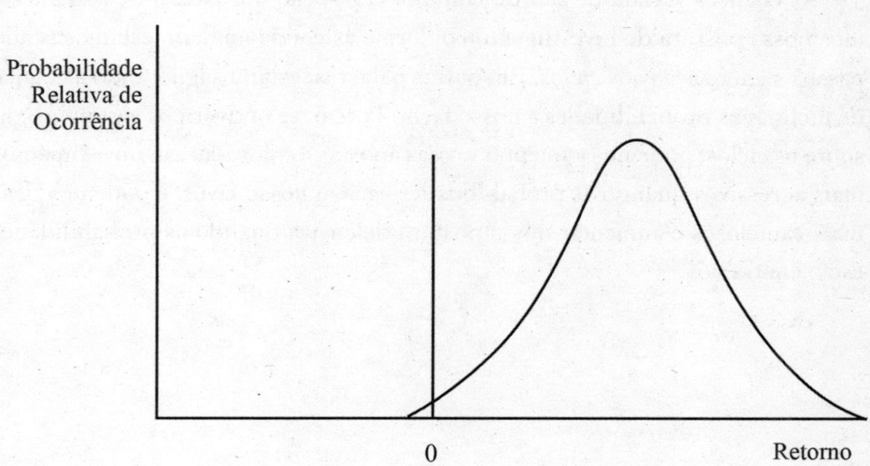

Mas quando os ciclos estão em extremos perigosos, as probabilidades estão contra nós, significando que há menos chance de ganho e mais chance de perda.

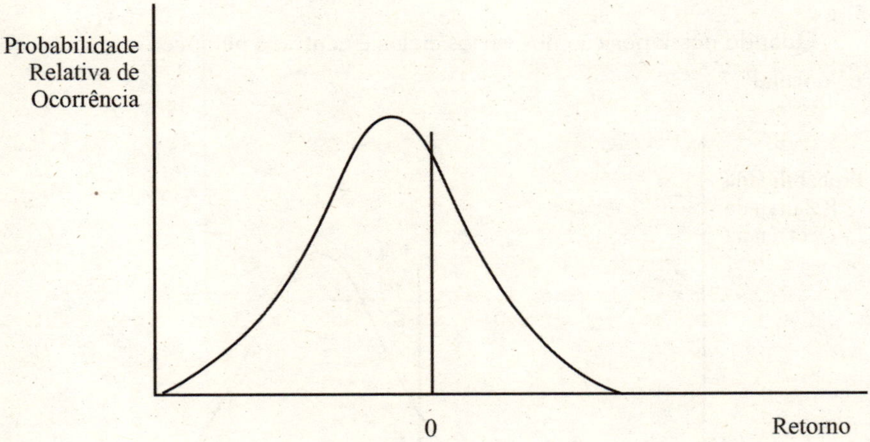

O mesmo acontece quando nossa posição muda em apenas um único ciclo. Por exemplo, independentemente do que esteja acontecendo com relação à economia e aos lucros das empresas (isto é, como dizem os acadêmicos, *ceteris paribus* ou "todo o mais é constante"), a perspectiva de retornos será melhor quando os investidores estiverem deprimidos e temerosos (um fator que induz os preços dos ativos a cair), e pior quando estiverem eufóricos e gananciosos (situação que empurra os preços para cima).

As chances variam de acordo com nossa posição nos ciclos. Se não alteramos nossa postura de investimento conforme as coisas mudam, estamos sendo passivos em relação aos ciclos. Em outras palavras, estamos ignorando a chance de inclinar as probabilidades a nosso favor. Porém, se obtivermos algum insight sobre os ciclos, podemos aumentar nossas apostas e colocá-las em investimentos mais agressivos quando as probabilidades estão a nosso favor, e podemos ficar mais cautelosos e aumentar nossa postura defensiva quando as probabilidades estão contra nós.

Quem estuda ciclos não sabe de fato o que acontecerá a seguir — não mais do que alguém com um insight sobre as bolas no pote sabe qual cor da bola sairá em seguida. Mas ambos têm uma vantagem de conhecimento sobre o que é provável. O conhecimento que aquele estudante tem dos ciclos e a apreciação a respeito de onde estamos em um momento no tempo podem dar uma grande contribuição para demarcar os limites que devem estar presentes para que um investidor alcance resultados superiores. Saber que a proporção das bolas a serem retiradas do pote é de 70:30 para uma certa cor é uma vantagem. O mesmo se dá com o investidor que sabe melhor do que os outros em que pé estamos no ciclo. O objetivo deste livro é ajudá-lo a se tornar essa pessoa.

Para isso, descreverei vários processos cíclicos que observei em tempo real. As oscilações podem parecer extremas, e de fato podem ser, já que são escolhidas a partir da experiência de meio século para provar um ponto. E elas podem dar a impressão de que os eventos em discussão foram compactados no tempo, quando, na verdade, levaram meses e anos para se desenvolver. Os exemplos, no entanto, são reais, e espero que eles tornem minha mensagem clara.

II
A NATUREZA DOS CICLOS

As pessoas, de um modo geral, pensam em ciclos como uma série de eventos, e entendem que tais eventos seguem um ao outro com regularidade e em uma sequência usual: ascenções são seguidas por retrações/recessões e, por fim, por novas ascenções. Mas isso não é o suficiente para se ter uma compreensão completa dos ciclos. Os eventos na vigência de um ciclo não devem ser vistos apenas como cada um sendo seguido pelo próximo, mas — e muito mais importante — como cada um *causando* o próximo.

Quando me encontro com clientes da Oaktree, eles quase sempre me pedem para ajudá-los a entender o que está acontecendo no mundo ou no mercado. Geralmente querem saber sobre um ou outro ciclo específico e onde estamos nele. Invariavelmente, puxo uma folha de papel e faço um desenho para auxiliar a conversa.

Normalmente há uma linha que se estende da parte inferior esquerda para a superior direita. Outra linha flutua para cima e para baixo ao redor dela. Juntas, se parecem com isto:

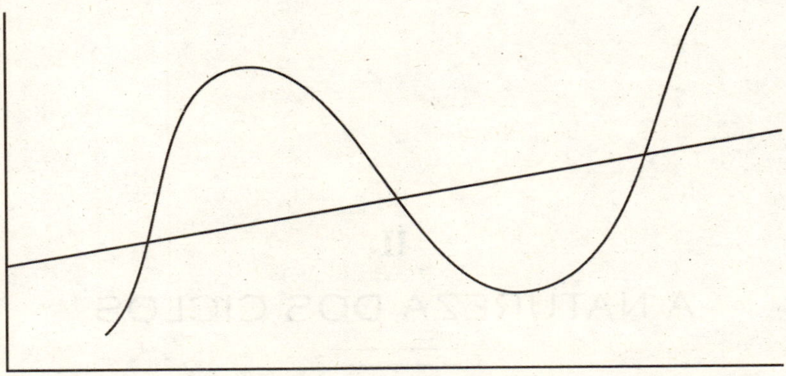

Ao começar a me organizar para a tarefa de escrever este livro, encontrei um grande número desses desenhos em uma sacola Oaktree. Eu os havia desenhado quando descrevia vários fenômenos diferentes, e eles foram anotados de maneira diferente. Mas cada um deles se relacionava com um ciclo digno de discussão, e, em geral, os capítulos deste livro serão dedicados a esses fenômenos cíclicos.

Antes de prosseguir com minha discussão sobre ciclos, quero voltar a algo que mencionei em *The Most Important Thing*. Confesso que fico me revezando entre discutir os altos e baixos dos ciclos e as oscilações dos pêndulos de um lado para o outro, aplicando o rótulo do ciclo a alguns fenômenos e (como visto no Capítulo VII) o rótulo do pêndulo a outros (normalmente aqueles ligados à psicologia). Às vezes falo de um determinado fenômeno como um ciclo, e às vezes, como um pêndulo. Mas, quando pressionado, acho difícil distinguir entre os dois ou dizer por que um recebe um rótulo, e não o outro.

Costumo pensar nas coisas visualmente, então talvez eu possa usar uma imagem para descrever a conexão entre ciclos e pêndulos. Como descreverei mais adiante, os ciclos oscilam em torno de um ponto médio (ou uma tendência secular). De modo semelhante, os pêndulos ficam pendurados em um ponto médio (ou norma) e balançam para cá e para lá a partir daí. Mas pegue o ponto de onde pende o pêndulo, vire-o de lado e movimente-o da esquerda para a direita: à medida que ele oscila, o que você tem? Um ciclo. Não há, na verdade, nenhuma diferença fundamental. Até admito que um pêndulo é pouco mais que um caso especial de um ciclo, ou talvez apenas uma maneira diferente de fazer referência a ciclos específicos. Minhas razões para me referir a algumas coisas como ciclos e a outras como pêndulos são claras para mim. Espero que se tornem claras para você também. Ou, no mínimo, espero que meu uso dos dois termos não prejudique o que você pode levar deste livro.

O que de fato importa é que, no mundo em que os investidores habitam, ciclos sobem e descem, e pêndulos balançam de lá para cá. Ciclos e oscilações de pêndulos vêm em muitas formas e se relacionam com uma ampla variedade de fenômenos, mas as razões subjacentes a eles — e os padrões que produzem — têm muito em comum, e eles tendem a ser relativamente consistentes ao longo do tempo. Ou, como Mark Twain tem a fama de ter dito (embora não haja provas da veracidade disso), "a história não se repete, mas rima".

Quer Twain a tenha cunhado, quer não, essa frase resume muito do que este livro trata. Os ciclos variam em termos de motivos e detalhes, e em tempo e extensão, mas os altos e baixos (e as razões para eles) ocorrerão sempre, produzindo mudanças no ambiente de investimento e, portanto, no comportamento exigido.

Em meus desenhos, a linha central representa um ponto médio em torno do qual o ciclo oscila. Às vezes ela tem uma direção subjacente ou uma tendência secular ("secular" no sentido de — ou relacionado a — um longo período de duração indefinida), e isso geralmente é ascendente. Assim, com o tempo e em longo prazo, as economias tendem a crescer, os lucros das empresas tendem a aumentar, e (em grande parte por causa disso) os mercados tendem a crescer. E se esses desenvolvimentos forem científicos ou totalmente naturais, processos físicos, economias, empresas e mercados podem progredir em linha reta e a uma taxa constante (pelo menos por um tempo). Mas claro, aqueles não são, então estes também não se comportarão assim.

O fato é que o desempenho dessas coisas é fortemente influenciado no curto prazo, entre outros fatores, pelo envolvimento de pessoas, e pessoas estão longe de ser estáveis. Ao contrário, elas de vez em quando alternam seu comportamento, em muitas ocasiões em virtude do que podemos colocar sob o título amplo de "psicologia". Assim, o modo de ser das pessoas varia, certamente, como o ambiente varia, mas às vezes também na ausência de mudanças no ambiente.

Este livro aborda em grande parte a oscilação das coisas em torno do ponto médio ou da tendência secular. A oscilação surpreende e atormenta as pessoas que não a entendem ou, pior ainda, que contribuem para que ela ocorra. Mas, como já informei, geralmente apresenta oportunidades de lucro para aqueles que compreendem, reconhecem e se aproveitam dos fenômenos cíclicos.

≈

Ao olhar para meus desenhos por alguns segundos, fica claro que os movimentos dos fenômenos cíclicos podem ser entendidos como ocorrendo em várias fases identificáveis:

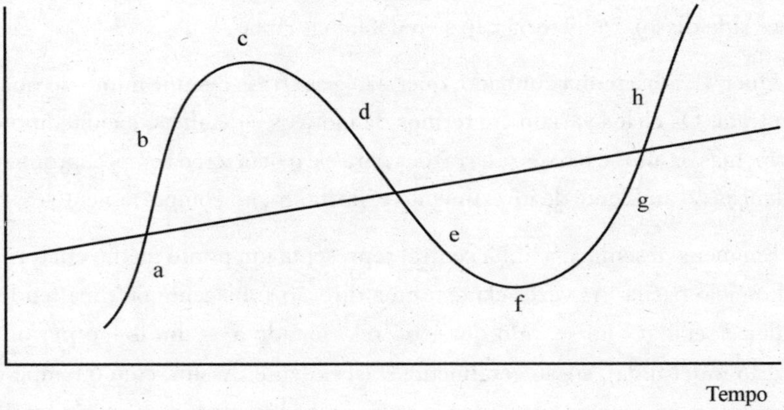

a) Recuperação a partir de um extremo inferior excessivamente deprimido ou "baixo" em direção ao ponto médio.

b) A oscilação continuada passando do ponto médio para um extremo superior ou "alto".

c) A obtenção de um ponto alto.

d) A correção descendente do ponto mais elevado de volta para o ponto médio, ou média.

e) A continuação do movimento descendente após o ponto médio, em direção a um novo ponto baixo.

f) O alcance de um ponto baixo.

g) Mais uma vez, a recuperação, do ponto baixo para o ponto médio.

h) E depois novamente a continuação do movimento para cima, passando do ponto médio para outro ponto alto.

Observando esse roteiro, é importante frisar que não se pode dizer que haja um único "ponto de partida" ou "ponto final" para um ciclo. Qualquer uma das etapas listadas pode ser descrita como representando o início de um ciclo, ou o fim, ou qualquer estágio no meio do caminho.

O narrador simplista pode achar fácil falar sobre o começo de um ciclo, mas alguém um pouco mais sofisticado pode achar isso extremamente difícil. Eis o que escrevi sobre esse assunto em "Now It's All Bad?" ("Tudo é ruim agora?", em tradução livre, setembro de 2007):

> Henry Kissinger era um membro da diretoria da TCW quando eu trabalhava lá, e algumas vezes a cada ano tive o privilégio de ouvi-lo falar sobre assuntos mundiais. Alguém poderia perguntar: "Henry, como explicar os eventos de ontem na Bósnia?", e ele diria: "Bem, em 1722..." O que quero ressaltar é que eventos do tipo reação em cadeia só podem ser compreendidos no contexto do que aconteceu anteriormente.

Caso alguém pergunte "Como chegamos a esse ponto?" ou "O que nos levou a chegar a um nível tão alto (ou baixo)?", invariavelmente a explicação tem que ser baseada nos eventos anteriores. Mas, dito isto, pode não ser fácil retroceder até o ponto inicial de sua narrativa.

As pessoas frequentemente me perguntam "O que causou o início do ciclo?" ou "Estamos perto do fim do ciclo?", questões que considero impróprias, uma vez que os ciclos não começam nem terminam. Perguntas melhores podem ser: "O que causou a atual guinada para cima?", ou "Quão longe estamos desde o início do ciclo ascendente?", ou ainda "Estamos perto do fundo do poço?" Você até pode perguntar se estamos próximos do final de um ciclo, desde que você o defina como se estivesse saltando de um pico para o outro ou correndo de um vale para o seguinte. Contudo, na ausência de tal definição, os ciclos não têm um começo definido, e acredito que nunca terminarão.

~

Ciclos oscilam, como mencionei, ao redor do ponto médio. Este é geralmente considerado como tendência secular, norma, meio, média ou "meio termo" (a média depurada de ambos os extremos de uma série) e, de certo modo, é tido como "correto e apropriado". Os extremos do ciclo, por outro lado, são considerados como aberrações ou excessos a serem excluídos, e geralmente são. Embora o conjunto de eventos responsável pela oscilação dos ciclos tenha a tendência de ficar muito tempo acima ou abaixo do ponto médio, a regra geral é a de que o movimento, por fim, toma o rumo de volta em direção à média. O movimento de um extremo alto ou baixo rumo ao meio é frequentemente descrito como "regressão ao meio", uma tendência poderosa e muito razoável na maioria das esferas da vida. Porém, lembrando os estágios do ciclo listados anteriormente, também pode ser dito que o padrão cíclico usualmente consiste tanto de um movimento a partir do razoável ponto médio até um extremo potencialmente imprudente (estágios b, e, h no gráfico anterior) quanto no sentido oposto, partindo de um extremo e indo de volta para o ponto médio (a, d, g).

O ponto médio racional geralmente exerce uma espécie de atração magnética, fazendo com que as coisas responsáveis pela oscilação promovam um movimento de retorno de um dos extremos que segue na direção do "normal". Mas geralmente a permanência no normal não dura muito tempo, pois aquelas mesmas influências continuam em vigor e, assim, fazem com que a oscilação a partir de um extremo ultrapasse o ponto médio, indo em direção ao extremo oposto.

É importante reconhecer e aceitar a confiabilidade desse padrão. Os detalhes variam — tempo, duração, velocidade e força das oscilações e, muito importante, as razões para eles —, e é provável que estejam por trás do comentário de Twain sobre a história que não se repete. Já a dinâmica subjacente é geralmente semelhante. Em particular, isso significa que a oscilação de um ponto alto ou baixo quase nunca permanece no ponto médio... independentemente de quão "correto" ou "apropriado" ele pode ser. A continuação do movimento além do ponto médio e em direção ao extremo oposto é altamente confiável. Por exemplo, os mercados raramente passam de "subprecificados" para "precificados corretamente" e param por aí. Normalmente a melhoria nos fundamentos e o otimismo crescente, que fazem com que os mercados se recuperem dos níveis deprimidos, permanecem em vigor, fazendo com que ultrapassem a condição de "precificados corretamente" e passem a ser considerados "superfaturados". Não é obrigatório que isso aconteça, mas geralmente acontece.

~

Quanto mais se distanciam do ponto médio, mais os ciclos têm potencial para causar estragos — ou seja, quanto maiores forem as aberrações ou excessos. Se a oscilação em direção a um extremo for mais longe, provavelmente será mais violenta, e mais danos provavelmente ocorrerão, já que as ações encorajadas pelas condições do ciclo em um extremo se mostram inadequadas para a vida em outras partes do ciclo.

Em outras palavras, o potencial de destruição cresce à medida que o movimento para longe do ponto médio aumenta: ou seja, conforme as economias e as empresas "vão se dando muito bem", e os preços das ações "vão ficando muito altos". Avanços são seguidos por meras correções e altos e baixos dos mercados. Mas booms e bolhas têm como consequência quebras, falências e pânico.

~

O que é esse ponto intermediário ao redor do qual as coisas funcionam? Como eu disse, muitas vezes é um ponto situado em uma tendência secular. Por exemplo, o Produto Interno Bruto de uma economia pode apresentar uma taxa de crescimento anual secular de, digamos, 2% por algumas décadas. Mas o crescimento será mais rápido em alguns anos e mais lento — até mesmo negativo —

em outros. O desempenho em anos individualmente considerados é geralmente parte de um ciclo em torno da tendência secular subjacente.

Ressalte-se que a taxa de crescimento secular também pode estar sujeita a um ciclo, mas a um ciclo ainda mais longo e mais gradual. É preciso retroceder ainda mais no tempo para constatá-lo. Por exemplo, as sociedades tendem a seguir padrões de longo prazo de ascensão e queda — pense no Império Romano, por exemplo —, e o curto prazo de que falamos consiste em altos e baixos em volta da tendência de longo prazo (ver páginas 49-52).

Assim também acontece com os setores de atividade industrial. Entretanto, como os ciclos de longo prazo ocorrem ao longo de décadas e séculos, em vez de trimestres e anos — e, portanto, podem implicar períodos de tempo superiores à vida de qualquer observador —, eles podem ser difíceis de detectar em tempo real e dificultam o processo de decisão.

Veja o que escrevi sobre o assunto em meu memorando "The Long View" (A Visão Longa, em tradução livre, janeiro de 2009):

> Em uma antiga história, um grupo de homens cegos, andando por uma estrada na Índia, se depara com um elefante. Cada um deles toca uma parte diferente do elefante — o tronco, a perna, a cauda ou a orelha —, e cada um explica de forma diferente o que havia encontrado. Nós somos aqueles homens cegos. Ainda que tenhamos uma boa compreensão dos eventos que testemunhamos, não dispomos facilmente de uma visão ampla o bastante para observá-los em conjunto. Até o momento em que vemos o todo em ação, nosso conhecimento é limitado às partes que tocamos...
>
> ...algumas das lições mais importantes dizem respeito à necessidade de (a) estudar e lembrar os eventos do passado e (b) estar consciente da natureza cíclica das coisas. De perto, o cego pode confundir a perna do elefante com uma árvore — e o investidor míope pode achar que uma tendência de alta (ou de baixa) continuará para sempre. Mas,

se recuarmos e considerarmos o longo alcance da história, devemos ter em mente que o ciclo de longo prazo também se repete e envolve onde estamos nele.

~

Este é um bom momento para eu colocar um dos pontos mais importantes sobre a natureza dos ciclos. A maioria das pessoas pensa em ciclos em termos das etapas listadas anteriormente e os reconhece como uma série de eventos. E entendem que tais eventos seguem um ao outro com regularidade e em uma sequência usual: movimentos ascendentes são seguidos por movimentos de contração/recessão, e, por fim, por novos movimentos ascendentes.

Mas isso não é suficiente para que se tenha uma compreensão completa dos ciclos. Os eventos na vida de um ciclo não devem ser vistos apenas como cada um sendo seguido pelo próximo, porém — muito mais importante — como cada um *causando* o próximo. Por exemplo:

- Quando os fenômenos envolvidos no ciclo se aproximam de um extremo, esse movimento os energiza, energia essa que é armazenada. Por fim, seu peso aumentado torna mais difícil o impulso para se afastar ainda mais do ponto médio, e atinge um máximo além do qual não há mais como prosseguir.

- O movimento naquela direção é então interrompido, e quando isso acontece, a gravidade o força a dar marcha a ré na direção da tendência central ou ponto médio, com a energia que havia sido acumulada alimentando o empuxe em sentido contrário.

- E como o fenômeno em questão se move do extremo de volta para o ponto médio, o impulso transmitido faz com que ele ultrapasse o ponto médio e continue se dirigindo ao extremo oposto.

Assim, um ciclo no mundo econômico ou de investimento consiste em uma série de eventos que dão origem a seus sucessores. O processo descrito nos três pontos citados soa como físico, governado por forças como gravidade e impulso. Mas como mencionei, e veremos mais adiante, os desvios mais importantes da tendência geral — e a variação no timing, velocidade e extensão desses desvios — são em grande parte produzidos por flutuações no âmbito da psicologia.

Se você considerar que a psique humana — e não os atributos físicos — é a fonte de grande parte da energia ou do impulso, esses três pontos são eficientes ao também explicar as oscilações e reviravoltas com que os investidores são desafiados a lidar. Nos capítulos seguintes, alguns dos conteúdos mais importantes consistem em descrições de maneiras pelas quais os eventos em cada tipo de ciclo geram seus sucessores.

Diante dessa visão de ciclos como progressões de eventos causadores, este livro contém diversos relatos detalhados das progressões que ocorreram no passado. O objetivo de cada progressão será ilustrar o que causou cada evento na progressão, o que significou nela e como isso contribuiu para os eventos que se seguiram. Voltar a relatar as progressões pode parecer algo repetitivo, e algumas delas, na verdade, serão revisitadas mais de uma vez (embora com referência a diferentes aspectos). Esperamos, porém, que tais exemplos do mundo real ajudem os leitores a alcançar o objetivo de entender os ciclos e a como se posicionar com relação a eles.

~

É extremamente importante observar essa relação causal: os ciclos dos quais estou falando consistem em uma série de eventos que originam os que se seguem. Mas é igualmente significativo notar que, não obstante os ciclos ocorram em diversas áreas graças a esses eventos em série, os desenvolvimentos cíclicos em uma área também influenciam os ciclos em outras. Desse modo, o ciclo econômico tem influência sobre o ciclo do lucro. Anúncios corporativos determinados pelo ciclo de lucro influenciam as atitudes dos investidores. Estas influenciam os mercados, e a evolução dos mercados exerce influência sobre o ciclo da disponibilidade de crédito... que influencia economias, empresas e mercados.

Os eventos cíclicos são influenciados tanto pelos desenvolvimentos endógenos (incluindo os eventos cíclicos que os precedem) quanto pelos desenvolvimentos exógenos (eventos que ocorrem em outras áreas). Muitos destes últimos — mas nem todos (longe disso) — são parte de outros ciclos. Entender essas interações causativas não é fácil, mas elas constituem, em grande parte, a chave para entender e lidar com o ambiente de investimento.

É preciso entender que, embora eu descreva os ciclos como separados e discretos, isso não é inteiramente realista. Valendo-me de uma narrativa simples, descreverei a operação de cada tipo de ciclo isoladamente. Darei a impressão de que cada ciclo tem uma vida independente, própria. Também posso dar a impressão de que o avanço em uma determinada direção de um tipo de ciclo termina antes do início de uma oscilação correspondente ou resultante em um ciclo de outro tipo — isto é, que eles operam sequencial e independentemente. Em outras palavras, tentarei discutir cada tipo de ciclo isoladamente... embora, na verdade, eles não operem isoladamente.

Minha descrição pode sugerir que os diferentes ciclos são independentes uns dos outros e autocentrados. Pode parecer que algo acontece no ciclo A que afeta o ciclo B, que afeta o ciclo C, que pode alimentar todo o caminho de volta ao ciclo de influência A. Isso pode dar a impressão de que o ciclo A fica em estado de espera após ter influenciado o ciclo B, e enquanto a influência do ciclo B sobre o ciclo C ocorre. Mas não é assim.

As inter-relações entre os vários ciclos estão longe de serem tão perfeitas quanto minhas descrições serão. Os vários ciclos funcionam por conta própria, mas também afetam continuamente uns aos outros. Tento desemaranhar os vários tópicos em minha mente e tratá-los separadamente, e é assim que este livro será organizado. Mas os ciclos bem-comportados e isolados que descreverei são apenas um conceito analítico. Na vida eles são realmente um emaranhado de fenômenos inter-relacionados que não podem ser separados de maneira completa. A afeta B (e C), e B afeta A (e C), e todos influenciam D, que exerce influência sobre todos eles. Todos estão envolvidos uns com os outros, mas devemos pensar neles de uma maneira ordenada, se quisermos entender os ciclos e seus efeitos.

~

Finalmente, talvez sob o título de "miscelânea", quero salientar mais algumas coisas sobre a natureza dos ciclos que são essenciais para uma compreensão profunda (começando aqui com algumas observações do meu memorando de novembro de 2001, "You Can't Predict. You Can Prepare." ("Você não Pode Prever. Você Pode se Preparar.", em tradução livre):

- *Ciclos são inevitáveis.* De vez em quando, uma inclinação para cima ou para baixo se prolonga por muito tempo e/ou para um longínquo extremo, e as pessoas começam a dizer "desta vez é diferente". Elas citam mudanças na geopolítica, instituições, tecnologia ou no comportamento e que tornaram obsoletas as "regras antigas". Tomam decisões de investimento que extrapolam a tendência recente. Contudo, geralmente acontece que as regras antigas ainda se aplicam, e o ciclo continua. No final, o céu não é o limite, e algumas coisas vão para o chão. Em vez disso, a maioria dos fenômenos acaba sendo cíclica.

- *A influência dos ciclos é potencializada pela incapacidade dos investidores de lembrar o passado.* Como diz John Kenneth Galbraith, a "extrema brevidade da memória financeira" impede que os participantes do mercado reconheçam a natureza recorrente desses padrões e, portanto, sua inevitabilidade:

  > Quando ocorrerem as mesmas (ou semelhantes) circunstâncias, às vezes em apenas alguns anos, elas são saudadas por uma nova geração, muitas vezes jovem, e sempre supremamente autoconfiante, como uma descoberta brilhantemente inovadora em um mundo financeiro e econômico mais amplo. Pode haver poucos campos do esforço humano em que a história conta tão pouco quanto no mundo das finanças. A experiência passada, na medida em que faz parte da memó-

ria, é considerada como o refúgio primitivo daqueles que não têm a visão necessária para apreciar as incríveis maravilhas do presente (*A Short History of Financial Euphoria* ("Uma Breve História da Euforia Financeira", em tradução livre, 1990).

- *Os ciclos corrigem-se a si mesmos,* e sua reversão não depende necessariamente de eventos exógenos. A razão pela qual eles se invertem (em vez de durar para sempre) é que as tendências criam as razões para sua própria reversão. Assim, gosto de dizer que o sucesso carrega dentro de si as sementes do fracasso, e este, as sementes do sucesso.
- Através das lentes da percepção humana, *ciclos são frequentemente vistos como menos simétricos do que são.* Flutuações negativas de preço são chamadas de "volatilidade", enquanto flutuações de preços positivas são chamadas de "lucro". Nos mercados em colapso ocorrem as chamadas "vendas por pânico", enquanto nos surtos as descrições são mais benignas (mas eu acho que eles podem ser vistos como "comprar por pânico"; veja as ações de empresas de tecnologia em 1999, por exemplo). Comentaristas falam sobre "capitulação dos investidores" na parte inferior dos ciclos de mercado, enquanto eu vejo a capitulação também no topo, quando investidores antes prudentes jogam a toalha e compram.

Embora isso possa ser subestimado e negligenciado, de acordo com minha experiência, os ciclos financeiros geralmente são simétricos. Todo movimento de ciclo tem um "outro lado", o que significa que toda oscilação para cima é invariavelmente seguida de — ou, dizendo com mais propriedade, leva a — uma oscilação para baixo, e vice-versa.

Um fenômeno amplamente falado e normalmente compreendido é o chamado "expansão e contração", ou seja, um processo cíclico recorrente de expansão e contração econômica. Trata-se de uma boa ilustração da simetria do ciclo. A maioria das pessoas entende que as retrações sucedem as expansões. E alguns poucos assimilam o fato de que retrações são ocasionadas por expansões, algo que dá sentido à afirmação de que (a) expansões geralmente não sejam seguidas por ajustes modestos, graduais e indolores, e (b), por outro lado, é improvável que haja uma contração se não houver uma expansão.

Deve-se notar, todavia, que essa simetria só se aplica de maneira confiável à direção, não necessariamente à extensão, tempo ou ritmo do movimento. (Esta é a questão que Nick Train levanta — você o encontrará no próximo capítulo.) Assim, um movimento ascendente pode ser seguido por um movimento descendente de maior ou menor magnitude. A inflexão descendente pode ter início logo após o ápice ser alcançado, ou as coisas podem ficar ali no alto por um bom tempo antes de a correção começar. E, talvez o mais importante, pode levar anos para que uma expansão cresça até alcançar seu ponto mais elevado. Em "compensação", a contração que se segue pode parecer um trem de carga em movimento muito acelerado. Como meu parceiro de longa data Sheldon Stone diz: "O ar sai da bexiga de gás muito mais rápido do que entrou".

Vamos voltar ao que Mark Twain supostamente disse: "A história não se repete, mas rima". Interiorizar esse conceito é absolutamente essencial para a compreensão dos ciclos. O que Twain deve ter querido dizer é que, apesar de os detalhes variarem de um evento para outro em uma determinada categoria da história (digamos, a ascensão dos demagogos), os temas e mecanismos subjacentes são consistentes.

Isso é verdadeiro para os ciclos financeiros e absolutamente verdadeiro para as crises financeiras. Como se verá mais adiante, a Crise Financeira Global de 2007/2008 decorreu em grande parte da emissão de um grande número de hipotecas de alto risco (em inglês, *subprime*), e isso se deu graças a um excesso de otimismo, a uma carência de aversão ao risco e a um mercado de capitais excessivamente pródigo, situação que levou a um comportamento não seguro em torno das hipotecas de alto risco (assim chamadas porque são concedidas a mutuários com baixa qualificação de crédito). Assim, alguém literal e de mentalidade mais estreita diria: "Definitivamente, ficarei mais cauteloso na próxima vez em que o financiamento hipotecário for disponibilizado prontamente para compradores de imóveis não qualificados". Mas a esse aspecto da Crise nunca é necessário recorrer para que as lições da Crise Financeira Global sejam valiosas. Em vez disso, os temas que fornecem sinais de alerta em cada expansão/contração são os gerais: o otimismo excessivo é algo perigoso, a aversão ao risco é um ingrediente essencial para o mercado ser seguro, e mercados de capitais excessivamente generosos acabam levando a um financiamento imprudente e, portanto, a colocar os participantes em perigo.

Em suma, detalhes não são importantes e podem ser irrelevantes. Temas, porém, são essenciais e tendem a se repetir. Entender essa tendência — e ser capaz de identificar as recorrências — é um dos elementos mais importantes para lidar com os ciclos.

Finalmente, quero trazer a definição de insanidade creditada a Albert Einstein: "fazer várias e várias vezes a mesma coisa e esperar resultados diferentes". É uma insanidade quando as pessoas investem em coisas muito valorizadas porque, como "todo mundo sabe", elas são perfeitas e subprecificadas — pensando que elas oferecem altos retornos sem risco de perda. Tais crenças têm perdido seu caráter sagrado depois de cada bolha. Mas muitas pessoas, por não terem consciência de que bolhas tendem a estourar, ou por não enxergarem esse risco pela ânsia de enriquecer rapidamente, embarcam na próxima.

Valores mobiliários e mercados que se beneficiaram de apreciação fabulosa são muito mais propensos a sucumbir a uma correção cíclica do que a se valorizar indefinidamente. Experimente dizer isso ao investidor ansioso que acredita que "desta vez é diferente".

~

A extensão deste capítulo e a grande variedade de tópicos abordados são indicativos da natureza multifacetada e desafiadora dos ciclos. Por essa razão, os ciclos devem ser entendidos analítica e intuitivamente. Tal como se dá com muitos outros aspectos do ato de investir, aqueles indivíduos que têm a habilidade mais recente, além das anteriores, irão mais longe. Pode uma abordagem intuitiva ser ensinada? Sim, até certo ponto, mas mais plenamente para aqueles que começam com o dom da percepção. Resumindo, algumas pessoas tendem a "captar" (seja lá o que "captar" signifique), e outras não.

Cursos em contabilidade, finanças e análise de valores mobiliários proporcionam ao investidor o conhecimento técnico necessário para o sucesso, porém, em minha opinião, esses cursos estão longe de ser suficientes. Neles, inexiste o principal elemento — uma compreensão dos fenômenos cíclicos e como eles se desenvolvem conforme estabelecido neste livro. Algumas pistas serão encontradas em campos recém-estabelecidos de economia comportamental e finanças comportamentais, aos quais recomendo sua atenção. A psicologia é um componente essencial dos ciclos, cuja compreensão é muito importante para os investidores.

As maiores lições sobre ciclos são aprendidas com a experiência... como no ditado "experiência é o que você ganha quando não obtém o que deseja". Hoje sei muito mais sobre isso do que quando comecei como jovem analista de valores mobiliários do First National City Bank, 48 anos atrás.

No entanto, como normalmente vemos apenas um ciclo principal por década, qualquer um que venha a depender apenas da acumulação de experiência para seu progresso deve se revestir de muita paciência. Espero que a leitura deste livro aumente sua compreensão e acelere seu processo educativo.

O antigo historiador grego Tucídides declarou em *History of the Peloponnesian War* ("História da Guerra do Peloponeso", em tradução livre) que ele ficaria satisfeito "se estas minhas palavras forem julgadas úteis por aqueles que querem entender claramente os eventos que aconteceram no passado e quais (sendo a natureza humana o que é) vão, em um momento ou outro, e da mesma maneira, ser repetidos no futuro". Eis uma boa descrição de meu objetivo aqui.

III
A REGULARIDADE DOS CICLOS

O esforço para explicar a vida por meio do reconhecimento de padrões — e, assim, chegar a fórmulas vencedoras — é complicado, em grande parte porque vivemos em um mundo assediado pela aleatoriedade e em que as pessoas não se comportam da mesma maneira mesmo quando pretendem. A percepção de que os eventos passados foram em grande parte afetados por essas coisas — e, portanto, que os eventos futuros não são totalmente previsíveis — é desagradável, pois torna a vida menos sujeita à antecipação, à criação de regras e à segurança.

No outono de 2013, em resposta a algo que escrevi em *The Most Important Thing,* recebi um e-mail de Nick Train, da Lindsell Train, uma empresa financeira com sede em Londres. Nick discordou do uso que faço da palavra "ciclo" para descrever fenômenos como os que discuto aqui. Após uma conversa saudável a respeito, marcamos um almoço, que foi agradável e animado.

Ao abordarmos o assunto, ficou claro que a motivação de Nick para escrever foi sua convicção de que, para que algo seja descrito como cíclico, seu tempo e extensão devem ser regulares e, portanto, previsíveis. Um ciclo de rádio ou onda senoidal, por exemplo, sobe e desce em um padrão regular e previsível, com a mesma amplitude, frequência e ponto final de cada vez.

Ciclo, de acordo com o Dictionary.com, em física, pode ser definido como "uma alteração completa em que um fenômeno atinge um valor máximo e mínimo, retornando a um valor final igual ao original"; já em matemática, ciclo é "uma permutação de um conjunto de elementos que deixa a ordem cíclica original dos elementos inalterada". Em outras palavras, esses ciclos científicos e matemáticos seguem padrões tão regulares que acabam voltando para onde começaram, e isso acontece porque o tempo e o caminho das flutuações são sempre os mesmos. Ponto para Nick.

Mas economias, empresas e mercados — e por certo a psicologia e o comportamento dos investidores — não são regulares nesse sentido. No almoço, e acho que concordamos, eu disse que as coisas podem ser cíclicas sem exprimir esse grau de consistência. É tudo uma questão de sua definição da palavra "ciclo".

Aqui está parte do que escrevi depois ao Nick:

> O que afirmo é que, geralmente, as coisas sobem e descem. A maioria das coisas naturais tem um ciclo de nascimento/morte, e a psicologia dos investidores tem um ciclo muito pronunciado de otimismo crescente (e valorização de preços) seguido de pessimismo crescente (e queda de preços). Você pode pensar que isso é simplista e inútil. Mas um dos principais pontos é que, quando algo sobe, os investidores têm uma tendência a pensar que nunca cairá (e vice-versa). Apostar contra essas tendências pode ser muito lucrativo...
>
> Pouco no mundo — e certamente não no mundo dos investimentos — é regular o suficiente a tempo de lucrar com a aplicação de um processo mecanicista. Isso não significa, porém, que você não pode aproveitar os ciclos de altos e baixos...

> Não acho que as flutuações tenham que terminar voltando para onde começaram a ser chamadas de ciclo. Muitos ciclos acabam mais altos do que iniciaram — isto é, são ciclos em torno de uma tendência de alta secular subjacente —, mas isso não significa que não sejam cíclicos, ou que não seja desejável subir o ciclo e evitar o ciclo descendente, ao contrário de ir do começo ao fim.

Há uma definição de ciclo no *Cambridge Dictionary* — para uso de modo geral, não técnico — segundo a qual ciclo é "um grupo de eventos que acontecem em uma ordem particular, um seguindo o outro, e que são frequentemente repetidos". Fico feliz com isso, pois reflete o sentido em que penso em ciclos e oscilações em meu mundo.

~

Embora discordando da objeção de Nick Train de que a irregularidade dos fenômenos que discuto os desqualifique para que sejam descritos como cíclicos, há muito a ser entendido sobre sua irregularidade e o que pode ser aprendido com isso.

Como eu disse no capítulo anterior, o aspecto mais importante a ser notado aqui é que as coisas que chamo de ciclos não se originam completamente — ou às vezes de forma alguma — da ocorrência de processos mecânicos, científicos ou físicos. Eles seriam muito mais confiáveis e previsíveis se o fizessem, mas muito menos potencialmente lucrativos. (Isso ocorre porque os maiores lucros vêm de ver as coisas melhor do que os outros, e se os ciclos fossem totalmente confiáveis e previsíveis, não haveria superioridade em percebê-los.) Às vezes há um princípio subjacente (e às vezes não), mas muita variação é atribuível ao papel dos seres humanos na criação de ciclos, pois suas tendências induzidas por emoções e psicologias exercem influência sobre os fenômenos cíclicos. Chance ou aleatoriedade também desempenham um papel importante em alguns ciclos, e o comportamento humano contribui para sua existência. Humanos são uma grande parte da razão pela qual esses ciclos existem, mas também — junto da aleatoriedade — por sua inconsistência e, portanto, sua falta de confiabilidade.

~

Nós humanos temos que viver no mundo real. Conforme descrito anteriormente, procuramos padrões e regras que nos permitam viver com mais facilidade e lucratividade. Isso talvez tenha começado com a experiência inicial do homem com ciclos diários e anuais. Pode ter sido aprendido da maneira mais difícil ao ver que não era seguro matar a sede naquele lago bem na hora do dia em que as leoas e seus filhotes estavam fazendo o mesmo ali. Ou por verificar que certas culturas se saíam melhor quando plantadas na primavera do que no outono. Quanto mais absolutas forem as regras, mais fácil será a vida. Procurar padrões explicativos parece estar enraizado no cérebro humano.

O esforço para explicar a vida por meio do reconhecimento de padrões — e, assim, chegar a fórmulas vencedoras — é complicado, em grande parte porque, como já mencionei, vivemos em um mundo assediado pela aleatoriedade e em que as pessoas não se comportam da mesma maneira mesmo quando pretendem. A percepção de que os eventos passados foram em grande parte afetados por essas coisas — e, portanto, que os eventos futuros não são totalmente previsíveis — é desagradável, pois torna a vida menos sujeita à antecipação, à criação de regras e à segurança. Assim, as pessoas buscam explicações que tornem os eventos compreensíveis... muitas vezes além do que é apropriado. Isso é tão verdadeiro em investir como em outros aspectos da vida.

Encontrei algumas declarações interessantes sobre este assunto em *The Drunkard's Walk* ("O Caminhar do Bêbado", em tradução livre), um livro de 2008 no qual Leonard Mlodinow, seu autor e membro do corpo docente da Caltech, discorre sobre aleatoriedade. Aqui está a primeira, do prólogo de seu livro:

> Nadar contra a corrente da intuição humana é uma tarefa difícil... A mente humana é construída para identificar em cada evento uma causa definida, e pode, portanto, ter dificuldade em aceitar a influência de fatores não relacionados ou aleatórios. Sendo assim, o primeiro passo é perceber que sucesso ou fracasso às vezes não surgem nem de grande habilidade nem de grande competência,

> mas, como escreveu o economista Armen Alchian, de "circunstâncias fortuitas". Onipresentes em nossa vida cotidiana, os processos aleatórios são fundamentais por natureza, mas a maioria das pessoas não os entende ou sequer pensa muito sobre eles.

Mlodinow, em um capítulo em que trata da imprevisibilidade e do capricho do sucesso na indústria cinematográfica, descreve a opinião do produtor William Goldman sobre o assunto:

> Goldman não negou que há motivos para o desempenho de bilheteria de um filme. Mas ele disse que essas razões são tão complexas e que o caminho para o sucesso na semana de lançamento é tão vulnerável a influências imprevisíveis e incontroláveis, que suposições sobre o potencial de um filme a ser produzido não são muito melhores do que acertar o lado da moeda em um cara ou coroa.

O autor também discute como elementos aleatórios se aplicam a um rebatedor de beisebol:

> O resultado de qualquer rebatida em particular (isto é, uma oportunidade de sucesso) depende, é claro, principalmente da habilidade do jogador. Mas também depende da interação de muitos outros fatores: sua saúde; o vento, o sol ou as luzes do estádio; a qualidade dos campos em que joga; as circunstâncias da partida; se ele adivinha corretamente como o lançador arremessará; se a coordenação mão-olho funciona perfeitamente quando ele vira o corpo; e se aquela morena que ele conheceu no bar o manteve acordado até tarde ou o cachorro-quente com batatas fritas com alho que ele comeu no café da manhã azedou seu estômago. Não fossem todos os fatores imprevisíveis, um jogador ou acertaria um home run em todas as rebatidas ou não acertaria nenhum.

Sabemos que uma variedade de fatores influencia os resultados em todos os campos, e que muitos deles são aleatórios ou imprevisíveis. Isso certamente inclui muitos aspectos em economia e investimentos. Mesmo que a renda seja estável, a propensão a consumir de um indivíduo pode ser afetada pelo clima, por uma guerra ou por qual país vence a Copa do Mundo (e isso, por sua vez, por uma infeliz "canelada" do defensor). Uma empresa pode emitir um relatório de lucros favorável, mas se suas ações subirão ou cairão como resultado, é algo que será influenciado pelo comportamento de seus concorrentes, se o banco central escolhe justo aquela semana para um aumento da taxa de juros, e se o anúncio dos resultados vem em uma semana boa ou ruim no mercado. Dado esse grau de variabilidade, os ciclos com os quais estou preocupado certamente não são regulares e não podem ser reduzidos a regras confiáveis de tomada de decisão.

Posso dar um exemplo relacionado aos títulos de alto grau especulativo (títulos de elevado retorno e alto risco): algo que me deixou bastante aborrecido. Em certa ocasião, surgiu a opinião de que os títulos tendem a se tornar inadimplentes em torno do segundo aniversário de sua emissão. Se isso fosse verdade, seria um conhecimento muito útil: para evitar o prejuízo, tudo o que se teria de fazer seria vender todos os títulos à medida que eles se aproximassem daquele aniversário e comprar de volta os que sobreviveram. (Obviamente, essa regra ignora a questão sobre quanto se receberia por títulos que estão se aproximando daquela data fatal — já que todos saberiam que isso representa um risco — e quanto teria que se pagar para recomprar os que sobraram.)

Talvez um padrão de segundo aniversário tenha ocorrido na época em que a noção se tornou popular. Mas coincidência é muito diferente de causalidade. Esse fenômeno é confiável? Quais foram as razões para isso? Eles se repetiriam? Você deve apostar nisso? Em particular, a história dos títulos de grau especulativo naquela época provavelmente cobriu um período de apenas uns 20 anos, fazendo-me pensar se a experiência e o tamanho da amostra eram suficientes para justificar a confiança nessa observação. Em vez de rigor intelectual, prefiro pensar que a regra de dois anos se baseava mais na sede das pessoas por regras simples e úteis e, portanto, em sua tendência excessiva de extrapolar sem qualquer base real.

Acho que seria melhor reconhecer que os títulos se tornam inadimplentes em resposta a uma ampla variedade de influências — como aquelas que contribuem para o sucesso ou o fracasso de um rebatedor no beisebol — e que a maioria dos defaults não tem absolutamente nada a ver com o número de anos que se passaram desde que os títulos foram emitidos. Para inverter a pretensa observação de Mark Twain, a história pode rimar, mas raramente se repete exatamente.

Estou absolutamente convencido de que os mercados continuarão a subir e a cair, e creio que sei (a) por que e (b) o que torna esses movimentos mais ou menos prestes a acontecer. Contudo tenho certeza de que nunca saberei quando eles subirão ou descerão, até onde irão, a rapidez de sua movimentação, quando voltarão para o ponto médio, ou quão longe vão continuar no lado oposto. Ou seja: há muito a admitir sobre incerteza.

No entanto, descobri que o pouco que conheço sobre o tempo do ciclo me dá uma grande vantagem em relação à maioria dos investidores, que entendem menos ainda os ciclos e dão menor atenção a eles e suas implicações para a ação apropriada. A vantagem de que estou falando é provavelmente tudo que qualquer um pode alcançar, mas é o bastante para mim. Ela tem sido a fonte de uma vantagem significativa de que meus colegas da Oaktree e eu desfrutamos nos últimos 22 anos. E é muito do que eu quero passar neste livro.

IV
O CICLO ECONÔMICO

Em uma economia, o total produzido resulta do número de horas trabalhadas e de quanto se produz em cada uma dessas horas. Assim, o crescimento de longo prazo de uma economia é determinado principalmente por fatores fundamentais, como a taxa de natalidade e a taxa de ganho de produtividade (mas também por outras mudanças na sociedade e no meio ambiente). Tais fatores geralmente mudam relativamente pouco de ano para ano, e só gradualmente de década para década. Desse modo, a taxa média de crescimento é bastante estável durante grandes períodos de tempo.

Em razão da relativa estabilidade do crescimento secular subjacente, há a tentação de esperar que o desempenho das economias seja consistente de ano para ano. Contudo, vários fatores estão sujeitos à variabilidade, fazendo com que o crescimento econômico — mesmo seguindo, em média, a linha de tendência subjacente— também apresente variabilidade anual.

No mundo dos negócios e nos mercados, o ciclo econômico (que principalmente no passado era também conhecido como "ciclo de negócios") constitui boa parte da base de ocorrência de eventos cíclicos. Quanto mais a economia cresce, mais provável é que as empresas aumentem seus lucros e os mercados de ações se expandam. Tocarei brevemente aqui nos fatores que influenciam os ciclos econômicos. Antes, porém, quero confessar que me voluntario sempre que discuto economia (ou será isso uma proclamação orgulhosa?): não sou economista.

Fiz cursos sobre economia como estudante de graduação e pós-graduação. Eu penso em economia. Lido com economia como um investidor profissional. E me considero em grande parte um "homem de economia", que toma a maioria das decisões por razões lógicas baseadas na relação entre custo e valor, risco e retorno potencial. Mas meu pensamento sobre economia fundamenta-se amplamente no senso comum e na experiência, e tenho certeza de que escreverei aqui coisas das quais muitos economistas discordarão. (Claro, eles também discordam uns dos outros. O funcionamento da economia é bastante incerto e impreciso, e, por isso, não à toa ela é chamada de "a ciência sombria".)

A principal medida da produção de uma economia é o PIB, o produto interno bruto, o valor total de todos os bens e serviços produzidos para venda final em uma economia. Ele quase pode ser visto como o resultado da multiplicação do número de horas que as pessoas gastam trabalhando pelo valor da produção em cada hora. (No início de minha carreira, isso era chamado produto nacional bruto, mas esse termo saiu de moda. A distinção entre os dois está em como tratar a produção de fabricantes estrangeiros que operam em um determinado país: o PIB os inclui na produção daquele país, enquanto o PNB, não.)

As principais questões em relação à economia com as quais a maioria das pessoas (e certamente a maioria dos investidores) se preocupa são se teremos crescimento ou recessão em um determinado ano, e qual a dimensão de um ou da outra. Ambos são componentes do que chamo de ciclo econômico de curto prazo. (Apresentarei outras considerações em breve.)

Nos EUA, quando pensamos sobre o crescimento do PIB em um determinado ano, é comum começar com uma suposição entre 2% e 3% ou mais e, em seguida, adicionar ou subtrair conforme as circunstâncias. Mas o ponto de partida para o crescimento do PIB de cada ano é invariavelmente positivo. Em 2017, por exemplo, houve muita discussão sobre a taxa de crescimento do PIB. Os otimistas pensaram que seria de quase 3%, e os pessimistas acharam que talvez não alcançasse 2%. Quase todos, porém, pensaram que seria positivo. Uma recessão é definida oficialmente quando há crescimento negativo em dois trimestres consecutivos, e muito poucas pessoas pensavam que haveria decréscimo do PIB — em 2017 ou logo depois disso.

Tendências Econômicas de Longo Prazo

Muitos investidores preocupam-se com o crescimento econômico anual: alto ou baixo, positivo ou negativo. Suas preocupações limitam-se a considerações de curto prazo. Estas são importantes, mas não são tudo. Em longo prazo, sua importância se esvai, e considerações a longo prazo tornam-se mais relevantes.

Como mencionei no início, a maioria dos ciclos que atraem a atenção dos investidores consiste em oscilações em torno de uma tendência secular ou central. Embora essas oscilações sejam muito importantes para as empresas e os mercados no curto prazo, as mudanças em relação à linha de tendência subjacente em si provarão ter um significado geral muito maior. As *oscilações ao redor da tendência* se anularão no longo prazo (reconheça-se: depois de causar muita exaltação ou angústia em anos individuais), mas *mudanças na tendência subjacente* farão a maior diferença em nossa experiência de longo prazo.

Em janeiro de 2009, escrevi um memorando intitulado "The Long View" entrado nesse assunto. Vou citá-lo extensivamente a partir daqui.

Em primeiro lugar, descrevi uma série de "tendências seculares salutares" que os mercados de valores mobiliários vinham percorrendo nas décadas anteriores. Vou listá-los a seguir, mas omitirei as descrições que os acompanharam no memorando:

- Ambiente macro
- Crescimento corporativo
- A mentalidade do empréstimo
- Popularização do investimento
- Psicologia do investidor

Esses elementos constituíram um forte vento de cauda por trás da economia e dos mercados nas últimas décadas e produziram uma tendência de alta secular em longo prazo.

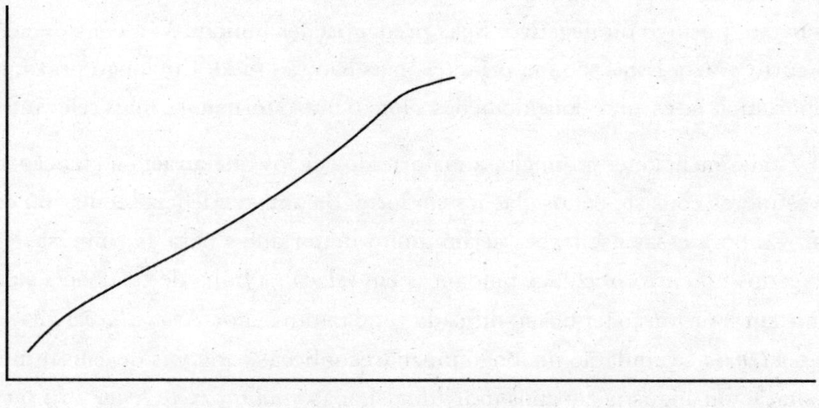

Note-se que, apesar da tendência de alta subjacente, não houve uma linha reta. Economia e mercados foram pontuados a cada poucos anos por surtos cíclicos de flutuações de curto prazo. Ciclos em torno da linha de tendência decorrentes de altos e baixos frequentes. A maioria era relativamente pequena e breve, mas nos anos 1970 a estagnação econômica se instalou, a inflação chegou a 16%, as ações perderam em média quase metade de seu valor em dois anos, e uma capa da revista *Business Week* trombeteava: "The Death of Equities" ("A Morte do Mercado Acionário", em tradução livre, 13 de agosto de 1979). Não, meus quarenta anos no mercado não foram todos um mar de rosas.

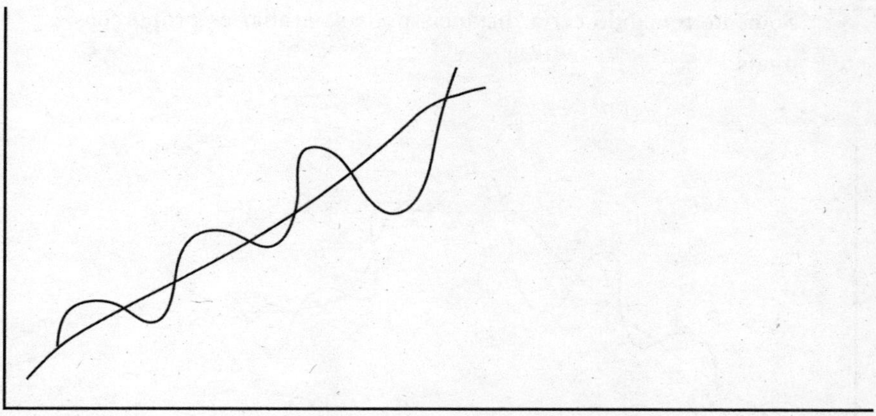

Na economia, desaceleração e prosperidade, recessão e recuperação alternavam-se de tempos em tempos. Os mercados também subiram e caíram. Tais flutuações foram jogadas na conta de ciclos econômicos normais, mas também de externalidades (como o embargo de petróleo em 1973 e a crise do mercado emergente em 1998). O índice Standard & Poor's 500 teve alguns poucos anos de baixa entre 1975 e 1999, mas em nenhum perdeu mais de 7,5%. No lado positivo, no entanto, 16 desses 25 anos apresentaram retornos acima de 15%, e em 7 vezes o ganho anual ultrapassou 30%.

Nos EUA, a despeito dos altos e baixos, os investidores lucraram, o investimento passou a ser uma atividade nacional, e Warren Buffett tornou-se um dos homens mais ricos do país comprando ações ordinárias e companhias inteiras. Uma séria tendência geral de alta estava em andamento, atingindo seu apogeu em 2007...

Até meados de 2007, meus 39 anos de experiência como gerente de recursos financeiros ficaram limitados à questão do longo prazo. Talvez o que parecia ser uma tendência de alta de longo prazo subjacente devesse ter sido visto como a parte positiva de um ciclo de longo prazo que incorpora quedas, assim como altas. Somente tomando certa distância pode-se avaliar as proporções totais.

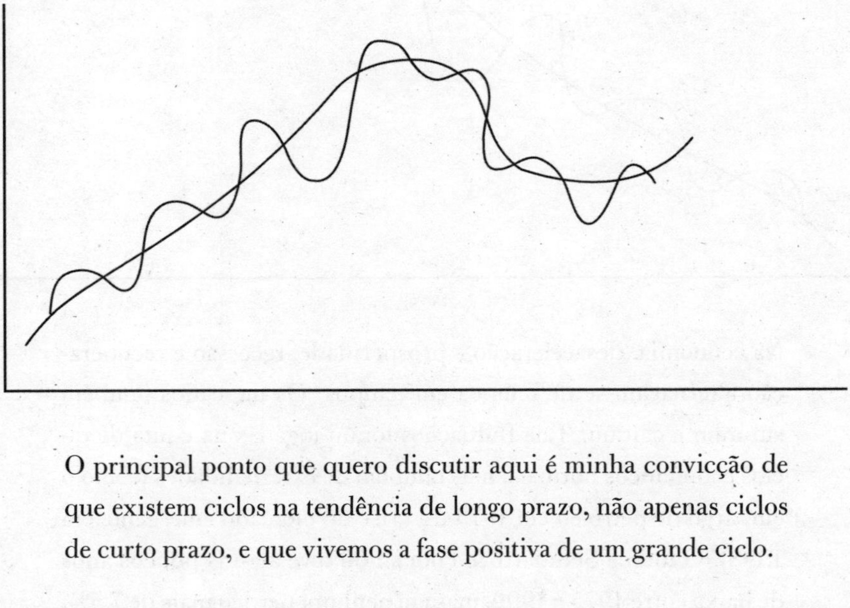

O principal ponto que quero discutir aqui é minha convicção de que existem ciclos na tendência de longo prazo, não apenas ciclos de curto prazo, e que vivemos a fase positiva de um grande ciclo.

Antes de avançar para uma discussão sobre ciclos econômicos de curto prazo, preocupação da maioria dos investidores, dedicarei mais tempo ao longo prazo: os fatores que o modelam e as perspectivas atuais para ele. Depois disso, discorrerei sobre o ciclo econômico de curto prazo.

Já mencionei que um dos principais determinantes da produção econômica de cada ano é o número de horas trabalhadas. Por sua vez, o fator mais fundamental subjacente ao aumento das horas trabalhadas é o crescimento populacional. O crescimento da população significa que há mais pessoas trabalhando a cada ano para fabricar e vender produtos (e também mais pessoas para comprar e consumir, incentivando a produção). Mais produção equivale a mais PIB. Se a população está crescendo, as horas trabalhadas tendem a aumentar, e o PIB também. Assim, nascimentos são uma das principais razões para a presunção usual de que o crescimento econômico será positivo. Por outro lado, se a população está encolhendo, o crescimento positivo do PIB enfrenta um fator contrário.

A população não cresce muito de ano para ano. O número de pessoas em idade fértil não muda muito no curto prazo, nem sua tendência a ter filhos. Contudo, ao longo de décadas ou mais, elas se alteram, provocando em longo prazo mudanças na população.

Que fatores ou eventos podem modificar a taxa de natalidade de uma nação (o número médio de filhos que cada casal tem)?

- Regras. Por exemplo, a longeva política de um filho da China, que foi recentemente revisada.
- Guerras, como a 2ª Guerra Mundial, durante a qual caiu a taxa de nascimentos, e que, ao ser encerrada, originou um movimento oposto, chamado Baby Boom.
- Condições econômicas, que, entre outras coisas, influenciam os sentimentos das pessoas sobre poderem ter filhos.
- Costumes sociais, como a recente tendência de jovens norte-americanos de retardar a formação de uma família.

As mudanças nas taxas de natalidade geralmente ocorrem ao longo de grandes períodos de tempo, e quando o fazem, anos se passam até se refletirem no crescimento do PIB. Vejamos, por exemplo, a política de filho único da China, que estava em vigor há muito tempo e, em certo dia de 2015, foi declarada extinta. Com isso, embora as pessoas que já tinham um filho certamente tenham ficado ocupadas produzindo outro naquele novo dia, seriam necessários quase vinte anos para que o segundo filho se tornasse um trabalhador e pudesse contribuir para a produção econômica da China. Assim, o resultado final é que as mudanças ano a ano do PIB provavelmente não serão atribuídas significativamente a mudanças na taxa de natalidade.

O outro elemento principal na equação do PIB — o valor da produção ocorrida em cada hora de trabalho — é determinado pela "produtividade". Alterações na produtividade são um fator determinante nas mudanças no crescimento do PIB em termos de longo prazo. Qualquer que seja a taxa de crescimento populacional, o PIB crescerá mais rapidamente caso a produtividade aumente, ou diminuirá se ela estiver em declínio. Matematicamente, olhando a questão em termos de derivativos, a taxa de crescimento do PIB acelerará se a taxa de ganho de produtividade aumentar, e desacelerará se cair.

Tal como se dá com a taxa de natalidade, mudanças na produtividade acontecem em graus modestos e de modo gradual, e exigem longos períodos para viger. Elas se originam principalmente de avanços no processo produtivo. Os primeiros grandes avanços ocorreram durante a Revolução Industrial, aproximadamente entre 1760 e 1830, quando o trabalho humano foi substituído por máquinas movidas a vapor e água, e quando grandes fábricas substituíram o trabalho que era feito com menos eficiência em pequenas lojas e em casa. O segundo grande ganho ocorreu no final do século XIX e início do século XX, época na qual a eletricidade e os automóveis tomaram o lugar de formas mais antigas e menos eficientes de energia e transporte. A terceira grande mudança ocorreu na segunda metade do século XX, quando computadores e outras formas de controle automatizado começaram a assumir a orientação de máquinas, tarefa que antes cabia aos seres humanos. E, é claro, a quarta onda está em andamento agora, na Era da Informação, já que os enormes progressos na aquisição, armazenamento e aplicação de informações — e atividades como metadados e inteligência artificial — estão permitindo realizar tarefas jamais sonhadas no passado.

Convém lembrar que cada uma dessas mudanças ocorreu gradualmente, ao longo de décadas. Cada uma representou uma enorme diferença no PIB, mas mesmo assim não houve grandes acelerações e desacelerações de ano para ano. A taxa de ganho de produtividade tende a permanecer relativamente estável durante anos, e certamente os ciclos de curto prazo de recessão e recuperação econômica não são atribuídos a mudanças nela.

Sem dúvida, as tendências em horas trabalhadas e em produção por hora se combinam para determinar tendências de longo prazo na produção nacional. Quais fatores, porém, ocasionam mudanças naquelas duas tendências? A seguir, uma lista indicativa parcial:

- **Movimentos demográficos** — A migração de milhões de chineses de fazendas para cidades é um exemplo do que estou falando aqui. Ao aumentar a disponibilidade de trabalhadores, essa migração representou um importante papel no posicionamento da China como um local de fabricação de baixo custo e está contribuindo para a expansão da classe consumidora chinesa. Outro exemplo é a imigração da América Latina para os Estados Unidos. Neste país, como em outras nações desenvolvidas, a taxa de natalidade está em declínio, e a imigração contínua vinda do sul da fronteira — em parte, ilegal — toma o lugar dos nascimentos na expansão do suprimento de mão de obra produtiva e do nível de consumo dos EUA.

- **Elementos determinantes da produção** — O número de horas trabalhadas pode diferir do número de pessoas que trabalham e, com certeza, do número de interessados em trabalhar.

    - "Participação da força de trabalho" significa a porcentagem de pessoas em idade ativa que estão empregadas ou procurando trabalho.

    - O aumento ou diminuição da taxa de desemprego (a porcentagem de pessoas que participam da força de trabalho que não têm emprego) se dá em resposta a mudanças nos gastos de consumidores e empresas (e, portanto, a mudanças na demanda por bens e na necessidade de os trabalhadores produzirem bens).

    - O número de horas trabalhadas por cada indivíduo com um emprego varia conforme as condições econômicas — as empresas diminuem os turnos quando a demanda por bens é baixa e autorizam horas extras quando a demanda é alta (até que a demanda seja forte o suficiente para exigir mais contratações ou outro turno).

- **Aspiração** — A motivação do lucro e o desejo de viver melhor estão entre as forças que levam os trabalhadores (e, consequentemente, as sociedades) a trabalhar e produzir mais. Pode ser tentador pensar nessas coisas como universais, mas elas não são. Por exemplo, a margem de lucro foi praticamente excluída do sistema econômico no regime soviético, e a disposição de trabalhar mais é limitada em outras economias (na Europa, observei funcionários de bancos locais baterem o ponto não para provar que haviam trabalhado até às 17h, como nos EUA, mas, sim, que haviam saído, e portanto não tinham excedido a jornada semanal de 35 horas).

- **Educação** — A deterioração da educação pública nos EUA provavelmente implicará negativamente, em algum momento no futuro, a capacidade dos trabalhadores de contribuir para a economia, bem como em sua condição de obter rendas substanciais com as quais consumir. Essas tendências negativas tendem a contrabalançar os efeitos positivos da entrada de imigrantes.

- **Tecnologia** — A inovação, que traz consigo novas empresas, também provoca a extinção de outras mais antigas. Nesse processo, empregos são criados, e outros, eliminados. Em suma, isso se constitui em um hiperexemplo da natureza darwiniana da evolução econômica: gera vencedores *e* perdedores. Novas tecnologias ultrapassam o esforço humano, assim como as tecnologias antigas. Mas não são, de forma alguma, "seguras", pois também podem ser, como se diz hoje em dia, descontinuadas. A tecnologia simboliza o padrão de ascensão e queda, vida e morte — e renascimento.

- **Automação** — A substituição do trabalho humano por máquinas é um elemento que desperta particular interesse. Por um lado, a automação pode ser vista como fator positivo com relação ao ciclo econômico, uma vez que aumenta a produtividade ou a quantidade de produção por hora de trabalho. A mecanização da agricultura, por exemplo, permitiu que muito menos agricultores produzissem muito mais alimentos a um custo muito menor. Mas, por outro lado, a automação diminui as horas de trabalho destinadas à produção. Fábricas que há 30 anos poderiam ter 100 operários são hoje operadas por poucos trabalhadores. Assim, o efeito líquido da automação sobre o PIB pode ser neutro ou positivo. Entretanto, diante de sua capacidade de eliminar empregos, a automação pode ter o efeito de reduzir o emprego e, portanto, a renda e, em decorrência, o consumo.

- **Globalização** — A integração das nações na economia mundial pode aumentar a produção econômica do planeta, em parte devido aos benefícios da especialização, ou talvez não, deixando-a em um exercício de soma zero (ou soma negativa). Mas percebe-se com nitidez que a globalização pode ter efeitos de caráter diferencial nas economias de cada nação (e gerar vencedores e perdedores dentro de cada uma). O aumento maciço do número de operários de fábrica descrito antes certamente acelerou o crescimento econômico da China nos últimos 30 anos ao possibilitar a esse país se tornar um importante exportador mundial. No entanto, essa mesma tendência fez com que as nações desenvolvidas adquirissem da China muitos bens que poderiam ter produzido por conta própria, reduzindo assim seu próprio PIB. Os alguns milhões de empregos da indústria manufatureira norte-americana que se estima terem sido perdidos para a China desde 2000 certamente fizeram com que o crescimento econômico dos EUA fosse mais baixo do que teria sido, embora, para estimar o impacto total na economia dos EUA, se deva levar em conta o benefício de importar produtos chineses baratos.

~

Os EUA foram abençoados com uma infraestrutura intacta vinda da 2ª Guerra Mundial, e ela se beneficiou enormemente do Baby Boom nos nascimentos do pós-guerra, gerando um aumento substancial no crescimento econômico. Os produtos norte-americanos eram, em geral, os melhores do mundo, e as corporações norte-americanas, um grande sucesso. No mundo ainda a ser globalizado, os trabalhadores norte-americanos podiam continuar sendo os mais bem pagos, ao abrigo da concorrência de bens produzidos de forma mais barata em outros lugares. O aprimoramento das técnicas de gerenciamento e o rápido aumento da produtividade colaboraram para isso. Assim, o crescimento econômico secular nos EUA foi rápido, contribuindo para a demanda por consumo, criando desse modo um círculo virtuoso do qual muitos se beneficiaram. A continuidade disso, porém, não era algo com que se poderia contar.

Mais recentemente, o crescimento econômico parece ter diminuído nos EUA (assim como em outros lugares). A pergunta é: será esta uma mudança cíclica de curto prazo em relação à tendência subjacente de longo prazo, ou uma mudança na própria tendência de longo prazo? Muitos anos se passarão até que saibamos a resposta. Mas surgiu uma escola de pensamento que admite uma "estagnação secular" — isto é, um retardamento fundamental da tendência de longo prazo.

Os avanços na população e na produtividade declinaram nos EUA, tal como em outros países desenvolvidos. Combinados, esses dois fatores sugerem que o PIB crescerá mais lentamente nos EUA nos próximos anos do que nos anos posteriores à 2ª Guerra Mundial. Postula-se que os principais ganhos de produtividade do passado recente não serão replicados no futuro. Além disso, a disponibilidade de mão de obra muito mais barata em outros países torna improvável que os EUA possam produzir a um custo competitivo os bens manufaturados de que necessita. São evidentes as implicações negativas disso em termos de possibilidades de emprego entre norte-americanos menos qualificados e com menos escolaridade, desigualdade de renda e padrões de vida em relação às pessoas em outros países. Essas questões, evidentemente, desempenharam um papel óbvio na eleição presidencial de 2016. Mudanças no crescimento populacional e da produtividade podem exigir décadas para se tornarem manifestas, mas claramente podem afetar as taxas de crescimento econômico dos países. No século XX, os EUA ultrapassaram a Europa como potência econômica. O Japão parecia ter chegado aos anos 1970 e 1980 ameaçando dominar o mundo, mas esse ímpeto refluiu no final dos anos 1980, quando passou a ter níveis de crescimento insignificantes. Os mercados emergentes — e especialmente a China — foram o local de rápido crescimento nas últimas décadas, e embora seu crescimento seja mais lento no momento, eles podem superar o mundo desenvolvido nas próximas dezenas de anos. A Índia possui recursos humanos que podem torná-la uma economia de crescimento rápido, se puder aumentar sua eficiência e reduzir a corrupção. E nações fronteiriças como Nigéria e Bangladesh estão atrás das nações emergentes, esperando chegar sua vez como países de crescimento rápido.

As sociedades se expandem e declinam, e aceleram e desaceleram em termos de crescimento econômico umas em relação às outras. Essa tendência subjacente no crescimento segue claramente um ciclo de longo prazo, não obstante os altos e baixos de curto prazo em torno dele sejam mais discerníveis, e portanto mais facilmente discutidos.

Ciclos Econômicos de Curto Prazo

Como mencionei anteriormente, quem elabora previsões econômicas e quem as utiliza estão geralmente preocupados com a taxa de crescimento do PIB nos próximos um ou dois anos. Em outras palavras, a preocupação deles é com a taxa de crescimento relativa à oscilação ascendente do ciclo econômico de curto prazo e sua duração, bem como se ela ficará negativa por dois trimestres consecutivos, configurando, assim, uma recessão. Essas coisas representam flutuações de curto prazo em torno da tendência de crescimento de longo prazo, como ilustrado algumas páginas atrás. Como os fatores que produzem a tendência de longo prazo pouco se alteram de trimestre para trimestre e de ano para ano, por que as mudanças de curto prazo são motivo de grande preocupação? Na verdade, por que elas deveriam ocorrer? Por que não há apenas crescimento na taxa média — digamos, 2% — a cada ano?

Tais questões oferecem uma boa oportunidade para apresentar alguns dos protagonistas deste livro: processos de psicologia, emoção e tomada de decisão. Nascimentos e produtividade geralmente tendem a ser vistos como variáveis independentes e quase mecânicas. Nascimentos resultam da procriação, cujas razões e níveis em que ocorrem normalmente são bastante constantes ao longo do tempo. Da mesma forma, a taxa de mudança no índice de produtividade — na produção por unidade de trabalho — é vista como sendo prescrita principalmente pelos avanços tecnológicos e por sua disseminação. Dito de outra forma, ainda que as economias sejam compostas de pessoas, o nível de crescimento econômico não é considerado um reflexo relevante dos altos e baixos dessas pessoas.

Mas, na verdade, é. Embora a tendência de longo prazo estabeleça a taxa de crescimento econômico potencial, o nível real do PIB de cada ano variará em relação àquilo que a tendência determina... em grande parte em virtude do envolvimento das pessoas.

A taxa de natalidade pode determinar as tendências de longo prazo no número de horas trabalhadas, mas outros fatores podem introduzir variações no curto prazo. A vontade de trabalhar não é constante. Pode haver ocasiões em que as pessoas se sintam desestimuladas pelas condições reinantes a buscar um lugar na força de trabalho, como mencionado anteriormente, e também quando eventos mundiais alteram o padrão de consumo.

O exemplo mais óbvio é a capacidade de provocar medo que certos acontecimentos de ordem mundial têm, algo que desencoraja a atividade econômica. A crise das hipotecas de alto risco (subprime) e o colapso das instituições financeiras, cujo ápice se deu com a falência do Lehman Brothers em setembro de 2008, desencorajaram os consumidores a comprar, os investidores a fornecer capital e as empresas a construir fábricas e expandir sua força de trabalho. Tais desarranjos ocorreram até mesmo entre pessoas que não perderam empregos, sofreram execuções hipotecárias ou viram seus portfólios perderem valor. Esses eventos afetaram rapidamente a economia global, e o resultado foi uma grave recessão, que durou de dezembro de 2007 a junho de 2009.

Se o número de trabalhadores empregados e o montante de sua remuneração forem relativamente constantes, podemos esperar a mesma constância da quantia gasta em consumo. Mas não é isso que ocorre. Os gastos flutuam mais do que o emprego e os ganhos por causa da variação de algo chamado "propensão marginal a consumir": de cada unidade monetária adicional ganha, ela determina a porcentagem que irá para o consumo. Como essa propensão é variável no curto prazo, o consumo pode variar independentemente da renda.

As pessoas podem optar por gastar em consumo uma porcentagem maior do que ganham porque:

- As manchetes diárias são favoráveis.
- Elas acreditam que os resultados das eleições são presságio de uma economia mais forte, renda mais alta ou impostos mais baixos.
- O acesso ao crédito para o consumidor ficou mais fácil.
- A valorização de seu patrimônio faz com que se sintam em melhor condição financeira.
- O time delas venceu a final do campeonato.

O quarto desses fatores — o chamado "efeito riqueza" — é particularmente digno de nota. É improvável que os proprietários de ativos financeiros ou imobiliários (a) financiem o consumo vendendo suas ações ou residências e (b) reconheçam que os ganhos nos preços dos ativos podem ser efêmeros, e portanto não são um bom motivo para alterar o padrão de gastos. No entanto, a valorização dos ativos tende a levá-los a gastar mais. Esse fenômeno demonstra a contribuição da psicologia no comportamento, e do comportamento na variação econômica de curto prazo.

Nesse sentido, é particularmente importante observar até que ponto as expectativas econômicas podem ser uma espécie de profecias autorrealizáveis. Se as pessoas (e empresas) acreditarem que o futuro será bom, gastarão mais e investirão mais... e o futuro será bom. O oposto também é verdadeiro. Acredito que a maioria das empresas tenha concluído que a Crise de 2008 não seria seguida por uma recuperação em forma de V, como fora a regra nas últimas recessões. Assim, elas se recusaram a expandir fábricas ou forças de trabalho, e a recuperação resultante foi modesta e gradual nos EUA (e ainda mais anêmica em outros lugares).

Outra razão para a variação de curto prazo diz respeito aos estoques. As empresas podem superestimar a demanda por seus produtos em um determinado período e, dessa maneira, aumentar a produção acima daquilo que são capazes de vender. Ou podem manter a produção constante, mas encontram lá na frente uma demanda surpreendentemente fraca. Em ambos os casos, mais bens serão produzidos do que vendidos. O excesso será adicionado aos estoques. Isso, por sua vez, provavelmente fará com que a produção em períodos subsequentes seja ajustada para baixo até que os estoques atinjam os níveis desejados. Dessa forma, adições e reduções nos estoques frequentemente levam a altos e baixos de curto prazo na produção econômica.

Esses são apenas alguns exemplos dos fatores que podem levar a produção de uma economia a variar em um dado trimestre ou ano em relação ao crescimento do produto potencial que a taxa de natalidade e os ganhos de produtividade podem sugerir. Tais fatores não são "mecânicos" ou confiáveis por natureza. Muitos deles derivam do comportamento humano, portanto são incertos e imprevisíveis.

~

Isso me leva a dizer algo mais sobre previsões econômicas. Muitos investidores baseiam suas ações em previsões que eles mesmos fazem ou obtêm de economistas, bancos ou da mídia. E digo mais: duvido que muitas dessas previsões contenham informações que possam agregar valor e levar ao sucesso do investimento.

(Para uma discussão mais extensa sobre "o que não sabemos", ver o Capítulo 14 de *The Most Important Thing*.)

Eis como vejo essa questão:

- Ao investir, é fácil obter um desempenho igual ao do investidor médio ou uma referência de mercado.
- Como é fácil estar na média, o sucesso real do investimento deve consistir em superar os demais investidores e as médias. Ter êxito ao investir é, em grande parte, um conceito relativo, medido com base no desempenho relativo.
- Simplesmente estar certo sobre um evento vindouro não é suficiente para garantir um desempenho relativo superior se todos tiverem a mesma opinião e, como resultado, todos estão igualmente certos. Assim, para obter sucesso não basta estar certo, mas, sim, estar mais certo do que os outros.
- De modo similar, ninguém precisa estar certo para ter sucesso: basta estar menos errado do que os outros.
- O sucesso não vem de uma previsão *correta*, mas de uma previsão *superior*. Essas previsões podem ser obtidas?

Em sua maioria, as previsões econômicas decorrem de extrapolações da situação corrente e tendências de longo prazo. E como a economia geralmente não se afasta muito desses níveis e tendências, a maioria das previsões assim elaboradas está correta. Porém essas previsões provavelmente serão compartilhadas, já estando refletidas nos preços de mercado dos ativos, e, portanto, não são geradoras de desempenho superior, ainda que sejam confirmadas. Veja como se expressou Milton Frieldman, economista ganhador do Prêmio Nobel:

> Todas essas pessoas veem os mesmos dados, leem o mesmo material e passam o tempo tentando adivinhar o que o outro vai dizer.

> [As previsões deles] sempre estarão razoavelmente certas — e quase nunca serão de muita utilidade.

Previsões potencialmente valiosas são aquelas que indicam corretamente o desvio das tendências de longo prazo e dos níveis recentes. Caso alguém faça uma previsão em não conformidade com uma extrapolação, e ela se revele correta, o resultado provavelmente pegará de surpresa os outros participantes do mercado. Em decorrência, todos se esforçam para ajustar seus acervos, mas o ganho provavelmente será daqueles que previram acertadamente. Há apenas um problema: uma vez que grandes desvios da tendência (a) ocorrem com pouca frequência e (b) são difíceis de prever certeiramente, a maioria das previsões de não extrapolação não convencionais é incorreta, e qualquer pessoa que invista com base nelas costuma ter uma performance abaixo da média.

Então, eis as possibilidades que vejo em relação às previsões econômicas:

- A maioria das previsões econômicas é apenas extrapolação. Extrapolações são geralmente corretas, mas não valiosas.
- Previsões não convencionais de desvio significativo da tendência seriam muito valiosas se estivessem corretas, mas geralmente não estão. Assim, a maioria das previsões de desvio da tendência é incorreta, e também não é valiosa.
- Algumas previsões de desvios significativos revelam-se corretas e valiosas — e seus autores são valorizados por sua perspicácia —, mas é difícil saber com antecedência quais serão as mais certeiras. Como a média geral de tiros na mosca em relação a elas é baixa, as previsões não convencionais, em última análise, não podem ser consideradas valiosas. Há meteorologistas que ficaram famosos por uma única chamada correta dramática, mas a maioria de suas previsões não valeu a pena seguir.

Tomadas em conjunto, essas três conclusões sobre previsão econômica não são muito animadoras. Desse modo, não surpreende que John Kenneth Galbraith tenha dito que "Temos duas classes de pessoas que fazem previsões: aquelas que não sabem, e aquelas que não sabem que não sabem".

É difícil prever mudanças seculares nos ciclos econômicos de longo prazo, bem como avaliar com exatidão as previsões de tais mudanças. Os altos e baixos dos ciclos econômicos de curto prazo também não são nada fáceis para qualquer pessoa prever consistentemente melhor que outros. Agir com base em previsões econômicas é tentador, especialmente porque a recompensa por aquelas que estejam corretas teoricamente poderia ser alta. Mas a dificuldade de poder fazê-lo de forma correta e consistente não deve ser subestimada.

~

A seguir, o que eu acredito ser o resultado final dos ciclos econômicos:

- Em uma economia, o total produzido resulta do número de horas trabalhadas e de quanto se produz em cada uma dessas horas. Assim, o crescimento de longo prazo de uma economia é determinado principalmente por fatores fundamentais, como a taxa de natalidade e a taxa de ganho de produtividade (mas também por outras mudanças na sociedade e no meio ambiente). Tais fatores geralmente mudam relativamente pouco de ano para ano, e só gradualmente de década para década. Desse modo, a taxa média de crescimento é bastante estável durante grandes períodos de tempo. Apenas nos períodos de tempo ainda mais longos a taxa de crescimento secular de uma economia acelera ou desacelera significativamente. E isso acontece.
- Em razão da relativa estabilidade do crescimento secular subjacente, há a tentação de esperar que o desempenho das economias seja consistente de ano para ano. Contudo vários fatores estão sujeitos à variabilidade, fazendo com que o crescimento econômico — mesmo seguindo, em média, a linha de tendência subjacente — também

apresente variabilidade anual. Esses fatores talvez possam ser vistos da seguinte forma:

- ○ **Endógenos** — O desempenho econômico anual pode ser influenciado pela variação nas decisões tomadas pelas unidades econômicas: para os consumidores gastarem ou pouparem, por exemplo, ou para as empresas expandirem ou contratarem, para aumentar os estoques (mediante aumento de produção) ou diminuir os estoques (reduzindo a produção em relação à que poderia ter sido sob outras circunstâncias). Não é incomum que essas decisões sejam influenciadas pelo estado de espírito dos atores econômicos, como consumidores ou gerentes de empresas.

- ○ **Exógenos** — O desempenho anual também pode ser influenciado por (a) eventos provocados pelo homem e que não são estritamente econômicos, como a eclosão de guerras; decisões do governo que alteram as taxas de impostos ou para ajustar as barreiras comerciais; ou mudanças causadas por cartéis no preço de commodities; ou (b) eventos naturais, que ocorrem sem o envolvimento de pessoas, como secas, furacões e terremotos.

- O crescimento econômico de longo prazo é estável por longos períodos de tempo, mas sujeito a mudanças de acordo com ciclos de longo prazo.

- O crescimento econômico de curto prazo segue, em média, a tendência de longo prazo, mas oscila em torno da tendência geral de ano para ano.

- As pessoas se esforçam para prever a variação anual como fonte de lucro potencial de investimento. E estão perto da verdade na maior parte do tempo. Poucas entre elas, entretanto, fazem isso corretamente e de forma consistente, poucas fazem isso muito melhor do que todos os demais, e poucos preveem corretamente os principais desvios da tendência.

~

Eu sempre acho — e milagrosamente acontece — que quando estou prestes a concluir algo que estou escrevendo, o exemplo perfeito aparece na vida real ou em algo que leio. Assim, quando estava completando o primeiro rascunho deste capítulo, em 23 de junho de 2016, surgiu a notícia de que a maioria dos eleitores no Reino Unido tinha escolhido deixar a União Europeia.

Essa decisão foi, de um modo geral, inesperada: a libra esterlina e o mercado acionário de Londres haviam se apreciado nos dias que antecederam a votação, e nas casas de apostas de Londres as chances eram as de que o Brexit fosse rejeitado. Foi demais da conta prever isso.

O Brexit pode ter ramificações significativas — econômicas, sociais e políticas — para o Reino Unido e a Europa, mas também para o resto do mundo. O impacto negativo na psique dos consumidores, investidores ou empresários pode causar um abrandamento do crescimento econômico em curto prazo. As barreiras comerciais podem ser aumentadas, e a eficiência global, reduzida.

Além disso, há uma chance de que esse evento (e outros, como a possível saída da Escócia e da Irlanda do Norte do Reino Unido) altere o crescimento de longo prazo para as nações diretamente envolvidas e, possivelmente, para outras. Daqui a 50 anos, o Brexit pode ser citado como responsável pela mudança da trajetória de crescimento de grande parte da economia mundial e, portanto, de toda ela, e como tendo contribuído para um redirecionamento do ciclo de longo prazo.

Há, por certo, uma boa chance de que o ambiente econômico seja diferente nos próximos anos em relação ao que teria sido se o Brexit tivesse sido rejeitado — ou seja, que esse evento cause uma reviravolta no ciclo econômico de longo prazo da Grã-Bretanha. Nós simplesmente não podemos ter certeza de como, até que ponto, ou quais serão os efeitos indiretos em outras economias.

V

ENVOLVIMENTO DO GOVERNO COM O CICLO ECONÔMICO

A ciclicidade econômica extrema é considerada indesejável. Força em excesso pode desencadear movimentos inflacionários e aquecer de tal forma a economia que uma recessão se torna inevitável. Demasiada fraqueza, por outro lado, pode fazer com que os lucros das empresas caiam, e isso pode custar o emprego das pessoas. Assim, faz parte do trabalho dos bancos centrais e funcionários do Tesouro gerenciar os ciclos.

Uma vez que os altos e baixos dos ciclos podem ser excessivos, as ferramentas para lidar com eles são contracíclicas e implementadas com um ciclo próprio — idealmente inverso ao próprio ciclo econômico. No entanto, como tudo o mais que envolve ciclos, gerenciá-los está longe de ser fácil. Não fosse assim, não veríamos os extremos que realizamos.

Na maior parte do mundo, capitalismo e livre mercado são aceitos hoje como sendo o melhor sistema para alocar recursos econômicos e estimular a economia. Nações tentaram outros sistemas, como o socialismo e o comunismo, mas em muitos casos mudaram ou adotaram aspectos do livre mercado.

Apesar da ampla aceitação do sistema de livre mercado, essa liberdade não é absoluta. O envolvimento do governo assume muitas formas, desde formular e aplicar leis e regulamentos até participar diretamente na economia por meio de empresas e agências regulatórias. Talvez a forma mais importante de envolvimento do governo, todavia, venha das tentativas dos bancos centrais e dos Tesouros Nacionais de controlar e afetar os altos e baixos dos ciclos econômicos.

Bancos Centrais

Os bancos centrais, como o Federal Reserve Bank, dos EUA, ganharam grande poder e responsabilidade ao longo do tempo. No passado, seu papel primário era emitir moeda em troca de ouro ou prata, mas hoje os bancos centrais se preocupam principalmente com o gerenciamento dos ciclos econômicos.

No início, muitos bancos centrais emitiam divisas. Conforme foi passando o tempo, eles assumiram a responsabilidade pelos ciclos, e sua principal preocupação passou a ser a inflação. Em particular, o mundo passou por períodos de hiperinflação, com os índices de preços atingindo a casa de milhares e milhares por cento, como foi visto na Alemanha durante a República de Weimar após a 1ª Guerra Mundial. Assim, os bancos centrais voltaram-se para a administração da inflação. O objetivo não era eliminá-la — já que ela é aceita como (a) tendo uma variedade de aspectos salutares e (b) ser inevitável —, mas controlá-la.

As causas da inflação estão envoltas em certo mistério e, como muitos outros processos descritos aqui, não são confiáveis, e são esporádicas. Às vezes um dado conjunto de circunstâncias dará origem à inflação e, em outras ocasiões, as mesmas circunstâncias levarão a mais ou menos inflação, ou a nenhuma. Mas, em geral, ela resulta de um forte movimento ascendente do ciclo econômico.

- Quando a procura por bens cresce em relação à oferta, há a chamada inflação "de demanda".

- Quando os insumos para a produção, como mão de obra e matérias-primas, aumentam de preço, pode haver inflação "de custo".
- E quando a moeda de um país importador cai em relação à de um país exportador, o custo dos bens do exportador pode aumentar no país importador.

O custo das mercadorias pode se elevar por qualquer um desses motivos. Isso é inflação. Mas, como acabei de dizer, às vezes aqueles eventos podem ocorrer sem serem acompanhados por uma aceleração da inflação. E às vezes ela pode aumentar sem que essas coisas estejam presentes. Nisso tudo há um grande componente psicológico atuando.

Como a inflação resulta de quão forte está a economia, os esforços dos bancos centrais para controlá-la significam tentar diminuir um pouco a pressão sobre a economia. Eles podem reduzir a oferta monetária, aumentar as taxas de juros e vender títulos da dívida pública. Quando o setor privado adquire títulos do banco central, dinheiro é retirado de circulação, e isso tende a reduzir a demanda por bens, e portanto desestimula a inflação. Bancos centrais que se dedicam fortemente a manter a inflação sob controle são chamados de "falcões". Eles tendem a implementar as medidas listadas mais cedo e em maior extensão.

Os bancos centrais podem cumprir a meta de manter a inflação sob controle, mas o efeito colateral dessas ações é, claro, o de restringir o crescimento da economia, com efeitos que podem ser inferiores do que benéficos.

A questão ganha contornos complicados pelo fato de que, nas últimas décadas, muitos bancos centrais receberam uma segunda responsabilidade. Além do controle da inflação, espera-se que eles estimulem o nível de emprego, e, evidentemente, há mais emprego quando a economia está crescendo. Com essa finalidade, os bancos centrais adotam ações estimulantes como aumentar a oferta monetária, diminuir as taxas de juros e injetar liquidez na economia comprando títulos — como no recente programa de "flexibilização quantitativa". Os bancos centrais que se concentram fortemente na criação de empregos e colocam essa política em prática são chamadas de "pombas".

O resultado é que muitos dos presidentes dos bancos centrais acumulam dois empregos: um deles visa conter a inflação, o que exige limitar o crescimento da economia; já o outro objetiva apoiar o emprego, o que requer estimular o crescimento econômico. Em outras palavras, suas responsabilidades duplas opõem-se umas às outras, e, assim, seu trabalho exige um delicado ato de equilíbrio.

Nós discutimos o fato de que a economia é cíclica, crescendo bastante em algumas vezes e pouco (ou se retraindo) em outras. Um crescimento econômico tende a estimular o emprego, mas pode fazer com que a inflação se acelere. Por outro lado, em tempos de estagnação ou contração, a inflação é inibida, mas o nível de emprego pode declinar. Assim, a função do banco central é atuar de forma contracíclica: limitar a extensão dos ciclos, desacelerar a economia em tempos de prosperidade a fim de manter a inflação sob controle, e estimular a economia durante as desacelerações, para apoiar o emprego.

Diga-se, porém, que assim como a percepção do investidor sobre os ciclos é limitada e incerta, o mesmo ocorre com o banco central. Suas duas tarefas — estimular a economia e restringi-la — obviamente não podem ser realizadas de uma só vez. É hora de estímulo ou restrição? E quanto disso, seja lá qual for a opção? Se as taxas de juros estão baixas (como estiveram desde a Crise Financeira Global, a fim de estimular a economia), mas o crescimento econômico é tímido (também como tem sido), as taxas podem ser aumentadas, para evitar uma elevação da inflação sem asfixiar o crescimento morno da economia? Se os ciclos são desafiadores para que os investidores os entendam e prevejam, não são mais fáceis de serem administrados pelos bancos centrais.

Governos

Os governos têm um rol de responsabilidades maior do que os banqueiros dos bancos centrais, das quais apenas uma pequena parte está relacionada aos assuntos econômicos. Tal como os bancos centrais, eles também são responsáveis por estimular a economia quando apropriado, embora não diretamente com o controle da inflação. Em sua função econômica, os Tesouros Nacionais também estão preocupados em regular o ciclo: nem muito rápido nem muito lento.

As principais ferramentas dos governos para administrar o ciclo econômico são as fiscais, que se ocupam com a questão dos impostos e gastos. Assim, quando os governos querem estimular as economias de seus países, podem cortar impostos, aumentar os gastos do governo e injetar dinheiro na economia por outros meios, como a recente liberação dos lucros do FGTS, no Brasil. Por outro lado, quando consideram que as economias estão crescendo tão rapidamente a ponto de estarem sob risco de superaquecimento — estabelecendo o cenário para uma desaceleração resultante —, os governos podem aumentar impostos ou cortar gastos, reduzindo a demanda em suas economias, com isso diminuindo o vigor da atividade econômica.

O tópico final sob este título diz respeito aos deficits nacionais. No passado distante, a maioria dos governos operava com orçamentos equilibrados. Em suma, não podiam gastar mais do que arrecadavam por intermédio da tributação (ou conquistas). Mas então surgiu o conceito de dívida nacional, e a capacidade de contrair dívida introduziu o potencial de ocorrerem deficits, isto é, os governos gastarem mais do que arrecadam.

Em minha juventude, me parece, havia um debate ativo sobre a pertinência de os países terem ou não dívidas nacionais, mas já não se encontra muita resistência a respeito desse assunto. É geralmente aceito que os países podem dever dinheiro, não obstante de tempos em tempos surjam dúvidas sobre quanta dívida é prudente. A resposta mais usual seria "não muito mais do que já temos agora".

A teoria econômica proposta por John Maynard Keynes na década de 1930 enfatizava fortemente o papel dos governos na questão dos ciclos. Na economia keynesiana, o ponto-chave está no papel da demanda agregada na determinação do nível do PIB, em contraste com abordagens anteriores cujo foco estava na oferta de bens. Para Keynes, os governos devem gerenciar o ciclo econômico atuando sobre a demanda. Isso, por sua vez, poderia ser alcançado pela utilização de ferramentas fiscais, incluindo deficits.

Keynes propunha que os governos ajudassem uma economia fraca estimulando a demanda por deficits. Quando as despesas de um governo — seus gastos — excedem sua renda, principalmente a decorrente de impostos, há injeção de recursos monetários na economia. Isso incentiva o consumo e o investimento. Essa característica dos deficits levou Keynes a considerá-los úteis para lidar com uma economia fraca.

Por outro lado, quando as economias "iam bem, obrigado", Keynes afirmava que os governos devem ter superavits, gastando menos do que recebem. Isso retira moeda da economia, desestimulando gastos e investimentos. Excedentes de receita são contracionários e, portanto, uma resposta apropriada aos booms. No entanto, o uso de excedentes para esfriar uma economia próspera é raro nos dias de hoje. Ninguém quer ir para casa quando a festa está no auge, e gastar menos do que o orçamento atrai menos votos do que programas de gastos generosos. Assim, superavits tornaram-se tão raros quanto máquinas de escrever.

~

Como já mencionado, a ciclicidade econômica extrema é considerada indesejável. Força em excesso pode desencadear movimentos inflacionários e aquecer de tal forma a economia que uma recessão se torna inevitável. Demasiada fraqueza, por outro lado, pode fazer com que os lucros das empresas caiam, e isso pode custar o emprego das pessoas.

Assim, faz parte do trabalho dos bancos centrais e funcionários do Tesouro gerenciar os ciclos através das técnicas descritas antes. Uma vez que os altos e baixos dos ciclos podem ser excessivos, as ferramentas para lidar com eles são contracíclicas e implementadas com um ciclo próprio — idealmente inverso ao próprio ciclo econômico.

No entanto, como tudo o mais que envolve ciclos — como saber onde estamos e o que fazer com eles —, gerenciá-los está longe de ser fácil. Se não fosse, não veríamos os extremos que realizamos.

VI

O CICLO NOS LUCROS

Os elementos envolvidos na determinação dos lucros de uma empresa são múltiplos e complexos. O ciclo econômico afeta significativamente as vendas de algumas empresas, mas menos em outras. Muito em decorrência das diferenças de alavancagem financeira e operacional, uma dada variação porcentual nas vendas tem um impacto muito maior nos lucros de algumas empresas do que nos de outras.

Atualmente, como já informei antes, a taxa de crescimento normal do PIB dos EUA parece ser de algo entre 2% e 3% ao ano. Em um ano lento, o crescimento pode chegar a 1% ou mais, ou atingir 4% ou 5% em períodos de boom (ou durante a recuperação de uma desaceleração). A taxa de crescimento anualizada pode até se tornar negativa em alguns pontos porcentuais em tempos difíceis, e caso fique negativa por dois trimestres consecutivos, isso caracteriza uma recessão. Portanto há flutuações, mas moderadas: o crescimento anual do PIB norte-americano quase sempre oscila entre 5% e -2%, e mesmo esses extremos ocorrem apenas uma vez a cada década, no máximo.

Pode-se concluir a partir daí que os lucros das empresas também são estáveis de ano para ano? Nem de longe. Os lucros podem chegar a muito mais que 5% nos bons tempos, e diminuir para níveis menores que 2% nos maus. Eles também seguem um ciclo — um que é influenciado pelo ciclo econômico, mas que flutua muito mais do que a economia como um todo. Então os lucros são mais voláteis do que o PIB. A questão é: por quê? Quais fatores fazem com que o ciclo de lucro tenha um desempenho diferente do ciclo econômico?

Primeiro, os altos e baixos da economia são absolutamente importantes para determinar a ascensão e o declínio dos lucros corporativos. Mais PIB significa — mais do que qualquer outra coisa — um consumo maior, portanto maior demanda por bens. Isso, por sua vez, significa maiores volumes vendidos e preços de venda mais elevados, mais trabalho e salários mais altos e, então, mais consumo. Todas essas coisas juntas significam aumento de receita para as empresas.

Por definição, o conjunto das vendas de todas as empresas corresponde ao PIB e reflete a mesma taxa de mudança. Mas isso não significa que todas as empresas tenham o mesmo padrão de comportamento.

Em certos setores de atividade, as vendas são sensíveis ao ciclo econômico, mas em outros, não. E essa sensibilidade é alta em alguns, e modesta em outros.

- As vendas de matérias-primas e insumos industriais são diretamente responsáveis pelo ciclo econômico. Quando as empresas coletivamente aumentam sua produção — ou seja, quando o PIB se expande — há a necessidade de mais substâncias químicas, metais, plásticos, energia, fios e semicondutores O inverso também é verdadeiro.
- Já as necessidades diárias, como alimentos, bebidas e medicamentos, são menos sensíveis ao ciclo econômico. O consumo das pessoas, em geral, independe do que se passa com a economia. (A demanda, porém, não é absolutamente constante: nas recessões as pessoas procuram alternativas — compram alimentos mais baratos e comem em casa, em vez de em restaurantes —, e compram itens mais caros em

tempos de prosperidade. E, infelizmente, quem passa por apuros financeiros pode reduzir até mesmo seu consumo de "necessidades" quando forçado a optar entre alimentos, medicamentos e pagar o aluguel.)

- A demanda por itens de consumo de baixo custo (como roupas cotidianas, jornais e downloads digitais) não é muito volátil, em comparação à demanda por bens de luxo e viagens de férias.

- Compras de "bens duráveis" — carros e casas para indivíduos, e caminhões e maquinário para empresas — são altamente sensíveis ao ciclo econômico. Primeiro, pelo fato de tais bens serem duráveis, sua substituição pode ser adiada em períodos de economia desaquecida. Em segundo lugar, porque, devido ao custo elevado, sua comercialização fica prejudicada em tempos de dificuldades econômicas. E, em terceiro lugar, as empresas geralmente precisam de mais deles quando os negócios são bons, e menos quando não são. Esses aspectos tornam a demanda por bens duráveis muito suscetíveis ao ciclo econômico.

- A demanda por serviços cotidianos geralmente não é volátil. Se eles forem necessários (como transporte para o trabalho) e de baixo custo (como manicures), a demanda não será altamente sensível a mudanças na economia. Ademais, serviços como esses têm vida útil limitada e não podem ser armazenados, o que os faz ser requisitados continuamente. Mas a demanda ainda pode variar com base nas condições econômicas: por exemplo, as unhas podem ser feitas de 15 em 15 dias, e não uma vez por semana.

Além disso, as vendas de alguns produtos vinculam-se a outros ciclos além do econômico. Como os duráveis são caros e podem ser pagos ao longo de suas longas vidas, a demanda por eles pode subir e descer (tudo o mais constante), já que as flutuações no ciclo de crédito tornam o financiamento menos ou mais fácil de obter. E algumas coisas são influenciadas por desenvolvimentos não cíclicos: por exemplo, a demanda por novos telefones celulares e notebooks responde a reduções de preço, introdução de novos produtos e melhorias tecnológicas.

Na maior parte, porém, o crescimento econômico domina o processo pelo qual as vendas são determinadas. Estas geralmente aumentam bastante quando o crescimento do PIB é forte, e são menores (ou diminuem) quando não é.

~

Mas não dá para vincular diretamente o crescimento do lucro ao crescimento econômico. O motivo é que os movimentos do ciclo econômico não são a única coisa que influencia as vendas (como mostrado), e também porque uma mudança nas vendas não necessariamente leva a uma alteração equivalente nos lucros. Uma das principais razões para isso é que a maioria das empresas é caracterizada por uma alavancagem de dois tipos, mecanismos que ampliam a resposta dos lucros a uma mudança nas vendas. O significado de "alavancagem" pode ser mais imediatamente óbvio a partir da palavra britânica "gearing" (engrenagem).

Primeiro, as empresas estão sujeitas à alavancagem operacional. Lucros equivalem a receitas menos custos (ou despesas). As receitas são provenientes das vendas, e sabemos que estas variam por um grande número de razões. Assim, os diferentes tipos de custos variam de maneiras diferentes, particularmente em resposta a mudanças nas vendas.

Na maioria das empresas há custos fixos, semifixos e variáveis. Por exemplo, uma empresa de táxi:

- Tem sua sede em um prédio comercial, mas quando o número de viagens aumenta um pouco, não é necessário ampliar o espaço do escritório. Este é um exemplo de custo fixo.
- Tem uma frota de táxis. Um aumento moderado no número de viagens pode ser realizado com a frota atual, mas se as viagens aumentarem muito, poderá haver a necessidade de comprar mais veículos. Este é um exemplo de custo semifixo.

- Seus táxis são movidos a gasolina. Se um aumento nos negócios fizer com que os carros percorram mais quilômetros, é provável que o consumo de gasolina cresça proporcionalmente. Para a companhia de táxi, então, o custo da gasolina é variável.

Esses itens, considerados em conjunto, indicam que se o número de passageiros da empresa (e, portanto, suas receitas) aumentar em 20%, o custo com instalações não aumentará; os gastos com táxis provavelmente não aumentarão inicialmente, mas podem fazê-lo mais tarde; e os gastos com gasolina aumentarão imediata e proporcionalmente. Assim, o custo total da empresa de táxi crescerá com um aumento no número de passageiros, mas geralmente menos que suas receitas. Isso fará com que a margem de lucro aumente, o que significa que o crescimento nos lucros operacionais será consideravelmente maior do que o aumento das vendas: essa é a alavancagem operacional. Em geral, ela é maior para empresas para as quais uma porcentagem maior de custos é fixa, e menor para aquelas cujos custos são mais variáveis.

A alavancagem operacional é ótima para as empresas quando a economia vai bem, e as vendas crescem. Mas nem tanto quando acontece o contrário: os lucros podem cair mais do que as vendas, e se as condições forem más o suficiente, pode não haver lucros, e, sim, perdas. As empresas podem, no entanto, adotar algumas medidas para limitar o efeito sobre os lucros de um declínio nas vendas. Elas podem demitir funcionários e fechar lojas. Mas (a) as medidas econômicas geralmente precisam de tempo para ter efeito; (b) algumas vezes implicam aumento de despesas no curto prazo, como no caso de indenizações; (c) geralmente podem limitar o efeito negativo, mas não eliminá-lo; e (d) raramente funcionam tão bem quanto se calcula.

A segunda forma de alavancagem que afeta a maioria das empresas é a alavancagem financeira. Suponhamos que os lucros operacionais de uma empresa diminuam em $1 mil (ou 33%), de $3 mil para $2 mil. Se o capital de giro de $30 mil da empresa proveio inteiramente de recursos próprios, o que significa que ela não fez empréstimos bancários e não precisa fazer nenhum pagamento de juros, esse declínio se refletirá integralmente no resultado líquido da empresa — o "lucro final " —, que também cairia 33%.

Na realidade, porém, a maioria das empresas é financiada com uma combinação de capital próprio e dívida bancária. Quando o retorno sobre o capital próprio é superior ao custo dos empréstimos, a alavancagem financeira é positiva; caso contrário, ela é negativa. Na eventualidade de a empresa enfrentar sérias dificuldades em sua atividade econômica, serão os acionistas que sofrerão todos os declínios nos lucros e, em seguida, assumirão os prejuízos até que o patrimônio líquido seja eliminado, quando então quaisquer perdas adicionais recairão sobre os credores bancários. A remuneração destes, se não houver inadimplência, restringe-se aos juros que foram prometidos.

Suponhamos que a estrutura de capital da empresa em questão seja composta de $15 mil em dívidas (exigindo pagamentos anuais de juros de $1.500) e $15 mil de capital próprio. Isso significa que o declínio de $1 mil nos lucros operacionais reduz o lucro líquido de $1.500 ($3 mil de lucro operacional antes dos juros, menos $1.500 de juros) para $500 ($2 mil menos $1.500). Em outras palavras, um declínio de 33% no lucro operacional (de $3 mil para $2 mil) faz com que o lucro líquido da empresa diminua em 67% (de $1.500 para $500). O impacto ampliado de um declínio no lucro operacional no lucro líquido ilustra a alavancagem financeira em funcionamento.

~

Os elementos envolvidos na determinação dos lucros de uma empresa são múltiplos e complexos. O ciclo econômico afeta significativamente as vendas de algumas empresas, mas menos em outras. Muito em decorrência das diferenças de alavancagem financeira e operacional, uma dada variação porcentual nas vendas tem um impacto muito maior nos lucros de algumas empresas do que de outras.

E, claro, idiossincrasias podem ter reflexos importantes nos lucros. Entre elas pode-se citar: decisões da administração sobre estoques, níveis de produção e investimento de capital; avanços tecnológicos (por parte de uma empresa, seus concorrentes no setor e até empresas em setores concorrentes — veja adiante); mudanças na regulação e tributação; e até mesmo desenvolvimentos exógenos ao mundo dos negócios, como clima, guerra e modismos. O ciclo econômico fornece o pano de fundo para mudanças nas vendas e lucros das empresas, mas o potencial de desvio da expectativa baseada no ciclo é grande. Desenvolvimentos idiossincráticos são a principal razão.

Abro espaço aqui para lidar com o assunto da tecnologia (em vez de dedicar um capítulo separado a ela). "Disrupção" é a palavra do dia, e a capacidade de disrupção, pela tecnologia, de setores econômicos tradicionais pode criar uma nova concorrência e liquidar as margens de lucro dos participantes desses mercados. Veja, por exemplo, a questão dos jornais. Recentemente, nos anos 1990:

- O jornais eram considerados uma fonte de informação indispensável.
- Todos os dias, ao ir para o trabalho, a maioria das pessoas comprava um jornal, e às vezes mais um ao voltar para casa: o custo era baixo.
- Quem comprava o jornal na segunda-feira voltaria a fazê-lo na terça-feira: não havia "prazo de validade" ou uso prolongado.
- Os jornais eram uma das poucas maneiras pelas quais as empresas locais podiam alcançar seus clientes, e um jornal de uma cidade geralmente não conseguia competir por publicidade com o de outra.
- A concorrência veio principalmente de outros jornais, televisão e rádio. Contudo, nos EUA, um jornal fortemente estabelecido em uma cidade dificilmente perderia, em virtude de sua vantagem competitiva, essa condição vantajosa — assim, os jornais eram vistos como empresas "encasteladas".

Em face dessa combinação de fatores, que fazia com que a posição dos jornais fosse vista como quase inexpugnável, as ações das empresas jornalísticas eram consideradas "defensivas", beneficiando-se de receitas e lucros estáveis.

Quem poderia imaginar que a internet e outras formas de comunicação online afetariam significativamente a sorte dos jornais em menos de 20 anos? Atualmente, muitas empresas competem para levar informações diretamente aos consumidores. Em luta para manter sua fatia de mercado e lucratividade, pois a "gratuidade" passou a caracterizar muitos aspectos do mundo digital, os jornais têm visto ir por terra seus modelos de negócio. Os jornais fornecem um excelente exemplo da capacidade de um fator idiossincrático completamente alheio ao ciclo de lucro econômico e tradicional influenciar as vendas e os lucros de uma empresa. Mas, cumpre lembrar, a tecnologia não é, ela mesma, cíclica? As tecnologias nascem, prosperam e são substituídas por outras ainda mais novas. A inovação de alguns anos atrás pode ser suplantada mais rapidamente do que nunca nos dias de hoje, e a lista de setores de atividade que são percebidos como imunes à disrupção parece encolher todos os dias.

Há 30 ou 40 anos parecia que o mundo era um lugar estável, um cenário relativamente imutável para a vida, servindo como pano de fundo para os desenvolvimentos econômicos, ciclos incluídos. Hoje, em grande parte graças aos desenvolvimentos tecnológicos (mas também sociais e culturais), nada parece imutável. Na verdade, muito parece estar mudando rápido, tão rápido que a maioria de nós não consegue acompanhar.

VII
O PÊNDULO DA PSICOLOGIA DO INVESTIDOR

Nos ciclos de negócios, financeiros e de mercado, a maioria dos excessos no lado positivo — e as inevitáveis reações no lado negativo, que também tendem a exceder — resulta de oscilações exageradas do pêndulo da psicologia. Desse modo, compreender e estar atento a oscilações excessivas é requisito básico para evitar danos causados pelos extremos cíclicos e, com sorte, para lucrar com eles.

Até agora discutimos o ciclo econômico, a atuação governamental para influenciar o ciclo econômico e o ciclo de lucro. Em grande medida, essas coisas constituem o pano de fundo ou ambiente para investir. Elas podem parecer exógenas ao investimento: processos independentes que operam sós. Mas qualquer um que pense que se tratam de coisas "mecânicas" em sua operação e no controle total dos resultados de investimento subestima o papel da psicologia ou, como costumo dizer, intercambiavelmente, da emoção. (Psicologia e emoção são certamente elementos diferentes, mas não vejo nenhuma maneira significativa de distinguir entre os dois quanto a seu efeito no ambiente de investimento.)

Primeiro, como já dito, as oscilações na emoção/psicologia influenciam fortemente os ciclos econômicos e corporativos de lucro. Em segundo lugar, eles desempenham importante papel ao causar altos e baixos no mundo dos investimentos, especialmente no curto prazo.

No Capítulo I, vimos que não há distinção fundamental entre ciclos e movimentos pendulares. De fato, eu poderia ter facilitado a vida de todos nós intitulando este capítulo de "O Ciclo em Psicologia", dando-lhe uma nomenclatura consistente. Porém, por alguma razão não especificada, introduzi pela primeira vez a noção de "pêndulo" em emoção/psicologia apenas em meu segundo memorando para os clientes, "First Quarter Performance" ("Performance do Primeiro Trimestre", em tradução livre, abril de 1991). E como não encontrei algo que o refutasse nos 26 anos seguintes, continuarei a me referir a ele aqui.

Para apresentar o pêndulo, repriso o que escrevi em 1991:

> As mudanças de humor dos mercados de valores mobiliários lembram o movimento de um pêndulo, configurando um arco. Embora haja um ponto médio representando a localização do pêndulo "em média", este realmente fica muito pouco ali: ele está, sempre, ora se aproximando, ora se afastando dos extremos do arco. E quando o pêndulo se aproxima de um dos extremos, é inevitável que ele, cedo ou tarde, volte para o ponto médio. De fato, o próprio movimento em direção a um extremo fornece a energia para a volta.
>
> Os mercados de investimento fazem o mesmo balanço pendular:
>
> - entre a euforia e a depressão;
> - entre a comemoração de desenvolvimentos positivos e o tormento gerado pelos negativos. E, por conseguinte;
> - entre estar sub ou superapreciado.

> Essa oscilação é uma das características mais confiáveis do mundo dos investimentos, e a psicologia dos investidores parece gastar bem mais tempo nos extremos do que em um "ponto médio feliz" [trocadilho com o termo técnico "meio termo" — veja Capítulo II]".

Voltei ao tema em "It's All Good" ("Está Tudo Bem", em tradução livre, julho de 2007). Antes de fazer uma nova observação, listei mais meia dúzia de elementos nos quais as oscilações do pêndulo são vistas:

- Entre a ganância e o medo.
- Entre o otimismo e o pessimismo.
- Entre tolerância ao risco e aversão a ele.
- Entre a crença e o ceticismo.
- Entre a fé no futuro e a insistência na concretude do presente.
- Entre a urgência de comprar e o pânico para vender.

> Acho particularmente interessante o grau em que as polaridades listadas estão inter-relacionadas. Quando, por algum tempo, um mercado cresce bastante, nós invariavelmente vemos todos os nove elementos listados. E quando o mercado está em declínio, vemos todos os elementos adicionais listados. Raramente vemos uma mistura dos dois conjuntos, pois há uma relação causal entre os componentes em cada um deles, com um dando origem ao próximo.

Muito do que escrevi então sobre o pêndulo corresponde diretamente ao que escrevi sobre ciclos no Capítulo 1. Há uma oscilação de um extremo ao outro, chegando-se a um ponto que não pode ser ultrapassado; e depois, um balanço de volta para o ponto central, alimentado pelo ímpeto da reversão. Pode-se dizer que o pêndulo também tende a regredir em direção à média ou ao ponto médio, mas, como a maioria dos ciclos, ele geralmente não se detém ali, continuando em direção ao extremo oposto de onde veio.

Por que o pêndulo é importante? Em essência, as acentuadas oscilações ascendentes e descendentes dos ciclos que estou cobrindo neste livro resultam em grande parte de (e representam) excessos psicológicos em ação.

- A taxa de crescimento linear da tendência na produção econômica e nos lucros corporativos é moderada, e quando as decisões pró-cíclicas dos participantes fazem com que o crescimento seja anormalmente rápido (exceto em tempos de recuperação de uma recessão), há usualmente otimismo em demasia, do qual haverá um recuo.
- Da mesma forma, parece racional que, em longo prazo, as ações em geral devam proporcionar retornos alinhados com a soma de seus dividendos mais a tendência de crescimento dos lucros corporativos, ou algo por volta de um dígito da média para cima. Quando o retorno passa a ser muito maior do que isso, é provável que ele venha a se revelar excessivo (há um saque sobre o futuro) e, assim, tornar as ações arriscadas, deixando uma correção para baixo na ordem do dia.

Nos ciclos de negócios, financeiros e de mercado, a maioria dos excessos no lado positivo — e as inevitáveis reações no lado negativo, que também tendem a exceder — resultam de oscilações exageradas do pêndulo da psicologia. Desse modo, compreender e estar atento a oscilações excessivas é requisito básico para evitar danos causados pelos extremos cíclicos e, com sorte, para lucrar com eles.

As normas em termos de crescimento e apreciação são, em certo sentido, "corretas" e "saudáveis". E se todos se comportassem de acordo com essas normas — em vez de ocasionalmente esperar por mais e, assim, preparar o terreno para mudanças em direção a menos —, o mundo seria um lugar mais estável, menos conturbado e menos propenso a erros. Mas essa não é a natureza das coisas.

Eu falei sobre a inaplicabilidade das normas em "The Happy Medium" ("O Meio Termo", em tradução livre, julho de 2004), mas agora com dados atualizados até 2016:

> Juntando tudo, as flutuações nas atitudes e no comportamento combinam-se para tornar o mercado de ações o pêndulo final. Nos meus 47 anos no setor de investimentos, a partir de 1970, os retornos anuais do S&P 500 passaram de 37% positivos para 37% negativos. Na média de anos bons e anos ruins, o retorno de longo prazo é geralmente estabelecido como 10% ou mais. Todos estão felizes com esse desempenho típico e adorariam mais do mesmo.
>
> Mas lembre-se, um pêndulo oscilante pode "geralmente" estar no ponto médio, mas na verdade não se detém lá por muito tempo. O mesmo acontece com o desempenho do mercado financeiro. Aqui está uma pergunta interessante (e uma boa ilustração): em quantos dos 47 anos de 1970 a 2016 o retorno anual do S&P 500 ficou dentro de 2% do "normal", isto é, entre 8% e 12%?
>
> Eu esperava que a resposta fosse "não tão frequente", mas me surpreendi ao ver que isso acontecera *apenas três vezes*! Também foi uma surpresa saber que o retorno girava em torno de mais de 20 pontos percentuais do "normal" — acima de 30% ou abaixo de 10% — durante mais de um 1/4 do tempo: 13 dos últimos 47 anos. Então uma coisa que pode ser dita com total convicção sobre o desempenho do mercado de ações é que a média certamente não é a norma. Flutuações de mercado dessa magnitude não são explicáveis quase que totalmente pelas mudanças nas empresas, setores ou economias. Elas são em grande parte atribuíveis às mudanças de humor dos investidores.

> Por fim, as ocasiões em que o retorno está nos extremos não se distribuem aleatoriamente ao longo dos anos: eles agrupam-se devido ao fato de que as oscilações psicológicas dos investidores tendem a persistir por um tempo (parafraseando Herb Stein, elas tendem a continuar até que parem). A maioria desses 13 anos extremos para cima ou para baixo estava dentro de um ano ou dois de outro ano de desempenho similarmente extremo na mesma direção.

Que tal um exemplo do pêndulo em ação?

Um dos adágios de mercado mais consagrados pelo tempo diz que "os mercados flutuam entre ganância e medo". Há uma razão fundamental para isso: é porque as *pessoas* oscilam entre a ganância e medo. Em outras palavras, às vezes as pessoas se sentem positivas e esperam coisas boas, e então se tornam gananciosas e querem faturar alto. Sua ganância as leva a competir para fazer investimentos, e isso faz com que os mercados subam, e os ativos se apreciem.

Porém, em outras ocasiões, não se sentem tão bem, e suas expectativas tornam-se negativas. Nesse caso, o medo assume o controle. Em vez do entusiasmo em ganhar dinheiro, vem a preocupação de perdê-lo. Com isso, retraem as compras, eliminando o ímpeto ascendente dos preços dos ativos, e talvez optem por vender, empurrando os preços para baixo. Quando estão em "modo de medo", as emoções das pessoas trazem forças negativas para os mercados.

Eis aqui parte da discussão sobre o jogo entre ganância e medo, retirado de "The Happy Medium" (julho de 2004):

> Quando eu era um analista novato, ouvíamos o tempo todo que "o mercado de ações é movido pela ganância e pelo medo". Quando o ambiente de mercado está em equilíbrio saudável, ocorre um cabo de guerra entre otimistas, que querem ganhar dinheiro, e pessimistas, que procuram evitar perdas. Aqueles querem comprar ações, mesmo tendo que pagar um preço um pouco acima do

fechamento de ontem, e estes querem vendê-las, mesmo que seja em uma queda.

Quando o mercado “anda de lado”, é porque o sentimento por trás desse cabo de guerra é dividido de maneira uniforme, e as pessoas — ou sentimentos — nas duas extremidades da corda têm um peso aproximadamente igual. Os otimistas podem prevalecer por algum tempo, mas conforme os títulos se apreciam, os pessimistas ganham força e os vendem mais barato…

Ainda que calouro, não demorou muito para eu perceber que muitas vezes o mercado é movido pela ganância ou medo. Nos momentos que realmente contam, numerosas pessoas saltam de uma extremidade da corda para a outra. Ora os gananciosos, ora os medrosos predominam e influenciam dramaticamente o mercado. Quando há apenas ganância e o medo está ausente, por exemplo, todos querem comprar, ninguém quer vender, e poucos conseguem pensar em razões pelas quais os preços não devem subir. E assim, agem, por vezes aos trancos e barrancos, sem direção aparente.

Nitidamente, foi o que aconteceu com as ações de tecnologia em 1999. A ganância era a característica dominante desse mercado. Quem estava de fora foi obrigado a assistir todos os outros enriquecerem. “Investidores prudentes” foram recompensados por um sentimento de estupidez. Naquele mercado, os compradores não sentiam medo. “Há um novo paradigma”, foi o grito de guerra. “Cavalo encilhado não passa duas vezes. E, a propósito, o preço pelo qual estou comprando não pode ser alto demais, porque o mercado é sempre eficiente.” Todos perceberam um ciclo virtuoso sem fim em favor das ações de tecnologia.

Mas uma hora algo muda. Aparece uma pedra no caminho, ou uma empresa importante relata um problema, ou surge um fator exógeno. Os preços também podem cair sob seu próprio peso ou com base em uma queda na psicologia sem causa óbvia. Com certeza ninguém que conheço pode dizer exatamente o que fez a bolha das empresas de tecnologia explodir em 2000. De alguma maneira a ganância evaporou, e o medo tomou conta. "Compre antes que você perca" foi trocado por "Venda antes de ficar com o mico na mão".

E o medo, então, só fez crescer. As pessoas não se preocupam com oportunidades perdidas; elas se preocupam em perder dinheiro. A exuberância irracional foi substituída por cautela excessiva. Se em 1999 as previsões para uma década foram acatadas com fervor, em 2002 o que se ouvia dos investidores, escaldados pelos escândalos corporativos, era: "Nunca mais confiarei na administração" e "Como posso ter certeza de que os demonstrativos financeiros refletem a realidade?" Assim, por exemplo, quase ninguém queria comprar os títulos das companhias envolvidas em escândalos, e os preços foram lá para baixo. É a partir dos extremos do ciclo de medo e ganância que surgem as maiores oportunidades de lucros de investimento, como, nos EUA, a compra com grandes deságios de títulos de empresas inadimplentes, em 2003.

O binômio "ganância/medo" é o continuum psicológico ou emocional mais óbvio ao longo dos quais os investidores oscilam, e, em muitos aspectos, são os mais ilustrativos. Há outras mudanças emocionais ou psicológicas importantes. A maioria opera de maneira similar ao pêndulo de ganância/medo, e geralmente isso não é uma coincidência. Vários parâmetros estão inter-relacionados. Eis alguns exemplos.

Implícito no balanço entre ganância e medo está o duo euforia e depressão. Por exemplo, como já dissemos, a ganância pode não ser originada apenas por eventos positivos. Em vez disso, estes estimulam a euforia, a qual favorece a ganância (de modo análogo, eventos negativos podem levar à depressão e medo). Emoções fundamentais, a euforia e depressão estão na origem das oscilações.

Investidores eufóricos podem se entusiasmar com o desenrolar dos acontecimentos atuais e aqueles que possam surgir no futuro, e isso pode acentuar sua fixação com — e expectativa de — lucro. Por outro lado, é improvável que investidores deprimidos se sintam positivos o bastante para serem gananciosos. Se você pensar sobre isso, a euforia é inconsistente com o medo, e a depressão é inconsistente com a ganância.

Na mesma linha, os investidores também oscilam entre o otimismo e o pessimismo. Eventos positivos em geral levam a expectativas de mais eventos e resultados positivos — algo mais conhecido como otimismo. Este está na base da ganância: não faz sentido pensar que as pessoas podem ser gananciosas e impulsionadas a investir quando suas expectativas são negativas. Com certeza, otimismo e pessimismo encorajam outras emoções e influenciam o comportamento.

~

O próximo fenômeno que quero abordar é a tendência dos investidores a oscilar entre credulidade e ceticismo, e a flutuar entre o fascínio de possíveis lucros no futuro e a insistência em um valor palpável no aqui e agora.

Quando as coisas estão indo bem no mundo e os preços dos ativos estão subindo, os investidores normalmente se dispõem a crer em histórias favoráveis sobre desenvolvimentos futuros, comprar ativos apreciados e arcar com riscos elevados. E quando as coisas pioram, ficam mais propensos a rejeitar até projeções razoáveis e a recusar a compra, em grande parte porque os preços estão baixos (mesmo que isso aumente a probabilidade de que os ativos estejam baratos).

> Alguns investidores trabalham duro para quantificar os ganhos deste ano e o crescimento a partir daí. Outros se esforçam para valorar ativos reais, propriedade intelectual e vantagens comerciais (e prever quanto os outros pagarão por eles). E há os que tentam

deduzir as implicações de valor nas fusões e aquisições, reestruturações e transações que transformam empresas de capital aberto em capital fechado. É nisso tudo e em muito mais que as empresas do setor de investimento trabalham para prever e precificar o futuro.

Aqui vai um exemplo. Em 2000-2001, nossos fundos para dívidas em dificuldades investiu algumas centenas de milhões de dólares em empresas de telecomunicações falidas. Em cada caso, o preço de compra era uma pequena fração dos valores investidos em ativos tangíveis, como equipamentos de comutação ou cabos de fibra ótica. Se pudéssemos revender esses materiais com alguma margem em relação ao que pagamos, o investimento seria lucrativo.

A primeira venda, rápida, correu bem, e ganhamos cerca de 50%. Mas logo depois as pessoas deixaram de aparecer para dar lances nesses ativos. Os primeiros a comprar consideravam ter pago uma pechincha, mas nas negociações posteriores os possíveis compradores esquivavam-se de ativos que estavam se transformando em excesso de oferta. E isso leva ao meu ponto. Em 1999, os investidores aceitaram com sinceridade as previsões otimistas de suas empresas de telecomunicações sobre o futuro, e estavam dispostos a pagar com folga por esse potencial. Mas em 2001 já não viam potencial algum e não se dispunham a pagar um centavo que fosse, já que a capacidade do setor excedia largamente suas necessidades atuais, e ninguém podia imaginar como absorver esse excesso ao longo da vida. Esse ciclo na disposição dos investidores de valorar o futuro é um dos ciclos mais poderosos que existe.

Há uma metáfora simples, relacionada ao setor imobiliário, que me ajudou a entender esse fenômeno: quanto vale um prédio vazio? Esse ativo (a) tem um valor de reposição, é claro, mas (b) não gera receitas e (c) custa dinheiro para manter, na forma de impostos, seguro, manutenção mínima, pagamento de juros e custos de oportunidade. Em outras palavras, é um ralo de dinheiro. Quando o humor dos investidores é pessimista e eles não conseguem enxergar mais do que alguns anos, só conseguem pensar nos fluxos de caixa negativos, e não conseguem visualizar o momento em que o prédio será alugado e lucrativo. Mas quando o humor melhora e o interesse no potencial futuro é alto, os investidores o imaginam cheio de inquilinos pagando aluguéis elevados e tornando o prédio vendável a um preço exorbitante.

A flutuação na disposição dos investidores de atribuir valor a possíveis desenvolvimentos futuros representa uma variação do ciclo cheio ou vazio. Suas oscilações, extremamente poderosas, não devem ser subestimadas. ("The Happy Medium", julho de 2004)

~

O investidor superior é maduro, racional, analítico, objetivo e não emotivo. E, portanto, faz uma análise completa do ambiente e dos fundamentos do investimento. Ele calcula o valor intrínseco de cada potencial ativo de investimento. E compra quando qualquer desconto do preço do valor intrínseco atual, mais qualquer aumento potencial no valor intrínseco no futuro, juntos, sugerem que comprar ao preço atual é uma boa ideia.

Para realizar todas essas coisas, o investidor superior estabelece um equilíbrio apropriado entre medo (que é uma abreviatura de aversão ao risco, antipatia por perder e respeito pela incerteza e aleatoriedade) e ganância (também aspiração e agressividade). Todos sentem emoções, mas o investidor superior mantém esses elementos conflitantes em equilíbrio. A presença das duas forças compensatórias leva a um comportamento responsável, sábio e equilibrado.

Os pontos importantes, no entanto, são estes:

- Poucas pessoas são estáveis ou não emotivas.
- Em razão disso, poucos investidores são capazes de estabelecer uma posição intermediária que equilibre ganância e medo — e permanecer lá — conforme desenvolvimentos mais e menos positivos surgem.
- Muito ao contrário, a maioria dos investidores oscila entre ser gananciosa quando está otimista e temerosa quando está pessimista.
- A maioria oscila para essas posições na hora errada — tornar-se mais ganancioso após o surgimento de desenvolvimentos positivos ter causado aumento dos preços, e tornar-se mais temeroso após eventos negativos deprimirem os preços.

A seguir um pouco do que escrevi sobre o balanço da psicologia em "On the Couch" ("No Divã", em tradução livre, janeiro de 2016):

> Há muitas outras maneiras pelas quais as peculiaridades não objetivas e não racionais comumente afetam o comportamento. Como Carol Tavris apontou em sua resenha, no *The Wall Street Journal* de 15 de maio de 2015, do livro do prof. Richard Thaler, *Misbehaving: The Making of Behavioral Economics* (2015):
>
>> Como psicólogo social, há muito tempo me divirto com os economistas e sua curiosa noção fantasiosa do "homem racional". Racional? Onde essas pessoas vivem? Até 50 anos atrás, estudos experimentais demonstravam que as pessoas não mudam suas decisões claramente erradas, colocam dinheiro bom em dinheiro ruim, justificam previsões fracassadas em vez de admitir que estavam erradas, e resistem, distorcem ou

> rejeitam sistematicamente informações que contestam suas crenças.

A dificuldade de compreender os eventos, seu significado e suas potenciais implicações decorre em boa parte das distorções na psique dos investidores, e não só contribui como realimenta, para exacerbar, as respostas destes. Assim, em vez de adotar uma abordagem objetiva e equilibrada, os investidores tendem a enfatizar com muito mais frequência apenas os pontos positivos ou negativos. E tendem a se tornar otimistas e ansiosos para comprar quando boas notícias, interpretadas positivamente, forçaram os preços a subir, e vice-versa. Tudo isso é óbvio (especialmente em retrospecto). Desse modo, com igual obviedade, entender e lidar com isso representa uma maneira potencial de melhorar os resultados.

O ponto básico é que a psicologia oscila e o comportamento da maioria das pessoas segue junto. A flutuação entre ganância e medo é típica da oscilação do pêndulo psicológico. De fato, explica não só o comportamento da maioria dos investidores, mas também, pela ação coletiva, o comportamento de mercados inteiros. Quando a psicologia dá o ar de sua graça, para o bem ou para o mal, os mercados sobem se os eventos são positivos, e caem se estes são negativos.

O pêndulo se detém por pouco tempo no ponto médio de seu arco. Na verdade, seu comportamento normal é girar em direção a um extremo ou outro, primeiro se recuperando de um extremo psicológico — muito alto ou muito baixo —, e depois rumando em sentido oposto.

Já o investidor superior resiste aos excessos psicológicos e, assim, se recusa a embarcar nessas oscilações. A grande maioria dos investidores altamente superiores que conheço são apáticos por natureza. De fato, creio que essa peculiaridade é um fator que colabora decisivamente para que obtenham sucesso.

Essa é uma das minhas observações mais persistentes, e, de forma relacionada, uma das perguntas mais frequentes é se as pessoas podem aprender a ser menos emotivas. Minha resposta é "sim e não". Acho que é possível que as pessoas estejam atentas a possíveis influências emocionais e tentem restringir seu efeito. Mas também acho que as pessoas inerentemente indiferentes têm um grande trunfo nesse sentido. A falta de emotividade é um dom (no investimento, mas talvez não em outras áreas, como o casamento). Não digo que as pessoas emotivas não podem ser bons investidores, mas isso exigirá uma grande dose de autoconsciência e autocontrole.

~

Além da inter-relação das várias oscilações emocionais descritas nas últimas páginas, também é importante notar a natureza causal desses fenômenos. Assim como eventos positivos dão origem à euforia, e esta ao otimismo, que incita o aumento da ganância, as oscilações resultantes do somatório de todos esses elementos definem a maneira como os investidores percebem que as coisas flutuam: no céu de brigadeiro ou na escuridão da noite. A percepção dos eventos pelos investidores é influenciada por seus movimentos ao longo dos vários arcos emocionais ou psicológicos. E essa percepção bifacetada se retroalimenta, criando mais euforia, otimismo e ganância.

Eis como coloquei isso em "On the Couch" (janeiro de 2016):

> Um dos fatores mais significativos que impedem os investidores de chegar a conclusões apropriadas é a tendência de avaliar o mundo com sentimentalismo, e não com objetividade. Essa falha assume duas formas primárias: percepção seletiva e interpretação distorcida. Em outras palavras, às vezes eles registram apenas os eventos positivos, e ignoram os negativos, e às vezes o oposto é verdadeiro. Ocorre ainda de verem os eventos de uma forma positiva e, às vezes, de modo negativo. Mas raramente suas percepções e interpretações são equilibradas e neutras.

Desde os eventos de agosto de 2015 na China, recordo-me sempre da frase de um dos cartuns mais antigos do meu arquivo, e ainda um dos melhores: "Tudo que era bom para o mercado ontem, não é bom para o mercado hoje".

Em última análise, a psicologia do investidor raramente sopesa igualmente desenvolvimentos favoráveis e desfavoráveis. Da mesma forma, a interpretação dos eventos pelos investidores é geralmente influenciada por sua reação emocional a qualquer coisa que esteja acontecendo no momento. A maioria dos desenvolvimentos tem aspectos úteis e prejudiciais. Os investidores, porém, normalmente ficam obcecados com um ou outro, em vez de considerar os dois.

Tudo parece muito óbvio: os investidores raramente mantêm posições objetivas, racionais, neutras e estáveis. Primeiro exibem um elevado grau de otimismo, ganância, tolerância ao risco e credulidade, e seu consequente comportamento faz com que os preços dos ativos subam, os retornos potenciais caiam, e o risco aumente. Mas, então, por alguma razão — talvez a chegada de um ponto crítico —, eles mudam para pessimismo, medo, aversão ao risco e ceticismo, e com isso os preços dos ativos caem, os retornos prospectivos aumentam, e o risco diminui. E o que é notável: cada grupo de fenômenos tende a acontecer em uníssono, e a oscilação de um lado para o outro muitas vezes vai muito além do que a razão pode exigir.

Trata-se de algo muito louco: no mundo real, as coisas geralmente ficam entre o "mais ou menos bom" e o "nem tanto". Mas no planeta investimento, a percepção frequentemente flutua de "tudo perfeito" para "sem esperança". O pêndulo viaja de um extremo ao outro, quase sem parar no "ponto médio feliz" e muito pouco ao alcance da racionalidade. Primeiro, a negação; depois, a capitulação.

A vida é repleta de eventos positivos e negativos, e na maioria dos dias topamos com alguns deles. Alguns dos eventos são ambíguos, contendo elementos bons e maus, tornando-os sujeitos a interpretações positivas ou negativas.

É importante observar que as baixas taxas de juros são boas, porque estimulam a atividade empresarial e aumentam o valor presente descontado dos fluxos de caixa futuros. Mas têm seu lado ruim, pois a atividade comercial mais forte que elas estimulam pode ocasionar inflação e, assim, sinalizar aos bancos centrais que as taxas devem ser elevadas, retirando o estímulo. Essa dualidade leva a interpretações que flutuam de modo excessivo entre esses polos, o que as leva muitas vezes a não valer um centavo.

Há alguns anos, meu amigo Jon Brooks ilustrou magnificamente a questão da interpretação distorcida. Veja como os investidores reagem aos eventos quando estão se sentindo de bem com a vida (o que geralmente significa que o mercado está subindo):

- Dados fortes: fortalecimento da economia — ações recuperam-se.
- Dados fracos: é provável que o BC intervenha — ações recuperam-se.
- Dados conforme esperado: baixa volatilidade — ações recuperam-se.
- Bancos lucram $4 bilhões: condições favoráveis para as empresas — ações recuperam-se.
- Bancos perdem $4 bilhões: as más notícias ficaram par trás— ações recuperam-se.
- Picos do petróleo: crescimento da economia global contribuindo para a demanda — ações recuperam-se.
- Petróleo cai: maior poder de compra do consumidor — ações recuperam-se.

- Taxa de câmbio derrete: ótimo para exportadores — ações recuperam-se.
- Taxa de câmbio nas alturas: ótimo para as empresas importadoras — ações recuperam-se.
- Picos de inflação: ativos valorizam-se — ações recuperam-se.
- Inflação cai: melhora a qualidade dos ganhos — ações recuperam-se.

Naturalmente, o mesmo comportamento também acontece na direção oposta. Quando as condições psicológicas são negativas e os mercados caem há algum tempo, tudo é capaz de ser interpretado de modo negativo. É provável que dados econômicos robustos façam com que o BC retire o estímulo aumentando as taxas de juros, e dados fracos são motivo para crer que as empresas terão problemas em obter os lucros previstos. Em outras palavras, não são os dados ou eventos; é a interpretação. E isso flutua com oscilações na psicologia.

Quando o balanço do pêndulo o leva a qualquer um dos pontos extremos, um processo pode ter a aparência de um círculo virtuoso ou de um círculo vicioso. Se os eventos são predominantemente positivos e a psicologia é cor-de-rosa, os desenvolvimentos negativos tendem a ser negligenciados, tudo é interpretado favoravelmente, e muitas vezes se pensa que as coisas são incapazes de piorar. A lógica que sustenta a expectativa de continuidade da bonança parece irresistível; restrições e normas passadas são ignoradas ou racionalizadas, e quem enxerga limitações no futuro positivo é descartado como um velho ultrapassado e sem imaginação. O potencial para ganhos chega a ser visto como infinito. E os preços dos ativos sobem, provocando mais otimismo.

Mas há o outro lado da moeda: quando tudo vai mal por meses ou anos e a psicologia é altamente negativa, o que pode ser esquecido é o potencial de melhoria. Enfatizam-se os eventos desagradáveis, e ignoram-se os positivos. O argumento para uma deterioração adicional parece sólido, sem refutação, e agora é a desvantagem que parece eterna. Os preços caem, resultando em mais pessimismo.

Círculos virtuosos e viciosos são exageros não realistas. No passado, ainda que muitas vezes imaginados, nunca foram constatados. Mas esse fato não basta para que a maioria das pessoas resista a eles quando tudo parece sem freios.

De novo: o investidor superior — que resiste a influências externas, permanece emocionalmente equilibrado e age de modo racional — percebe eventos positivos e negativos, pesa-os com objetividade e os analisa desapaixonadamente. O fato, porém, é que às vezes a euforia e o otimismo fazem com que a maioria dos investidores veja as coisas de forma mais positiva do que seria justificável, e às vezes a depressão e o pessimismo os fazem ver apenas coisas ruins e interpretar eventos com um tom negativo. Recusar-se a reagir assim é uma das chaves para um investimento bem-sucedido.

~

Otimismo, exuberância, confiança, credulidade, ousadia, tolerância ao risco e agressividade: se tais fatores caracterizam o ambiente, estão dadas as condições para que uma fase de alta se mantenha dominante. Mas esses elementos não governarão um mercado para sempre. Por fim, cederão seu lugar ao medo, ao pessimismo, à prudência, à incerteza, ao ceticismo, à cautela, à aversão ao risco e à reticência. Falências são o produto de booms, e estou convencido de que geralmente é mais correto atribuí-los aos excessos do boom anterior do que ao evento específico que desencadeia a inversão de rumo. ("Now What?" — "E Agora?", em tradução livre —, janeiro de 2008).

Normalmente, a ascensão em direção a qualquer um dos extremos é prontamente observável, e, portanto, as implicações para os investidores devem ser óbvias para os observadores objetivos. Mas, é claro, a oscilação do pêndulo do mercado para um extremo ou outro ocorre pela simples razão de que a psique da maioria dos participantes do mercado está se movendo na mesma direção, em um estilo parecido com o de um rebanho.

Na verdade, poucos entre os envolvidos agem com objetividade. Como já escrevi em meu memorando "Everyone Knows" ("Todo Mundo Sabe", em tradução livre, abril de 2007), esperar uma observação fria generalizada durante uma mania de mercado faz tanto sentido quanto dizer "todo mundo sabe que o mercado foi longe demais". Se muitas pessoas reconhecessem que foi longe demais, ele não estaria lá ("It's All Good", julho de 2007).

VIII
O CICLO DAS ATITUDES EM DIREÇÃO AO RISCO

O investidor racional é sempre diligente, cético e apropriadamente avesso ao risco, mas também está constantemente à procura de oportunidades de retorno potencial que mais que compensem o risco. Esse é o ideal. Mas nos bons tempos ouvimos a maioria das pessoas dizer: "Risco? Que risco? Não noto muita coisa que possa dar errado. Veja como as coisas estão indo bem. E, ademais, o risco é meu amigo — quanto mais riscos, mais dinheiro posso ganhar".

Então, em momentos ruins, elas mudam, simplificando tudo: "Não quero ganhar nem mais um centavo no mercado; só não quero mais perder. Tire-me daqui!"

Agora que passamos de considerar ciclos no abstrato para discuti-los ao operar no mundo dos investimentos, farei uma breve observação sobre a natureza fundamental do investimento, a fim de estabelecer uma base para a discussão que se seguirá. Algo disso, admito, virá de capítulos anteriores.

O que é investir? Uma maneira de pensar isso é assumir riscos em prol de obter lucro. Os investidores tentam posicionar seus portfólios para lucrar com desenvolvimentos futuros, não para serem penalizados por eles. O investidor superior é simplesmente alguém que faz isso melhor do que outros.

Sabemos o que acontecerá no futuro? Alguns investidores pensam que sim (ou pensam que precisam agir como se soubessem, porque, caso contrário, perderão seus empregos e seus clientes) ou sofreram uma lavagem cerebral, crendo ser possível estar certo sobre o futuro por haver obtido lucro durante muito tempo por meio de previsões (e ter se condicionado a ignorar suas baixas taxas de sucesso no passado). Para outros investidores — os mais inteligentes e autoconscientes, acho —, não há como ter certeza sobre o futuro. Eles podem formar uma opinião sobre eventos futuros, mas não têm certeza quanto à correção dela.

Uma vez que (a) investir consiste em lidar com o futuro, mas (b) o futuro não é cognoscível, é daí que vem o risco de investir. Se os eventos futuros fossem previsíveis, investir seria fácil e o lucro seria certo. (Em tal situação, o nível geral de retorno pode ser baixo, pois há muito pouco risco envolvido, mas esse é um tópico que fica para outra vez.) No entanto, o fato de os eventos não serem previsíveis apresenta riscos. Como os eventos reais podem ser diferentes daqueles que foram previstos, ou a reação do mercado a eventos pode ser diferente da esperada, um portfólio pode ser posicionado incorretamente em face do futuro que se desdobra.

Considerando que o risco (ou seja, a incerteza quanto aos eventos futuros e a possibilidade de maus resultados) é a fonte primária do desafio para investir, a capacidade de entender, avaliar e lidar com o risco é a marca do investidor superior e um fator essencial. Estou tentado a dizer que se trata do requisito essencial para o sucesso do investimento.

Finalmente, é importante reconhecer que, embora o ambiente de investimento varie ao longo do tempo, em qualquer momento específico isso é um dado. O que quero dizer é que podemos aceitar o ambiente como ele é e investir, ou podemos rejeitá-lo e ficar de fora, mas não há uma terceira opção que nos permita dizer "Não gosto do ambiente como ele é hoje; exijo um diferente". Ou melhor, até podemos exigir outro, mas é claro que isso não vai se materializar.

Minha opinião de que o risco é a principal peça móvel no investimento me faz concluir que, em qualquer momento, o modo como os investidores coletivamente enxergam os riscos e se comportam em relação a eles é de vital importância na formação do ambiente de investimento em que nos encontramos. E o estado do ambiente é fundamental para determinar como nos comportar em relação ao risco em tal momento. A avaliação de onde estão as atitudes em relação ao risco em seu ciclo é o tema deste capítulo — talvez o mais importante deste livro.

~

Um dos momentos da minha vida em que fui bafejado pela sorte foi quando tive a oportunidade de cursar a Graduate School of Business da Universidade de Chicago (renomeada como Booth School) entre 1967 e 1969. Eu, como muitas pessoas naqueles dias, fui direto da faculdade para a pós-graduação, talvez como a rota mais eficiente para o sucesso, mas com o incentivo adicional fornecido pela Guerra do Vietnã e pelo projeto de acompanhamento.

Nos quatro anos anteriores, eu tivera uma boa educação em finanças na Wharton: prática, não teórica e qualitativa. Minha escolha na pós-graduação foi muito fortuita, pois Chicago recém começara a ensinar uma nova teoria de finanças e investimentos que havia sido desenvolvida, em grande parte, no início dos anos 1960. Assim, meu treinamento na Wharton foi posto ao lado de um estudo mais aprofundado em finanças que era quase inteiramente acadêmico, teórico e quantitativo.

Mal acabara de chegar a Chicago, foi-me apresentado um gráfico que forneceu grande parte da base para a nova teoria do investimento e que serviu como ponto de partida para muito de meu pensamento e escrita desde aquela época.

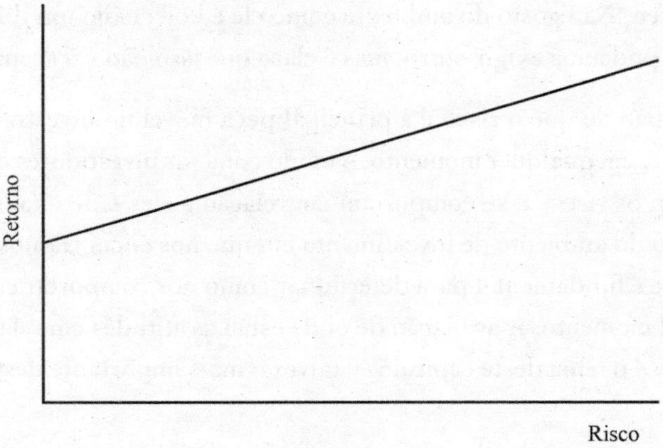

Esse gráfico tornou-se onipresente no mundo dos investimentos desde que o conheci há 50 anos atrás. Sua essência está no fato de a linha se inclinar para cima e para a direita, indicando uma relação positiva entre risco e retorno. Isso geralmente é, a meu ver, mal interpretado como significando que "ativos mais arriscados produzem retornos maiores", e, portanto, "se você quiser ganhar mais dinheiro, a resposta é assumir mais riscos". Essa formulação carece de lógica, pois ativos os quais se pode contar que produzem retornos mais elevados não são, por definição, os mais arriscados.

A linearidade com a qual a relação entre risco e retorno é apresentada no gráfico ignora o fato de que em todos os níveis de risco há uma série de resultados potenciais em relação ao retorno e exagera, portanto, a confiabilidade do relacionamento. É isso que faz as pessoas dizerem que investimentos mais arriscados produzem retornos mais altos. Em lugar disso, penso que o gráfico deve ser interpretado como: "Investimentos que parecem mais arriscados têm que parecer prometer retornos mais altos, ou então ninguém os fará". Palavras como "parece" e equivalentes são as corretas, pois indicam que o risco e o retorno potencial só podem ser estimados e que o mundo dos investimentos não funciona como uma máquina. Isso faz com que tais palavras sejam altamente apropriadas — na verdade, atraentes — para usar ao discutir investimento. (Para um estudo mais completo, veja o Capítulo V de *The Most Important Thing*.)

As pessoas que imediatamente "captam" conceitos como risco e risco/retorno geralmente têm um senso intuitivo que as prepara para serem bons investidores. Espero que as razões por trás da minha interpretação do gráfico se tornem imediatamente claras uma vez que eu lhe tenha solicitado para pensar a respeito.

Suponhamos que um investidor lógico receba duas oportunidades de investimentos, ambos com o mesmo retorno esperado, mas em um caso ele sendo virtualmente garantido, e no outro, altamente incerto. Esperamos que ele escolha o primeiro, pois a maioria das pessoas prefere certeza à incerteza. Por exemplo, se um título do Tesouro e uma startup de alta tecnologia parecessem propensos a retornar 7%, a grande maioria das pessoas optaria pelo título. Por que assumir o risco extra associado à startup se não houver aumento potencial de retorno para compensar o risco incremental?

Bem, esse é o ponto: a maioria das pessoas prefere um 7% garantido a um 7% possível. Em outras palavras, a maioria das pessoas é avessa ao risco. Essa é a suposição essencial que sustenta a visão de finanças da "Escola de Chicago".

Para descrever a aversão ao risco, digo que a maioria das pessoas prefere a segurança e desprefere o risco — mesmo que eu nunca tenha visto a palavra "despreferir" em um dicionário. (Há, entre o establishment linguístico e eu, uma absoluta diferença de opinião em relação à propriedade desse termo, mas penso ser uma ótima palavra. Se ela não existe, deveria.)

A antipatia generalizada pelo risco e a consequente insistência no retorno incremental potencial, se houver risco incremental, são as razões pelas quais os títulos da dívida pública de longo prazo têm rendimentos mais elevados do que os de curto prazo, porque títulos com grau de investimento rendem menos que os títulos sem essa categorização, por que geralmente se espera que ações proporcionem retornos maiores que títulos, e porque é esperado que o investimento de capital de risco proporcione retornos mais elevados do que as ações de empresas de capital aberto. Note que estou falando apenas sobre "expectativas" e "promessas" — ou o que "pode acontecer" ou "deveria acontecer" —, em vez de coisas que "acontecerão" ou "com certeza acontecerão". Mas, em geral, essa expectativa de retorno incremental tem de estar presente para que a maioria das pessoas assuma voluntariamente riscos adicionais.

Devido à natural “despreferência” pelo risco, é perfeitamente razoável esperar que, caso decidam assumi-lo, os investidores sejam convencidos da possibilidade de uma recompensa incremental. Os não audazes só se arriscarão se esperarem uma recompensa generosa por fazê-lo. Nada faz mais sentido.

A aversão ao risco é um elemento essencial no investimento. O medo de perder policia os mercados. Como a maioria das pessoas é avessa ao risco, elas:

- São cautelosas ao ponderar sobre investir.
- Fazem uma análise cuidadosa ao considerar investimentos, especialmente os arriscados.
- Ao analisar, adotam suposições conservadoras e ceticismo adequado.
- Exigem maiores margens de segurança em investimentos arriscados para se protegerem contra erros analíticos e surpresas desagradáveis.
- Insistem em prêmios de risco saudáveis — a expectativa de retornos incrementais — se vão realizar investimentos arriscados.
- Recusam-se a investir em algo que não faz sentido.

Tudo isso é parte essencial do processo de investimento. Como esse é o procedimento dos investidores avessos ao risco, investir é uma ação racional para a qual proposições razoáveis são oferecidas. Em suma, a aversão ao risco é o principal elemento que mantém os mercados seguros e saudáveis.

Mas veja bem: isso é uma descrição normativa, ou uma descrição de como as coisas deveriam ser. Essa é a maneira de agir do investidor superior e que deveria ser a de todos os investidores. Todavia, em termos globais, nem todos o fazem, e certamente nem todos agem de forma igual em todos os momentos.

É um fato que as atitudes em relação ao risco mudam e, ao fazê-lo, alteram o ambiente de investimento. O restante deste capítulo tratará dessa questão.

~

Como o ambiente de investimento é formado? Eis a questão. Em síntese, é o resultado das discussões que ocorrem no mercado entre os investidores, faladas ou sinalizadas por suas ações, seja no âmbito individual, seja em termos coletivos. Veja como descrevi a criação do ambiente de investimento em "Risk and Return Today" ("Risco e Retorno Hoje", em tradução livre, outubro de 2004):

> Usarei um mercado "típico" de alguns anos atrás para ilustrar como isso funciona na vida real: digamos que a taxa de juros dos títulos do Tesouro norte-americano de 30 dias seja de 4%. Então um investidor diz: "Para ficar com o papel durante cinco anos, quero 5%. E para comprar um de dez anos, quero obter 6%". Ele exige uma taxa mais alta para prolongar o tempo de permanência, pois se preocupa com o risco do poder de compra, um risco que se assume aumentar com o tempo até o vencimento. É por isso que a curva de rendimento, que na realidade faz parte da "linha do mercado de capitais[1]", em geral se inclina para cima com o aumento da vida útil dos ativos.
>
> Consideremos agora o risco de crédito. "Se o título do Tesouro de dez anos pagar 6%, não comprarei um título corporativo de dez anos, a menos que eu consiga 7%." Isso introduz o conceito de spreads de crédito. Nosso investidor hipotético quer 100 pontos base para passar de um título governamental para um "corporativo". Se o consenso dos investidores for o mesmo, será esse o spread.
>
> E se deixarmos de lado os títulos com grau de investimento? "Não vou nem tocar em um título sem grau de investimento a menos que eu ganhe seiscentos sobre um título do Tesouro de vencimento compa-

[1] Nota do Tradutor: trata-se de portfólios de ações eficiente, que maximiza a relação de risco/retorno.

rável." Então aqueles títulos devem render 12% — um spread de 6% sobre o que paga o Tesouro — se quiserem atrair compradores.

Agora vamos sair da renda fixa. Tudo fica mais difícil, porque você simplesmente não tem como sair por aí à procura do retorno esperado em investimentos como ações (porque seus retornos são conjecturais, não "fixos"). Mas os investidores têm um senso para essas coisas. "Historicamente, as ações da S&P retornaram 10%, e eu só vou comprá-las se achar que continuarão assim." Então, em teoria, o investidor comum determina o lucro por ação, a taxa de crescimento dos lucros e o porcentual de dividendos, e os insere em um modelo de avaliação para chegar ao preço pelo qual as ações da S&P retornarão 10% (embora eu não tenha certeza de que o processo seja tão metódico assim na atualidade). "E as ações mais arriscadas devem dar um retorno maior; não vou comprar no NASDAQ, a menos que eu consiga 13%."

A partir daí, é para a frente e para cima. "Se eu conseguir 10% nas ações, preciso de 15% para aceitar a iliquidez e a incerteza associadas ao setor imobiliário. E 25% se eu investir em aquisições de ações ordinárias… e 30% para que eu me interesse em investir em capital de risco, com sua baixa taxa de sucesso."

É assim que parece funcionar, e, na verdade, acho que geralmente funciona assim mesmo (apesar de os requisitos não serem os mesmos em todos os momentos). O resultado é uma linha de mercado de capitais do tipo que se tornou familiar para muitos de nós, como mostrado a seguir.

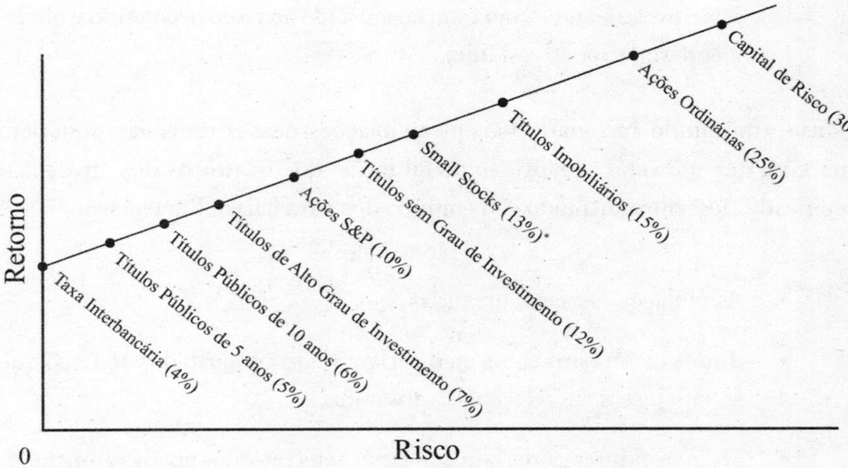

*Ações de empresas de capital aberto de pequeno porte

O processo descrito resulta na formação de um continuum de risco/retorno ou linha do mercado de capitais (LMC). Esse processo estabelece o nível geral de retorno em relação ao risco, bem como o quantum de retorno incremental prometido — ou o "prêmio de risco" — que é esperado para o risco incremental. Em um mundo racional, o resultado será o seguinte:

- Investimentos que parecem mais arriscados serão precificados para que pareçam oferecer maiores retornos.
- O acréscimo do retorno por unidade de risco incremental será razoável e apropriado.
- O aumento no retorno esperado geralmente parecerá ser consistentemente proporcional ao risco incremental (ou seja, uma unidade de risco incremental em um ponto no continuum provavelmente trará o mesmo retorno incremental de uma unidade similar de risco incremental em outro lugar no continuum).
- Assim, não haverá pontos específicos no continuum em que o risco é recompensado muito mais ou muito menos do que em outros (ou

seja, investimentos cujo retorno ajustado ao risco prometido é obviamente superior ao restante).

Em um mundo racional, quaisquer violações dessas cláusulas poderiam fazer com que o capital se movesse de tal forma que os preços dos ativos mal precificados fossem aumentados ou empurrados para baixo. Em consequência:

- As violações seriam corrigidas.
- Todos os investimentos ofereceriam retornos ajustados ao risco que seriam justos em relação uns aos outros.
- Os investidores poderiam aumentar seus retornos apenas aumentando a quantidade de risco que suportam.

No caso de os investidores sempre se comportarem dessa maneira, isso implicaria um mundo constituído de "mercados eficientes", no qual nenhum investimento oferece um retorno mais bem ajustado ao risco do que qualquer outro. É claro que os mercados nem sempre funcionam como deveriam — as coisas nem sempre têm o preço certo —, mas a sugestão geral de eficiência é lógica demais para ser desconsiderada. (A eficiência do mercado é outro tópico essencial, mas não irei mais fundo nisso — veja o Capítulo 2 de *The Most Important Thing*, bem como a segunda metade de "Getting Lucky" ("Tendo Sorte", em tradução livre, janeiro de 2014.)

~

Convém frisar que as flutuações nas atitudes em relação ao risco podem causar exceções aos princípios descritos aqui. Há ocasiões em que os investidores ficam muito avessos ao risco, e, em outras, relaxam essa disposição e tornam-se tolerantes demais a ele.

Quando eventos positivos ocorrem como descrito no último capítulo e euforia, otimismo e ganância aumentam, os investidores tendem a se tornar menos avessos ao risco do que o usual e do que deveriam ser. Quais são os efeitos (seguindo a lista de atitudes tomadas pelos investidores na página 110)?

- Ao se sentirem mais confortáveis com o meio ambiente e mais otimistas quanto aos prováveis resultados, eles baixam a guarda com relação ao processo de investimento.
- Uma vez que eles já não consideram o investimento como algo arriscado, não veem a necessidade de uma análise minuciosa.
- Eles tendem a fazer suposições mais generosas e substituem o ceticismo pela credulidade.
- Eles tendem a se contentar com uma margem de segurança menor.
- Vendo o risco como menos preocupante, eles não mais exigem prêmios de risco tão amplos quanto no passado.
- Eles se comportam menos defensivamente, pois são mais atraídos pelos retornos dos investimentos arriscados e menos desconfiados do risco que envolvem.

É por essas razões que, como você verá no próximo capítulo, os financiamentos mais duvidosos são concluídos nas economias e mercados financeiros mais dinâmicos. Nos bons tempos, as pessoas ficam mais otimistas, abandonam a cautela e aceitam prêmios de risco baixos em investimentos arriscados. Além disso, menos pessimistas e menos temerosos, tendem a perder o interesse pelo trecho mais seguro do continuum risco/retorno. Essa combinação de elementos leva os preços dos ativos de risco a subirem em relação aos ativos mais seguros. Assim, não é de admirar que investimentos mais imprudentes sejam feitos mais em momentos bons do que em ruins. Isso acontece mesmo que os preços mais altos em investimentos arriscados possam significar que os prêmios de risco prospectivos, oferecidos para tornar esses investimentos mais arriscados, são mais acanhados do que em tempos de maior consciência sobre o risco.

A menor insistência em adequar os prêmios de risco faz com que a inclinação da linha do mercado de capitais (LMC) se achate. Voltando à geometria do ensino médio, lembramos que a inclinação de uma linha em um gráfico é a distância percorrida no eixo vertical por unidade de mudança ao longo do eixo horizontal. A inclinação da LMC reflete a quantidade de retorno potencial incremental que é oferecida por unidade de risco incremental suportado. Assim, é uma indicação direta do grau de aversão ao risco presente no mercado.

Em períodos de esquecimento em relação ao risco — ou alta tolerância a riscos —, a redução da demanda em termos de prêmios de risco faz com que a inclinação da linha se achate e o nível de compensação de risco seja menor.

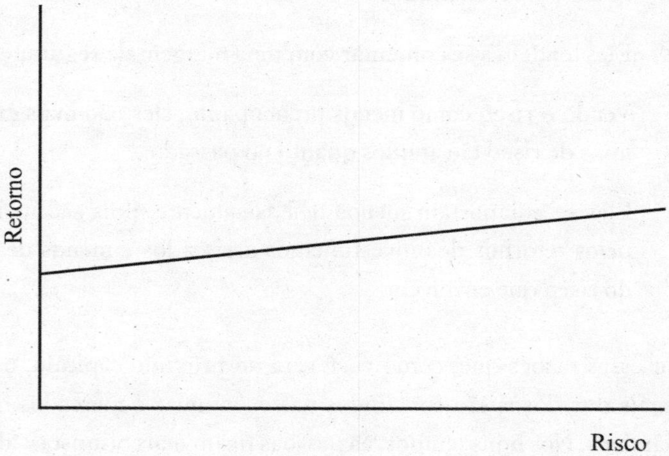

O menor ângulo de inclinação da LMC significa, por definição, que há menor incremento de retorno por unidade de aumento do risco. Em termos mais simples, o retorno do risco é baixo.

Em minha opinião, todos esses itens acompanham logicamente a observação direta. O processo é o seguinte:

- Eventos positivos levam ao aumento do otimismo.

- O aumento do otimismo deixa as pessoas mais tolerantes ao risco.
- O aumento na tolerância ao risco ocasiona menores prêmios de risco.
- Uma redução na exigência de prêmios de risco equivale a menor exigência de retornos sobre ativos de risco.
- Uma redução da exigência de retornos sobre ativos de risco faz seus preços crescerem.
- Preços mais altos tornam os ativos ainda mais arriscados (mas também atraem a compra por parte dos "investidores por impulso", que vão em busca de ações em ascensão).

Daí se segue que o risco é alto quando os investidores sentem que ele é baixo. E a compensação de risco é mínima se o risco está no máximo (justo quando a compensação de risco é mais necessária). É demais para o investidor racional!

Para mim, a conclusão de tudo isso é que a maior fonte de risco de investimento é a crença de que não há risco. A tolerância generalizada ao risco — ou um elevado grau de conforto do investidor em relação ao risco — é o maior precursor dos subsequentes declínios do mercado. Porém, como a maioria dos investidores segue a progressão descrita antes, isso raramente é percebido no momento em que percebê-la — e tornar-se cauteloso — é mais importante.

~

Como o outro lado da moeda deve ser óbvio, não me deterei nele. Mas usarei um minuto para falar sobre o que acontece quando o declínio do ciclo de atitudes em relação ao risco torna os investidores mais avessos ao risco.

Uma das características mais importantes dos ciclos psicológicos é sua compulsão pelo extremismo. Os ciclos oscilam não apenas em direções e graus que fazem sentido, mas também de maneiras estapafúrdias e radicais. Por exemplo, os investidores, em grupo, de vez em quando dizem: "Deixe o risco para lá. Ficaremos todos ricos". Sua paixão e entusiasmo fazem com que aceitem pagar preços tão altos — e caiam em histórias tão irrealistas —, que, depois do fato, seria algo risível se o dano causado não fosse tão grande.

E depois de haverem se excedido em tais desatinos — e perdido muito dinheiro na forçosa desaceleração rumo à prudência —, punem-se pelos extremos de ganância e credulidade. Eles se perguntam como puderam ter se comportado de maneira tão insensata. Confessam que nunca entenderam realmente o funcionamento dos investimentos exóticos e fascinantes em que se envolveram, e prometem nunca mais entrar em uma dessas.

Assim como a inadequação de sua aversão ao risco lhes permitia empurrar os preços para cima e comprar na alta — hipnotizados pela visão de dinheiro fácil em um mundo no qual não podiam visualizar qualquer risco —, agora eles jogam os preços para baixo e vendem quando o mercado está no fundo do poço. A experiência recente e desagradável deles os convence — ao contrário do que pensavam quando tudo estava indo bem — de que o investimento é um campo arriscado no qual não deveriam ter entrado. E, como consequência, sua aversão ao risco vai de inadequada a excessiva.

- A recente experiência dolorosa e a expectativa negativa que adquiriram sobre o que vem pela frente aumentam-lhes a cautela.
- Agora, associando investimentos com perda, em vez de lucro, eles passam a dar ênfase à precaução contra mais perdas em relação à procura de oportunidades.
- Eles se asseguram de que seus pressupostos são conservadores o suficiente para descartar todo o potencial de desapontamento, e incorporam o extremo ceticismo.
- Eles acham impossível identificar — e mesmo imaginar — investimentos cuja margem de segurança seja adequada.
- Por verem risco em todos os lugares, consideram insuficientes até mesmo os atuais e inchados prêmios de risco.

- Eles se tornam extremamente preocupados. Do mesmo modo que a tolerância ao risco os posicionou como compradores de ativos cujos preços estavam nas nuvens, agora sua gritante aversão ao risco faz deles vendedores — certamente não compradores — no chão do mercado.

É esse o ponto. Em tais circunstâncias, a percepção de risco é exagerada, e a inclinação da LMC torna-se excessiva.

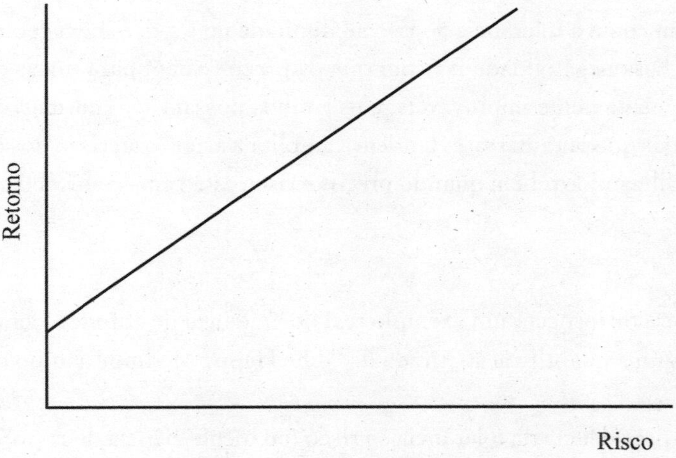

De forma totalmente contrária à minha descrição da LMC plana, a maior inclinação aqui significa que o incremento de retorno esperado por unidade de aumento de risco é extraordinariamente generoso. Este é um mercado avesso ao risco, e oferece um retorno exagerado para o risco. Assim, a recompensa por ter um risco incremental é maior exatamente no momento em que — melhor dizendo, simplesmente porque — as pessoas se recusam absolutamente a suportá-lo.

Como as atitudes de risco oscilam de alto para baixo, o mesmo acontece com as oportunidades de lucro ou perda. Na bonança, os preços dos ativos estão subindo, os investidores veem o futuro com óculos cor-de-rosa, arriscam-se como seus amigos e lucram com facilidade. Todos sentem o mesmo, o que significa que pouca aversão ao risco é incorporada nos preços e, portanto, eles são precários. Os investidores tornam-se tolerantes ao risco justamente quando deveriam aumentar sua aversão a ele.

Analogamente, mercados em baixa, investidores idem. Os mercados são tidos como um lugar para perder dinheiro, o risco como algo a ser evitado a todo custo, e as perdas são desoladamente prováveis. Como descrevi no final do último capítulo, na prevalência de um excesso de cautela, ninguém (a) aceitará possibilidades cercadas de qualquer otimismo e (b) admitirá a eventualidade de que uma suposição possa ser "ruim *demais* para não ser verdade".

Assim como a tolerância ao risco é ilimitada no topo, é inexistente na parte inferior. Essa negatividade faz com que os preços caiam para níveis em que as perdas são altamente improváveis, e os ganhos possam ser enormes. Mas as cicatrizes das quedas anteriores tendem a ampliar a aversão ao risco dos investidores, imobilizando-os bem quando preços e risco estão em seu nível mais baixo.

~

Eu gostaria de fornecer um exemplo real de mudança de atitudes, com o benefício de alguma quantificação, tirada de "The Happy Medium" (julho de 2004):

> A prevalência da tolerância ao risco (ou inconsciência do risco) no final da década de 1990 era insofismável. Eu pessoalmente ouvi um importante estrategista de corretagem dizer: "As ações estão superfaturadas, mas não o suficiente para impedi-las de serem uma compra". E todos nós ouvimos o homem na rua dizer: "Meu fundo de pensão empresarial vai tão bem que não me incomodaria se caísse em 1/3". (Onde estaria esse sujeito dois ou três anos depois?)
>
> Não, essas atitudes tolerantes ao risco não persistirão para sempre. Em algum momento algo irá se intrometer, expondo as imperfeições dos títulos e os preços muito altos. Os preços vão diminuir. Os investidores que possuíam $100 terão agora $60. E o medo de

perder os $60 restantes superará a vontade de recuperar os $40 perdidos. A aversão ao risco voltará (e em geral excessivamente).

Que tal alguma quantificação desse ciclo? Em meados de 1998, pouco antes da quebra do fundo norte-americano LTCM (Long-Term Capital Management[2]) trazer os investidores, à exceção dos "techies", de volta ao bom senso, cerca de $12,5 bilhões em títulos adimplentes renderam mais de 20% — um possível limite para o rótulo de "dívidas em dificuldades" [distressing debt, tratam-se de títulos inadimplentes de empresas sob ou prestes a ficar protegidas pela Lei de Falências dos EUA. Veja mais no Capítulo X]. Como os investidores não estavam muito preocupados com o risco, exigiram retornos superelevados de relativamente poucos títulos não inadimplentes. A expressão "sorriso de orelha a orelha" pode descrever melhor a atitude deles.

Mas o falecimento da Long-Term despertou os investidores para a existência do risco, e, um ano depois, o volume de títulos cujo rendimento superou 20% mais que triplicou, chegando a $38,7 bilhões. Em meados de 2002, quando os escândalos corporativos aterrorizavam o mercado de dívidas, os 20% de seus rendimentos haviam crescido para $105,6 bilhões, 8,5 vezes o nível de apenas quatro anos antes. A aversão ao risco percorreu um longo caminho desde a inadequação e, como os acontecimentos posteriores mostraram, tornou-se excessiva. Em 31 de março de 2004, aquele número caiu 85%, para apenas $16,2 bilhões; a aversão ao risco havia retrocedido (e possivelmente se tornado novamente inadequada). Tenho certeza de que os fundamentos não flutuam em qualquer grau como o refletido nos preços, nos rendimentos e, portanto, no

---

[2] Nota do Tradutor: trata-se de um fundo de hedge.

> registro das "dívidas em dificuldades". Como de costume, a realidade foi muito exagerada pelas oscilações na psicologia.
>
> Quando os investidores em geral são muito tolerantes ao risco, os preços dos valores mobiliários podem incorporar mais riscos do que podem dar de retorno. E quando os investidores são muito avessos ao risco, os preços podem proporcionar mais retorno que risco.

O título do memorando citado — "The Happy Medium" (O Meio Termo, em tradução livre) — foi inspirado na sabedoria de minha mãe e em seus constantes lembretes de que deveríamos evitar comportamentos extremos. Em vez disso, devemos tender para o meio, na maioria das coisas, em direção a um equilíbrio razoável entre o muito e o pouco.

Porém, minha experiência como investidor me leva a concluir que o meio termo raramente é visto. Se você refletir sobre o que informei acerca do gráfico de um ciclo típico na página 26, você pode ficar impressionado ao descobrir que nos estágios "a", "d" e "g", fenômenos cíclicos tendem a retornar dos extremos e se mover na direção de uma média mais razoável. Que coisa racional é isso!

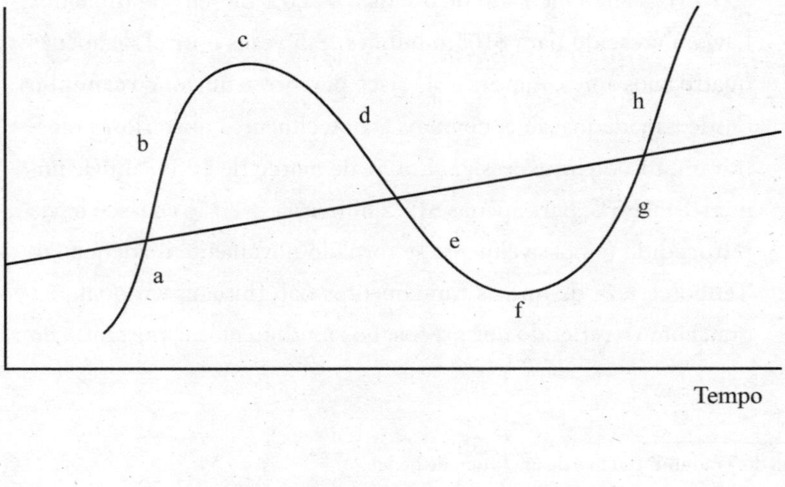

Mas então, como já disse, normalmente ocorre que essas "correções dos extremos" continuam além do ponto médio nos estágios "b", "e" e "h", em direção ao extremo oposto.

Um estatístico que olhar para o gráfico anterior lhe dirá que, em média, o fenômeno traçado é o valor central ou está vinculado à tendência secular. Nós, porém, o vemos quase sempre em movimento: ora se afastando, ora recuando em direção àqueles pontos médios. Na verdade, permanece nos altos e baixos extremos tanto quanto nos pontos médios. Em relação ao risco, a maioria dos investidores age da mesma forma.

Qual é a maior fonte de risco do investimento? Os desenvolvimentos econômicos negativos? Eventos corporativos que ficam aquém das previsões? Empresas cujos produtos se tornam não competitivos? Diminuição da massa salarial? Baixa credibilidade? Não, decorre de uma situação na qual os preços dos ativos atingem níveis excessivamente altos como resultado de um novo e inebriante argumento de investimento que não pode ser justificado com base nos fundamentos, e que faz com que avaliações demasiadamente altas lhe sejam atribuídas. E quando esses preços são atingidos? Quando a aversão ao risco e a cautela evaporam, e a tolerância ao risco e o otimismo ocupam o espaço vazio. Essa condição é o maior inimigo do investidor.

O que Acontece Quando a Aversão ao Risco É Insuficiente?

A crise financeira global de 2007–2008 representou o maior tombo financeiro que presenciei em minha vida, e, consequentemente, apresenta a melhor oportunidade de observar, refletir e aprender. Vários elementos contribuíram para que isso viesse a ocorrer. A seguir, uma lista parcial, relativa ao mercado dos EUA:

- As políticas governamentais dos EUA de apoio à aquisição da casa própria levaram, por definição, à inclusão de pessoas que historicamente não tinham condições para tal — em um momento em que os preços dos imóveis estavam subindo.

- O Banco Central norte-americano (Fed) diminuiu as taxas de juros, fazendo com que a demanda por instrumentos financeiros de alta rentabilidade, como títulos hipotecários estruturados/alavancados, aumentasse.
- Havia uma tendência crescente entre os bancos de conceder empréstimos hipotecários, empacotá-los e vendê-los (em vez de retê-los).
- As decisões de emprestar, estruturar, atribuir classificações de crédito e investir foram feitas com base na extrapolação de baixas taxas históricas de inadimplência de hipotecas, algo que não foi questionado.
- Esses quatro pontos anteriores resultaram em uma ânsia crescente de conceder empréstimos hipotecários, com o consequente declínio dos padrões de concessão de crédito.
- Novos e não testados títulos lastreados em hipotecas foram desenvolvidos com a promessa de altos retornos com baixo risco, algo de grande apelo em tempos não céticos.
- Leis e regulamentações de proteção foram flexibilizadas, como a Lei Glass-Steagall (que proibia a criação de conglomerados financeiros), a regra de "uptick" (que, fixando limites de alta dos valores mobiliários, impedia que os operadores que apostaram contra ações as obrigassem a uma venda curta ininterrupta), e as regras que limitavam a alavancagem dos bancos, permitindo que ela quase triplicasse.
- Finalmente, a publicação pela mídia dos EUA de artigos afirmando que o risco havia sido eliminado mediante a combinação dos seguintes fatores:
    - a agilidade do Fed em estimular a economia quando se fazia necessário;
    - a confiança de que o excesso de liquidez que flui para a China graças às suas exportações e para os produtores de petróleo nunca deixaria de tomar o caminho de volta, sustentando os preços dos ativos; e

- as inovações de Wall Street, que "fatiam e dividem" com maestria o risco, o repartem amplamente e o deixam em condições de ser adequadamente assumido.

A ocorrência de todos esses elementos sinalizava a presença de tolerância ao risco. Na verdade, eles não se materializariam se a tolerância ao risco não tivesse dominado a psique dos investidores, credores, devedores e reguladores. Um nível de tolerância ao risco como a observada nos anos imediatamente anteriores à crise deve ser muito preocupante, pois implica ausência de preocupação, cautela e ceticismo.

Não havia como evitar que esses desenvolvimentos — e a tolerância ao risco, ou negligência ao risco, que estava por trás deles —, em última análise, levariam a comportamentos financeiros inseguros, em particular por meio da criação de produtos financeiros temerários e sujeitos ao fracasso. A capacidade de emprestar vultosos capitais a baixas taxas de juros fez com que os compradores de ativos se sentissem em uma "era de ouro". Mas ela não se caracterizava pela disponibilidade de investimentos sadios e com preços moderados. Em vez disso, a pronta disponibilidade de alavancagem facilitou o investimento pesado em ativos cujos preços haviam subido muito e em instrumentos financeiros inovadores não testados, sintéticos e alavancados, muitos dos quais continuariam a dar errado.

Talvez o fator a ser apontado como chave para tal situação tenha sido o comportamento de risco adotado por parcela das instituições financeiras nesse período. Quando o mundo é caracterizado por macroeventos benignos, atividade hiperfinanceira e inovação financeira, os provedores de capital tendem a competir por participação de mercado em um processo que eu chamo de "a corrida para o fundo" (mais tarde farei referência a um memorando com esse nome). O clima nos anos de 2005 a 2007 foi resumido pelo CEO do Citigroup, Charles Prince, em junho de 2007, virtualmente às vésperas da crise financeira global, em uma declaração que se tornou emblemática da época: "Quando a música para, em termos de liquidez, as coisas se complicam. Mas enquanto a música estiver tocando, você tem que se levantar e dançar. Nós ainda estamos dançando".

Em outras palavras, os bancos tinham que fazer — e estavam fazendo — coisas que dependiam, para o sucesso deles, da continuação de condições anormalmente favoráveis, e haveria problemas se essas condições se normalizassem.

Nenhum banqueiro, entretanto, pode se recusar a participar por medo de perder participação de mercado. Os instrumentos não foram testados e eram potencialmente defeituosos, mas ninguém estava disposto a deixar o bonde passar. Esse é o tipo de comportamento de manada que tipifica, cria e exacerba os ciclos.

Em teoria, um CEO do banco poderia ter se recusado a participar daquela insensatez. Mas dadas as circunstâncias, qualquer um que ficasse de fora do baile perderia participação no mercado e não conseguiria pôr as mãos no "dinheiro fácil" que seus concorrentes estavam recolhendo, e poderia ser forçado a deixar o mercado por investidores ativistas. Assim, os bancos faziam ofertas agressivas pela oportunidade de disponibilizar capital, como se a música nunca fosse parar. Quem sabe que há ciclos, porém, deixa claro que um dia a orquestra deixa de tocar. Esse tipo de tolerância/ausência de risco desempenha um papel essencial na fase ascendente que precede e define o cenário para cada ato dramático de reviravolta.

À medida que o período de 2005 a 2007 avançava, descortinava-se uma grande oportunidade para observar eventos que tornavam manifestas as atitudes dos participantes do mercado em relação ao risco e para chegar a conclusões úteis. Acredito que o seguinte trecho de "The Race to the Bottom" ("A Corrida para o Fundo", em tradução livre), um memorando que escrevi sobre o assunto em fevereiro de 2007 — apenas alguns meses antes dos primeiros sinais de que os maus momentos estavam chegando —, é um excelente exemplo. Ele demonstra o valor potencial de inferências extraídas de experiências isoladas e talvez anedóticas:

> Embora os últimos anos tenham me dado muitas oportunidades de maravilhar-me com os excessos no mercado de capitais, neste caso o que provocou meu grito de guerra — "isso pede um memorando" — chegou aos jornais na Inglaterra durante minha última estada lá. O *Financial Times* relatou em 1º de novembro de 2006:
>
> > O Abbey, segundo maior provedor de crédito imobiliário do Reino Unido, elevou o limite de financiamento aos compra-

> dores de casas para cinco vezes o salário individual ou conjunto, superando os patamares tradicionais de cerca de 3,5 vezes o salário. Ele acompanhou a decisão da semana passada do Bank of Ireland Mortgages e da Bristol and West de aumentar tais limites de quatro para 4,5 vezes.

Em outras palavras, havia uma regra tradicional informando que os tomadores de empréstimos podiam assumir hipotecas até um valor equivalente a mais de três vezes seus salários. Mas agora eles podem tomar emprestado cinco vezes o que ganham — cerca de 50% a mais. O que se pode deduzir daí? Há ao menos quatro hipóteses:

- Os antigos padrões eram conservadores, e agora os novos estão corretos.
- As condições mudaram, de tal forma que o novo padrão é tão conservador para hoje como o antigo era em sua época.
- É razoável que os credores hipotecários aceitem maiores níveis de inadimplência e, portanto, retornos líquidos mais baixos, uma vez que o custo de capital diminuiu.
- A pressa em emprestar dinheiro fez com que a empresa financeira afrouxasse seus padrões.

Não conheço a fundo o mercado hipotecário do Reino Unido, e é minha intenção neste memorando comentar as tendências gerais do mercado de capitais, e não um setor específico. Além disso, é certamente verdadeiro que taxas de juros mais baixas significam que um determinado salário pode dar conta de uma hipoteca maior (e isso provavelmente permanecerá assim desde que (1) os mutuários mantenham seus empregos e (2) suas hipotecas tenham taxas fixas). Mas se você acha que a razão da Abbey para dar esse passo pode ser lógica como essa, a pergunta a ser feita é "por que agora?"

Razões lógicas e decisões sóbrias podem estar envolvidas aqui. Mas também a concorrência para colocar o dinheiro e a habitual crença de que "desta vez é diferente". Quem empresta recursos e que investe invariavelmente deixa de lado as disciplinas consagradas pelo tempo quando os ciclos chegam a extremos, acreditando que as condições atuais são distintas daquelas que prevaleciam no passado, quando essas disciplinas eram apropriadas. Estas também invariavelmente mostram que os ciclos se repetem e nada realmente muda. O que vimos no mercado hipotecário dos EUA, à medida que os preços dos imóveis subiram e as taxas de juros caíram? Primeiro, taxas promocionais, mais baixas. Em seguida, uma maior porcentagem do valor financiado em relação ao valor de avaliação do imóvel. Depois, financiamento de 100%. Então, empréstimos de baixa amortização. Daí, empréstimos sem amortização. A seguir, empréstimos que não exigem documentação de emprego ou histórico de crédito. Todas essas coisas tornaram possível que mais compradores procurassem casas mais caras, mas ao mesmo tempo tornaram as hipotecas mais arriscadas para os credores. E esses desenvolvimentos ocorreram quando os preços das residências estavam altos, e as taxas de juros estavam em níveis baixos. No final, os compradores assumiam a maior hipoteca possível em função de sua renda e das taxas de juros vigentes. Tais hipotecas os deixariam nas casas de seus sonhos... enquanto as condições não se deteriorassem, o que invariavelmente ocorreria.

Na televisão dos EUA havia um programa chamado *Name That Tune* ("Qual é a Música?", em tradução livre). Nele, um candidato "x" dizia: "Adivinho o nome da música em seis notas". O candidato "y" contrapunha: "Faço o mesmo com cinco notas". Então o candidato "x" replicava: "Eu posso dizer qual é a música em quatro notas". Por fim, tinha a chance de acertar o nome da música aquele que se dispusesse a fazer a aposta mais arriscada — tentar com base na menor informação.

Assim, o Banco da Irlanda entrou na competição para emprestar dinheiro para a compra de residências e declarou: "Vou emprestar 4,5 vezes o salário do mutuário". E o Abbey disse: "Vou emprestar cinco vezes". Quem "ganha" esse leilão é aquele que vai colocar mais dinheiro com o mínimo de segurança. Se isso é realmente ganhar ou perder, ficará claro quando o ciclo girar, como aconteceu nos EUA no ano passado. Mas certamente há uma corrida para o fundo acontecendo... um concurso para se tornar a instituição que fará empréstimos com a menor margem de erro.

Seja como for, nos últimos anos os padrões para empréstimos hipotecários caíram, e o risco aumentou. Com base na lógica? Possivelmente. Induzido (e exacerbado) por um ciclo? Eu diria que sim. O FT citou John-Paul Crutchley, analista do setor bancário do Merrill Lynch: "Quando o Abbey empresta um múltiplo de cinco vezes o salário, isso pode ser perfeitamente sensato — ou pode ser tremendamente arriscado". Certamente os empréstimos hipotecários se tornaram mais arriscados. Em alguns anos, veremos se isso foi uma assunção de risco inteligente ou um excesso de ardor competitivo...

As condições atuais do mercado financeiro são facilmente resumidas: excesso global de liquidez, interesse mínimo em investimentos tradicionais, pouca preocupação aparente com o risco e retornos prospectivos minúsculos em qualquer lugar que se olhe. Assim, em face do preço de acesso a retornos potencialmente adequados (mas menores do que os prometidos no passado), os investidores aceitam de pronto um risco significativo na forma de alavancagem elevada, derivativos não testados e estruturas de negócios fracas. O ciclo atual não é incomum na forma, apenas em sua extensão. Minha opinião é a de que há pouco mistério sobre o resultado final, mas neste ponto do ciclo são os otimistas que parecem ver melhor as coisas.

Como é frequentemente o caso, eu poderia ter feito um memorando mais curto simplesmente invocando minhas duas citações favoritas, ambas se encaixando muito bem aqui.

A primeira é um comentário de John Kenneth Galbraith, falecido em 2006. Tive a sorte de poder passar algumas horas com o Sr. Galbraith um ano e meio antes e beneficiar-me em primeira mão de sua sabedoria. Esta citação, mais uma vez, é de seu inestimável livro *A Short History of Financial Euphoria* ["Uma Breve História da Euforia Financeira", em tradução livre]. Parece particularmente apropriado nas circunstâncias atuais:

> Contribuindo para... a euforia, há dois outros fatores pouco notados em nosso tempo ou em tempos passados. O primeiro é a extrema brevidade da memória financeira. Em consequência, desastres financeiros são rapidamente esquecidos. E como corolário, quando ocorrerem as mesmas (ou semelhantes) circunstâncias, às vezes em apenas alguns anos, elas serão saudadas por uma nova geração, muitas vezes jovem e sempre supremamente autoconfiante, como uma descoberta brilhantemente inovadora em um mundo financeiro e econô-

> mico mais amplo. Pode haver poucos campos do esforço humano em que a história conta tão pouco quanto no mundo das finanças. A experiência passada, na medida em que faz parte da memória, é descartada como o refúgio primitivo daqueles que não têm a visão para apreciar as incríveis maravilhas do presente.

A segunda é a advertência fundamental de Warren Buffett sobre a necessidade de ajustar nossas ações financeiras com base no comportamento do investidor ao nosso redor. Menos palavras, mas provavelmente ainda mais úteis:

> Quanto menor a prudência com que os outros conduzem seus negócios, maior é a prudência com nossos próprios assuntos.

Este memorando pode ser assim resumido: há uma corrida para o fundo, refletindo uma redução generalizada no nível de prudência por parte dos investidores e provedores de capital. Ninguém pode provar neste momento que aqueles que participam serão punidos, ou que seu desempenho de longo prazo não excederá o de seus críticos. Esse, porém, é o padrão usual.

Quem se recusar a entrar na fila de mercados despreocupados como os de hoje, é provável, por um tempo, (a) ficar atrasado em termos de retorno e (b) parecer um sujeito ultrapassado. Mas nenhum dos dois é um preço caro a pagar se isso significar manter a cabeça (e o capital) quando outros acabam perdendo a deles. Em minha experiência, tempos de frouxidão sempre foram seguidos por correções nas quais são impostas penalidades. Pode não acontecer desta vez, mas vou correr esse risco. Enquanto isso, a Oaktree continuará a aplicar os padrões que nos serviram tão bem nos últimos 20 anos.

Warren Buffett coloca isso muito bem na citação anterior; uso-a o tempo todo. Ela resume apropriadamente tal fenômeno, assim como a necessária reação contrária. Quando os demais se despreocupam com o risco e deixam a cautela de lado, devemos tornar-nos mais cautelosos. Mas também é preciso que se diga que quando outros investidores estão em pânico, deprimidos, não conseguindo imaginar condições nas quais o risco valeria a pena, devemos tornar-nos agressivos.

O que Acontece Quando a Aversão ao Risco É Excessiva?

A simetria dos ciclos financeiros, descrita detalhadamente no Capítulo II, garantiu, em essência, que o ambiente tolerante ao risco de 2005 a 2007 — e a explosão da emissão de instrumentos financeiros que ajudou a ocorrer — seria seguido de uma séria correção. E, claro, tal correção materializou-se.

Como informei anteriormente, a crise financeira global de 2007-2008 forneceu o que espero que se torne uma oportunidade ímpar para testemunhar um movimento pendular irracional transitando da emoção à negatividade total, e um turno do ciclo nas atitudes em relação ao risco rumo à excessiva aversão a ele. As ações que haviam sido encorajadas pela excessiva tolerância ao risco entre 2005 e 2007 — como acabamos de descrever — revelaram-se imprudentes e, como resultado, causaram grande dor e perda:

- Nitidamente, a política de expansão do acesso à casa própria fez com que muitas pessoas adquirissem um imóvel que não tinham condições de pagar. Milhares perderam o dinheiro que tinham investido em "home equity[3]", o valor gasto em quaisquer melhorias que fizeram, além dos custos de mudança.

---

[3] Nota do Tradutor: uma modalidade de empréstimo pessoal com a garantia do imóvel residência.

- Hipotecas subprime que haviam sido emitidas sem comprovação de renda ou emprego mostraram-se insensatas.

- Práticas frouxas de empréstimos hipotecários — ao lado de incontáveis fraudes hipotecárias que essas práticas não conseguiam prevenir — resultaram, não surpreendentemente, na emissão de muitas hipotecas cujos pagamentos os mutuários não podiam arcar.

- A extrapolação das baixas taxas históricas de inadimplência nas hipotecas deixou de lado a possibilidade de que práticas frouxas dos financiamentos resultassem em taxas de inadimplência nunca vistas.

- As inadimplências reais excederam as taxas históricas nas quais se basearam as decisões de estruturação de títulos, ratings de dívidas e projeções de perdas. Assim, títulos estruturados e alavancados, derivados de hipotecas subprime, também inadimpliram números impressionantes, provando o erro de suas altas classificações.

- Títulos lastreados em hipotecas alavancadas (e derivativos financeiros, a maioria caracterizada por altos níveis de alavancagem interna) geralmente deixam de se constituir em ferramentas de melhoria de retorno para se transformar em armas de destruição financeira em massa, conforme fundos alavancados e valores mobiliários violam acordos de empréstimo e os emissores são incapazes de honrar suas dívidas.

- É claro, os novos produtos financeiros demonstraram — como de costume — que inovações financeiras que prometem altos retornos com baixo risco raramente cumprem essa promessa.

- Quanto ao afrouxamento da regulamentação, os conglomerados financeiros permitidos com a revogação da Lei Glass-Steagall tinham enormes problemas, a revogação da regra de uptick permitiu que as ações das instituições financeiras sofressem implacável desvalorização, e vários bancos se mostraram incapazes de sobreviver sob os altos níveis de alavancagem que haviam sido permitidos.

Em razão de tudo que havia acontecido antes, as consequências incluíam inadimplência maciça de hipotecas e reinvestimentos em casas, rebaixamentos de classificações de riscos e perdas com títulos lastreados em hipotecas, colapso dos preços das casas e a incapacidade de vendê-las, quebra dos mercados de ações e de títulos corporativos e desaparecimento da liquidez, esgotamento total da disponibilidade de crédito, e fracassos, resgates e falências de vários bancos.

> Claro, eventos improváveis provocaram a crise de crédito. Muitas coisas ruins aconteceram e foram consideradas improváveis (se não impossíveis), e aconteceram ao mesmo tempo, para investidores significativamente alavancados. ("The Limits to Negativism" — "Os limites do negativismo", em tradução livre —, outubro de 2008)

Qual foi o efeito psicológico cumulativo de todos os itens citados em investidores e outros participantes do sistema financeiro? Resumindo: assustou-os até a morte. Quando o medo absoluto substitui um alto grau de confiança, a excessiva aversão ao risco toma o lugar da tolerância a risco irrealista. Foi isso que aconteceu no final de 2008 após a falência do Lehman Brothers. Os vendedores correram em massa ao mercado para se desfazer rapidamente de seus papéis. Os compradores ficaram de fora. Os preços dos ativos entraram em colapso. E a liquidez do mercado desapareceu.

Esses acontecimentos todos resultaram da substituição da tolerância ao alto risco à aversão ao alto risco. E todos eles contribuíram para alimentar ainda mais medo e aversão ao risco, mais eventos negativos e medo generalizado. As mesmas pessoas que haviam comprado produtos financeiros não testados com base em suposições positivas e promessas boas demais para ser verdade agora estavam convencidas de que todo o sistema financeiro poderia derreter.

Para dar um exemplo da oscilação em direção à excessiva aversão ao risco e seu impacto, compartilharei algo que aconteceu algumas semanas após a falência do Lehman. Esse evento, ocorrido em meio ao pior momento daquela situação, inspirou-me a escrever o memorando "The Limits to Negativism", citado anteriormente.

A Oaktree, seguindo em menor grau as tendências gerais vigentes nos EUA, criou seus primeiros fundos alavancados nos anos imediatamente anteriores à crise. Usamos menos alavancagem do que outros — por exemplo, quatro vezes o capital de nosso fundo sênior de empréstimos europeu contra os sete ou oito mais convencionais — e tentamos ser conservadores quanto aos ativos que compramos, mas os acontecimentos nos levaram à beira de um colapso. Antes da crise, os empréstimos "seniores[4]" ou "alavancados" — mesmo aqueles com problemas de crédito — raramente eram negociados a preços abaixo de 96 centavos por dólar. Assim, sentimos que estávamos bem resguardados da possibilidade de margens de cobertura (demandas de credores por capital acionário adicional) que, de acordo com nosso contrato de empréstimo, só poderiam ocorrer se o preço médio de mercado dos empréstimos na carteira caísse abaixo de 88. Mas após a falência do Lehman, os preços dos empréstimos caíram para níveis sem precedentes, pressionados, entre outras coisas, pelas vendas de portfólios abandonados por detentores alavancados que receberam chamadas de margem que não conseguiram satisfazer. Assim, 88 — e uma chamada de margem e um desastre — tornou-se uma possibilidade concreta para nós. Conseguimos tempo para responder ao nosso credor, e começamos a captar recursos adicionais dos investidores do fundo para reduzir a alavancagem de 4:1 para 2:1. Os investidores, ao pedirmos para colocar mais capital, entenderam ser isso uma oportunidade para: a) reter empréstimos a preços descontados, em vez de desistir deles; b) aproveitar os altos rendimentos implícitos dos empréstimos; e c) beneficiar-se da alavancagem de baixo custo do fundo. Assim, a maioria deles concordou com a solicitação que fizemos. No recém-reduzido nível de alavancagem, o fundo foi protegido de uma chamada de margem, a menos que o preço médio de nossos empréstimos caísse para inimagináveis 65.

Mas com a total ausência de compradores e a continuação das chamadas de margem e captação de fundos hedge, o mercado de empréstimos continuou

---

[4] Nota do Tradutor: produto do mercado financeiro norte-americano que tem prioridade de ressarcimento em caso de falência do mutuário.

a cair, conforme a noção de "preço justo" dava lugar a uma preocupação generalizada sobre qual seria o preço "no fundo do poço". Assim, o preço médio de nossa carteira de empréstimos aproximou-se de 70. Senti que deveria reduzir a alavancagem de 2:1 para 1:1, caso em que poderíamos eliminar completamente a cláusula contratual que introduzira o risco de uma chamada de margem.

Agora eu estava oferecendo aos investidores do fundo uma chance de pagar para reter os empréstimos do fundo com rendimentos até o vencimento da ordem de dois dígitos, e retornos alavancados sobre o fundo total ao redor de 20% (como era antes das perdas potenciais devido à inadimplência). É claro que, se um investidor preexistente não conseguisse colocar sua participação pro rata no patrimônio adicional e permitisse que outra pessoa o fizesse, isso equivaleria a vender parte de sua participação no portfólio do fundo com esses rendimentos.

Ainda assim, a combinação de ininterrupto declínio de preços, liquidações de portfólios e ausência total de compradores tornou difícil para alguns investidores do fundo realizar novos suplementos de capital. Alguns estavam cansados de ter que lidar com tais questões em seus portfólios. Outros não viam nisso uma chance de resgatar seus investimentos, mas de possivelmente "jogar dinheiro bom em dinheiro ruim". Havia os que não tinham recursos líquidos à mão. E alguns simplesmente não se sentiam confortáveis em defender essa estratégia junto a seus superiores. Em fundos, pode ser extremamente difícil realizar ações que exijam convicção e firmeza. E isso levou ao evento que descreverei.

Para defender um investimento de capital adicional, fui a um fundo de pensão, um dos investidores no fundo. Os rendimentos que expus eram atraentes, eles admitiram, mas estavam preocupados com a possibilidade de inadimplência dos empréstimos. A conversa foi assim:

Fundo de pensão: Qual o potencial de inadimplência de investimentos malsucedidos?

HM[5]: Bem, nossa taxa média de inadimplência nos últimos 26 anos em títulos de grau especulativo — de menor participação na estrutura de capital para

[5] Abreviação para Howard Marks.

empréstimos como os do fundo — foi de cerca de 1% ao ano (e tenha em mente que há recuperações no caso de inadimplência, o que significa que nossas perdas de crédito foram inferiores a 1% ao ano). Assim, a inadimplência em nossa taxa histórica pouco faria para diminuir o retorno na faixa dos 20% prometidos.

Fundo de pensão: Mas e se for pior que isso?

HM: No pior período de cinco anos que já tivemos, a inadimplência foi em média de 3% ao ano. Obviamente, não é um problema com relação aos rendimentos dos quais estamos falando.

Fundo de pensão: Mas e se for pior que isso?

HM: A taxa média de inadimplência no universo de títulos de grau especulativo — sem assumir qualquer capacidade de evitar inadimplência por meio de uma análise de crédito — foi de 4,2% ao ano. Mesmo nesse nível, as perdas claramente não fariam muito para prejudicar os resultados desse investimento.

Fundo de pensão: Mas e se for pior que isso?

HM: Os piores cinco anos na história, em termos universais, tiveram uma média de 7,3% — ainda não é um problema.

Fundo de pensão: Mas e se for pior que isso?

HM: A pior taxa de inadimplência de um ano na história de títulos de grau especulativo foi de 12,8%. Isso ainda deixa muito retorno aqui.

Fundo de pensão: Mas e se for pior que isso?

HM: Uma vez e meia o pior ano da história seria de 19%, e ainda teríamos um pouco de dinheiro, dado o rendimento do portfólio de 20. E para um retorno tão mínimo ser o resultado, padrões dessa ordem de magnitude teriam que acontecer a cada ano — não apenas uma vez.

Fundo de pensão: Mas e se for pior que isso?

A essa altura, perguntei: "Vocês têm algum patrimônio?", e lhes disse que se acreditassem — e acreditassem de verdade nos cenários apocalípticos que estavam me apontando —, seria melhor sair da sala imediatamente e vender tudo.

Quero com essa história colocar que, em um ambiente negativo, a aversão excessiva ao risco pode fazer com que as pessoas submetam os investimentos a escrutínio excruciante e suposições negativas infinitas (assim como podem ter feito pouca ou nenhuma avaliação e se apoiado em premissas cor-de-rosa quando investiram em tempos inebriantes). Em pânico, as pessoas passam 100% do tempo garantindo que não haja perdas... quando deveriam se preocupar em perder grandes oportunidades.

Em épocas de extremo negativismo, uma exagerada aversão ao risco provavelmente fará com que os preços afundem e perdas adicionais sejam altamente improváveis: o risco de perda, portanto, é mínimo. Como já indiquei anteriormente, a coisa mais arriscada do mundo é a crença de que não há risco. Da mesma forma, o momento mais seguro (e mais recompensador) de comprar geralmente é aquele em que todos estão convencidos de que a esperança morreu.

Se fosse possível fazer apenas uma pergunta sobre cada investimento que eu estava considerando, ela seria simples: quanto de otimismo está embutido no preço? Se muito, provavelmente significaria que os eventuais desenvolvimentos favoráveis foram precificados, que o preço é alto em relação ao valor intrínseco e que há pouca margem para erro em caso de decepção. Mas se o otimismo é baixo ou ausente, é provável que o preço seja baixo, que as expectativas são modestas, que surpresas negativas são improváveis e que a mais leve mudança para melhor resultaria em apreciação. A reunião do fundo de pensão descrita antes foi importante pela simples razão de que indicava que todo otimismo havia sido extirpado da mente dos investidores.

Terminada a reunião, praticamente corri para meu escritório para escrever "The Limits to Negativism" mais ou menos no ponto daquele ciclo, quando se poderia ter comprado a maior dívida com os preços mais baixos. Nele compartilhei a seguinte realização:

> Muitas coisas ruins consideradas improváveis (se não impossíveis) aconteceram, e ao mesmo tempo, para investidores com alavancagem significativa. Assim, a explicação mais fácil é a de que as pessoas prejudicadas na crise de crédito não eram céticas — ou pessimistas — o suficiente.
>
> Disso resultou uma epifania: *ceticismo e pessimismo não são sinônimos. Ceticismo clama por pessimismo quando o otimismo extrapola. Mas também clama por otimismo quando o pessimismo é demasiado.* Vou escrever mais sobre o assunto, mas, na verdade, não é tão simples assim.
>
> Fazer o oposto do que os outros fazem, ou "nadar contra a corrente", é essencial para o sucesso do investimento. Mas como a crise de crédito atingiu um pico na semana passada, as pessoas se deixaram levar, em vez de resistir. Eram raros os otimistas; a maioria era pessimista em algum grau. Alguns se tornaram genuinamente deprimidos — até mesmo alguns grandes investidores que conheço. Relatos cada vez mais negativos do colapso próximo foram trocados via e-mail. *Não houve quem fosse cético ou dissesse "que o horror de uma situação dessas era improvável".* O pessimismo alimentou-se de si mesmo. A única preocupação das pessoas era proteger seus portfólios para superar o colapso iminente ou levantar dinheiro suficiente para atender aos resgates. A única coisa inexistente na semana passada eram ofertas agressivas de compra de títulos. Então os preços caíram, e caíram vários pontos de cada vez — ou seja, "a casa caiu".

Espero que este relato contemporâneo lhe dê uma ideia do que é uma aversão excessiva e despropositada ao risco, e também uma noção de como se posicionar em circunstâncias como essas.

Pós-escrito: alguns dos investidores do fundo (incluindo o que visitei naquele dia) se recusaram a suplementar o capital aplicado. Sentindo que eu deveria fazer tudo que pudesse para manter vivo o fundo, tomei o lugar deles. A chance de investir em um portfólio alavancado de empréstimos seniores depreciados em um momento de aversão excessiva ao risco fez desse um dos melhores investimentos que já fiz… pois a falta de vontade dos outros em participar desse mercado tornou os empréstimos absurdamente baratos.

~

Este capítulo sobre o ciclo das atitudes em relação ao risco cresceu e é um dos mais longos deste livro. Há uma boa razão para isso: acredito que cobre um dos ciclos mais importantes. Em *The Most Important Thing* há um capítulo-chave que fala sobre a importância de saber onde estamos nos vários ciclos. Ter ciência de como os investidores estão pensando e lidando com o risco é talvez a coisa mais importante para se propor a ter. Em suma, a excessiva tolerância ao risco contribui para a criação de perigos, e a oscilação para a excessiva aversão ao risco deprime os mercados, criando algumas das maiores oportunidades de compra.

O investidor racional é sempre diligente, cético e apropriadamente avesso ao risco, mas também está constantemente à procura de oportunidades de retorno potencial que mais que compensem o risco. Esse é o ideal. Mas nos bons tempos ouvimos a maioria das pessoas dizer: "Risco? Que risco? Não noto muita coisa que possa dar errado: veja como as coisas estão indo bem. E, ademais, o risco é meu amigo — quanto mais riscos, mais dinheiro posso ganhar. Então, em momentos ruins, eles mudam, simplificando tudo: "Não quero ganhar nem mais 1 centavo no mercado; só não quero mais perder. Tire-me daqui!"

Convém frisar que, uma vez que os investidores racionais e não emotivos são muito minoritários, a totalidade dos investidores raramente alcança o equilíbrio relativo às suas atitudes em relação ao risco, ou a qualquer outro aspecto da psicologia ou emoção presentes na oscilação do ciclo ou no movimento pendular. Eles tendem a não manter um equilíbrio saudável entre a aversão ao risco que os compele a ser cauteloso e a tolerância ao risco que os impele: geralmente um ou outro está na fase de ascendência pronunciada. Isso é igualmente muito verdadeiro no que diz respeito à ganância e ao medo, ao ceticismo e à credulidade, à disposição de, às vezes, ver apenas aspectos positivos e, às vezes, apenas negativos, e muitas outras coisas. Os ciclos da psicologia demonstram claramente que os investidores permanecem muito pouco tempo no "ponto médio feliz".

A flutuação — ou inconstância — nas atitudes em relação ao risco é consequência tanto do resultado de alguns ciclos quanto da causa ou exacerbação de outros. E isso sempre vai continuar, já que parece ser difícil para a maioria das pessoas se tornarem mais otimistas e tolerantes a riscos quando as coisas estão indo bem e, depois, quando tudo passa a andar mal, mais preocupadas e avessas ao risco. Isso significa que elas estão mais dispostas a comprar quando deveriam ser mais cautelosas e mais relutantes em comprar quando deveriam ser mais agressivas. Investidores superiores sabem disso e esforçam-se para agir no sentido contrário.

IX
O CICLO DE CRÉDITO

O investimento superior não é caracterizado pela compra de ativos de alta qualidade, mas por comprar quando o negócio é bom, o preço é baixo, o retorno potencial é substancial e o risco é limitado. Tais condições são muito mais comuns quando os mercados de crédito estão na parte menos eufórica e mais rigorosa de seu ciclo. A fase de "portas fechadas" do ciclo de crédito provavelmente faz surgirem mais barganhas do que qualquer outro fator isolado.

Agora nossos fundamentos estão completos. Cobrimos os ciclos econômicos e de lucro que se constituem no pano de fundo das atividades de investimento e também o vaivém psicológico e comportamental que ocorre em resposta a mudanças nos fundamentos (e que tende à exacerbação). Agora vamos nos ater a alguns tipos específicos de ciclos financeiros. Você notará que as flutuações neles afetam fortemente os ciclos abordados nos capítulos seguintes.

Como já discutimos, algumas atividades, como a compra de uma casa, respondem prontamente aos movimentos do ciclo econômico, e outras, como a compra de alimentos, não. Alguns ciclos têm um efeito profundo em outros aspectos da economia e em outros ciclos, e outros não. O tema deste capítulo, o ciclo de crédito, é, em ambas as situações, o primeiro: reage de pronto aos desenvolvimentos econômicos e é altamente influente. Por fim, também é extremamente volátil. Assim, seus movimentos são poderosos e radicais, e afetam grandemente a atividade em muitas outras áreas. E todas essas coisas são exacerbadas pelas oscilações psicológicas descritas nos Capítulos VII e VIII.

Note que o assunto aqui é por vezes referido como o ciclo do mercado de capitais, em vez do ciclo de crédito. Eu não acho a distinção importante. A rigor, "capital" refere-se a todo o dinheiro usado para financiar um negócio, enquanto "crédito" refere-se à parte do capital de uma empresa que é composta de dívida, em vez de capital próprio. Na prática, essas duas denominações de ciclo parecem ser usadas de forma intercambiável, embora eu encontre muito menos referências a "ciclo do mercado de capitais". Vou me ater ao "ciclo de crédito" quando falar apenas sobre os mercados de dívida, e posso cair no "ciclo do mercado de capitais" quando falar sobre a disponibilidade geral de financiamento. Mas de qualquer forma, e mais importante, as considerações que se aplicam a uma se aplicam igualmente à outra.

A seguinte passagem de "Open and Shut" ("Abrir e Fechar", em tradução livre, de dezembro de 2010), chama a atenção para algumas das coisas que escrevi anteriormente e contextualiza o ciclo de crédito na série de ciclos:

> Considere isto: os altos e baixos das economias são geralmente atribuídos às flutuações nos lucros corporativos, e estas, à ascensão e queda dos mercados de valores mobiliários. Mas nas recessões e recuperações, o crescimento econômico geralmente se desvia de sua linha de tendência em apenas alguns pontos porcentuais. Por que, então, os lucros corporativos aumentam e diminuem muito mais? A resposta envolve as alavancagens financeira e operacional, que magnificam o impacto sobre lucros e receitas, crescentes e decrescentes.

> E se os lucros flutuam dessa maneira — mais do que o PIB, mas ainda moderadamente —, por que os mercados de valores mobiliários disparam e colapsam tão dramaticamente? Atribuo tal fato a flutuações na psicologia e, em particular, à profunda influência da psicologia sobre a disponibilidade de capital.
>
> Em suma, conforme as economias flutuam e lucram um pouco, a janela de crédito abre-se e fecha-se... Eis a razão do título deste memorando. Tenho em mim que o ciclo de crédito é o mais volátil dos ciclos e o de maior impacto. Merece, portanto, muita atenção.

Veja como coloco essa questão, mais sucintamente, em "You Can't Predict. You Can Prepare" ("Você Não Pode Prever. Você Pode Se Preparar", em tradução livre, novembro de 2001):

> Quanto mais estou envolvido em investir, mais impressionado fico com o poder do ciclo de crédito. É necessária apenas uma pequena flutuação na economia para produzir uma grande flutuação na disponibilidade de crédito, com forte impacto nos preços dos ativos e, no repique, na própria economia.

Alterações na disponibilidade de capital ou crédito são uma das influências mais basilares nas economias, empresas e mercados. Embora o ciclo de crédito seja menos conhecido do homem comum do que a maioria dos outros ciclos discutidos neste livro, considero ser ele de suma importância e profunda influência.

A metáfora da janela, na citação anterior, ajuda bem na compreensão do que é o ciclo de crédito: às vezes está aberto, às vezes está fechado. E, de fato, as pessoas no mundo financeiro referem-se "à janela de crédito" como "o lugar onde você vai pedir dinheiro emprestado". Quando a janela está aberta, o financiamento é abundante e fácil de obter; se está fechada, o financiamento é escasso e difícil de conseguir. Por fim, é essencial ter sempre em mente que a janela pode passar de aberta a fechada em apenas um instante. Há muito mais para entender completamente esse ciclo — incluindo as razões para esses movimentos cíclicos e seu impacto —, mas esse é o objetivo.

~

Por que esse ciclo tem a importância que atribuo a ele? Primeiro, porque capital ou crédito é um ingrediente essencial no processo produtivo. Assim, a capacidade de crescimento das empresas (e economias) geralmente depende da disponibilidade de capital incremental. Se os mercados de capitais estiverem inoperantes, pode ser difícil financiar o crescimento.

Segundo, o capital deve estar disponível na ocasião do vencimento da dívida para que possa haver refinanciamento dela. É comum que as empresas (assim como a maioria das outras unidades econômicas, como governos e consumidores) não quitem suas dívidas. Na maioria das vezes, eles simplesmente as rolam. Mas se for incapaz de assumir uma nova dívida no momento em que sua dívida existente vence, uma empresa pode ficar inadimplente. Onde se está no ciclo de crédito — se o crédito está prontamente disponível ou é difícil de obter — é o maior fator determinante de refinanciamento ou não de uma dívida.

Muitos ativos corporativos são de longa duração (como edifícios, maquinário, veículos e boa vontade). No entanto, muitas empresas adquirem tais ativos com empréstimos de curto prazo em virtude de seu menor custo relativamente a vencimentos de prazo mais longo. Essa estratégia — "tomar emprestado a curto prazo para investir no longo prazo" — funciona bem na maioria das vezes, quando o mercado de crédito está aberto e funcionando plenamente, o que significa que a dívida pode ser rolada com facilidade no vencimento. Mas o descompasso entre ativos de longo prazo que não podem ser facilmente liquidados e dívidas de curto prazo pode facilmente causar uma crise se o ciclo de crédito se tornar negativo, impedindo o refinanciamento da dívida no vencimento. Esse descompasso clássico, quando combinado ao rigor dos mercados financeiros, é frequentemente a causa dos mais espetaculares colapsos financeiros.

Em 2007, com a crise financeira global deslanchando e o congelamento dos mercados de crédito, o Departamento do Tesouro dos EUA tomou uma providência sem precedentes: a de garantir todos os títulos de dívida corporativa de curto prazo — que têm vencimentos de 270 dias ou menos — cuja rolagem poderia não ter sido possível no vencimento, o que tornaria inadimplentes até mesmo empresas mais fortes. De fato, as inadimplências poderiam ter se concentrado entre as empresas de primeira linha, as quais emitem títulos da dívida em bilhões exatamente porque sua forte credibilidade lhes dá acesso fácil ao mercado desses títulos. (A importância de o mercado estar aberto — e da capacidade de rolar papéis no vencimento — sublinha a diferença essencial entre patrimônio líquido positivo e liquidez. Mesmo uma empresa rica pode ter problemas se não tiver dinheiro em mãos e não puder obtê-lo para honrar seus vencimentos de dívidas, contas e outras necessidades de dinheiro em caixa.)

Terceiro, as instituições financeiras representam um caso especial de exagerada confiança nos mercados de crédito. Sua matéria-prima é dinheiro, e precisam de financiamento para se manterem funcionando. Nelas também ocorrem, com frequência, os maiores desajustes de curto/longo prazo e colapsos potenciais. Considere, por exemplo, um banco cujos depósitos podem ser sacados em qualquer dia e que os usa para fazer empréstimos hipotecários com prazo de liquidação de trinta anos. O que acontece se todos os depositantes exigirem seu dinheiro de volta no mesmo dia ruim (uma corrida no banco)? Se não houver acesso ao mercado de crédito (e nenhum resgate do governo), esse banco pode quebrar.

Por último, o mercado de crédito emite sinais que têm grande impacto psicológico. Quando fechado, faz com que o medo se espalhe, até mesmo desproporcionalmente em relação às realidades negativas das empresas. Condições difíceis podem causar o fechamento do mercado de capitais — e mercados de capitais fechados podem ter um impacto negativo nas condições dos negócios (bem como nas opiniões dos participantes do mercado sobre as empresas). Esse tipo de "círculo vicioso" faz parte da maioria das crises financeiras.

O Ciclo de Crédito em Funcionamento

A esta altura você deve ter uma compreensão da natureza e importância do ciclo de crédito. O próximo tópico a ser abordado é o motivo pelo qual os ciclos de crédito ocorrem: o que faz com que o crédito fique mais disponível em alguns momentos e menos em outros?

A janela de crédito não tem mente própria, abrindo e fechando quando bem lhe aprouver. Ao contrário, isso ocorre sob determinadas circunstâncias. Em "You Can't Predict. You Can Prepare", de novembro de 2001, coloquei o processo de expansão/contração em contexto e o expliquei com detalhe:

> O processo é simples:
>
> - A economia está em um período de prosperidade.
> - Os fornecedores de capital prosperam e aumentam seus recursos.
> - A escassez de más notícias faz parecer que os riscos associados aos empréstimos e investimentos encolheram.
> - A aversão ao risco sai de cena.
> - As instituições financeiras agem no sentido de expandir seus negócios, isto é, fornecer mais capital.
> - Elas brigam por participação de mercado, diminuindo os retornos exigidos (por exemplo, reduzindo as taxas de juros), baixando os padrões de crédito, fornecendo mais capital para uma determinada transação e facilitando as obrigações contratuais.

Os fornecedores de capital chegam a financiar tomadores de empréstimos e projetos não merecedores de crédito. Como afirmou *The Economist* no início deste ano [2001], "os piores empréstimos são feitos nas melhores épocas". Isso leva à destruição do capital, ou seja, ao investimento de capital em projetos cujo custo do capital excede sua taxa de retorno e, eventualmente, também em projetos em que nem mesmo se recupera o capital aplicado.

Quando esse ponto é alcançado, a inflexão é total.

- As perdas desencorajam e afastam os credores.
- A aversão ao risco cresce, e junto, as taxas de juros, as restrições de crédito e as obrigações contratuais.
- Menos capital é disponibilizado, e, no vale do ciclo, apenas para os mais qualificados dos mutuários.
- As empresas ficam famintas por capital. Os mutuários são incapazes de rolar suas dívidas, causando inadimplência e quebra de bancos.
- Esse processo contribui e retroalimenta a contração econômica.

É claro que, no ponto extremo, o processo está pronto para ser revertido novamente. Nessa ocasião, como a concorrência para fazer empréstimos ou investimentos é baixa, altos retornos podem ser exigidos, bem como elevada capacidade creditícia. Quem, nesse momento, atua no sentido contrário e empenha capital tem uma chance de obter altos retornos, e aqueles com o olhar em retornos potenciais começam a atrair capital. Dessa forma, uma recuperação começa a ser alimentada.

Às vezes as pessoas estão ansiosas para colocar dinheiro para trabalhar, e isso abre a janela de crédito. Mas quando as circunstâncias as fazem mudar de ideia, o financiamento pode ficar indisponível. Tal como acontece com tantas outras coisas neste livro, é essencial que o leitor tenha uma compreensão clara do funcionamento dos ciclos e, especialmente, da maneira como cada elemento leva ao próximo. Assim, a explicação detalhada, passo a passo, fornecida aqui é essencial e deve ser absorvida.

Contudo, em "You Can't Predict. You Can Prepare", reduzi o processo a apenas algumas palavras. Elas realmente constituem o cerne do ciclo de crédito e deixam claro a natureza interminável da reação em cadeia do ciclo:

> Prosperidade amplia a oferta de crédito, ocasionando empréstimos imprudentes; estes produzem grandes perdas, levando os credores a se retraírem, acabando com a prosperidade; e por aí vai.

Um mercado é como um leilão: o item oferecido vai para quem der o lance mais alto. Os mercados financeiros não são diferentes. A oportunidade de fazer um investimento ou fornecer um empréstimo vai para o participante do mercado que pagar mais por essa oportunidade. Os lances elevam o nível de preço e a parâmetros de valorização mais altos (tais como índices de preço/lucro mais elevados). No mercado de crédito, isso traduz-se diretamente em um baixo rendimento do instrumento de dívida em questão, e a chance de fornecer capital vai para o credor que aceitar o menor rendimento.

Meu memorando "The Race to the Bottom", publicado em fevereiro de 2007, destacava principalmente a ânsia dos fornecedores de capital em expandir sua atuação nos bons tempos, e o efeito disso:

> Isso ajuda a pensar no dinheiro como uma mercadoria. O dinheiro é praticamente um só. Porém, as instituições que buscam aumentar o volume de empréstimos, os fundos de private equity e os fundos de hedge desejam aumentar a escala. Então, se você quer colocar mais dinheiro — isto é, levar as pessoas a buscá-lo em detrimento

> de seus concorrentes, para obter financiamento —, você tem que tornar seu dinheiro mais barato. Tal como acontece com as outras commodities, o preço baixo é o trunfo mais confiável para aumentar a participação de mercado.
>
> Você pode reduzir o preço de seu dinheiro diminuindo a taxa de juros que cobra sobre os empréstimos. Um jeito um pouco mais sutil é concordar com um preço mais alto por aquilo que está comprando, por exemplo, aceitando um índice de preço/lucro maior para uma ação ordinária ou um valor mais elevado quando está comprando uma empresa. Seja como for, você está se adaptando a um retorno prospectivo menor. Mas há outras maneiras de baratear seu dinheiro, e elas são o principal assunto deste memorando.

Com relação às dívidas, estrutura é algo importante. Assim, termos mais fáceis para o mutuário podem trazer risco adicional para o credor. Por exemplo, os credores gostariam de ter cláusulas de proteção contra ações do tomador que aumentam o grau de risco já presente. Eles podem restringir a dívida total que o mutuário pode assumir, limitar o montante de dividendos a pagar ou exigir que ele mantenha um determinado patrimônio líquido mínimo. Mas, especialmente quando o mercado de crédito está aquecido, o "melhor comprador" da dívida — o credor mais ansioso — pode estar disposto a aceitar uma estrutura com menos cláusulas protetoras e, portanto, mais riscos.

Então, em um leilão, a chance de fazer um empréstimo ou comprar um título de dívida vai para quem se dispõe a aceitar uma combinação de menor rendimento e estrutura mais arriscada. Quando há aversão ao risco e a demanda por oportunidades de empréstimo é razoável em relação à oferta delas, a licitação é, em geral, prudente. Mas quando a tolerância ao risco assume e a competição é grande, é provável que a licitação se torne superaquecida. Quem obtiver a oportunidade de conceder um empréstimo arcará com um ônus elevado: um ganho muito baixo e/ou um risco excessivo. Assim, um leilão superaquecido no mercado de crédito — como em outros lugares — provavelmente produzirá um "vencedor" que na verdade é um perdedor. Esse é o processo que chamo de corrida para o fundo.

Por outro lado, há ocasiões em que há um número menor de compradores, e os poucos interessados querem comprar apenas a preços promocionais. Os lances resultam em preços baixos, rendimentos surpreendentes e estruturas de empréstimo que oferecem excelente proteção. Ao contrário do clima superaquecido que gera a corrida para o fundo, os mercados "gelados" nos quais ninguém está ansioso para emprestar podem fazer com que haja verdadeiros vencedores.

O quanto a janela de crédito se abre depende quase que totalmente de provedores de capital ávidos ou reticentes, e tem um impacto profundo nas economias, nas empresas, nos investidores e no retorno e risco das oportunidades de investimento resultantes.

> No curto prazo, o efeito das generosas condições do mercado de capitais é disponibilizar mais dinheiro para mais empresas por mais motivos, com taxas de juros mais baixas e menos cláusulas de proteção. Isso leva a níveis mais altos de vendas de empresas, aquisições de controle acionário e expansão corporativa (sem mencionar as rápidas recapitalizações das empresas adquiridas e, portanto, as altas taxas de retorno no curto prazo). No curto prazo, isso contribui para um alto nível de atividade financeira em geral.
>
> Outro efeito é prevenir o rigor financeiro em empresas enfraquecidas. Quando os credores são rigorosos e as cláusulas de proteção são rígidas, as dificuldades operacionais podem levar rapidamente a violações de obrigações contratuais e inadimplência (não pagamento de juros ou do principal). Mas condições mais frouxas podem impedir o estado de insolvência: se as cláusulas de proteção são frágeis ou ausentes; se os tomadores de empréstimos têm a opção de pagar os títulos com outros títulos, e não em dinheiro (por meio de uma inovação recente no mercado norte-ame-

> ricano, os chamados "toggle bonds"); ou se eles podem levantar dinheiro novo e, assim, adiar o dia da reavaliação.
>
> No fim das contas, muitas dessas inadimplências prevenidas demonstrarão sua inevitabilidade, com as empresas caindo de alturas mais altamente alavancadas. E certamente a disposição dos mercados de capital de financiar empresas menos que merecedoras levará, em última análise, a um nível mais profundo de dificuldades corporativas. Assim, tudo o mais constante, quanto maior o boom — e quanto maiores os excessos do mercado de capitais no sentido ascendente —, maior o colapso. Tempo e extensão nunca são previsíveis, mas a ocorrência de ciclos é a coisa mais próxima que conheço de ser inevitável. ("The Race to the Bottom", fevereiro de 2007)

O Impacto do Ciclo de Crédito

Um dos principais pontos deste livro é a extensão em que os eventos dentro de um ciclo influenciam outros campos e outros tipos de ciclos. Em lugar algum isso é mais claro do que no ciclo de crédito.

> Em "Genius Isn't Enough" ["Gênio Não É o Bastante", em tradução livre], a respeito do Long-Term Capital Management, (outubro de 1998), escrevi: "Olhe em volta da próxima vez que houver uma crise; é provável que você encontre quem empreste dinheiro". Provedores de capital excessivamente permissivos com frequência ajudam e estimulam bolhas financeiras. Houve inúmeros exemplos recentes em que mercados de capital generosos contribuíram para booms que foram seguidos por colapsos muito conhecidos: imóveis em 1989-1992; mercados emergentes em 1994-1998; Long-Term Capital em 1998; indústria de exibição de filmes em

1999-2000; fundos de capital de risco e empresas de telecomunicações em 2000-2001. Em cada um havia dinheiro farto e barato para tomar emprestado e investir, e o resultado foi uma expansão exagerada e perdas dramáticas. No filme *Campo dos Sonhos*, uma das falas de Kevin Costner era: "Se você construir, eles virão". No mundo financeiro, se você oferecer dinheiro barato, eles pedirão, comprarão e construirão — muitas vezes deixando de lado a disciplina, e com muitas consequências negativas.

Na formação da bolha tecnológica, a contribuição do ciclo de capital foi tremenda. Muitas empresas foram criadas com o dinheiro dos fundos de capital de risco, não raro sem que houvesse justificativas de ordem comercial ou perspectivas de lucro. A demanda selvagem por IPOs fez com que a cotação de suas ações alcançasse níveis estratosféricos, permitindo que os fundos de risco reportassem retornos de três dígitos e atraíssem ainda mais capital, exigindo que essas empresas se tornassem operacionais rapidamente. A generosidade do mercado de capitais levou as empresas de telecomunicação, seguras que estavam de poder contar com financiamentos suplementares mais tarde, a assinar grandes projetos de capital apenas parcialmente financiados, com índices de preço/lucro e taxas de juros mais baixas à medida que os projetos avançassem. Essa facilidade fez com que muito mais capacidade de fibra óptica fosse construída do que era necessário na época, grande parte ficando ociosa. Parcela substancial do investimento que foi feito nunca pôde ser recuperado. Mais uma vez, o dinheiro fácil levou à destruição de capital.

Ao fazer investimentos, tornou-se meu hábito preocupar-me menos com o futuro econômico — sobre o qual não há como ter muita certeza — do que com a questão da oferta/demanda relacionada ao capital. Estar posicionado para fazer investimentos em

> uma arena despovoada confere grandes vantagens. Participar de um campo em que todo mundo está jogando dinheiro é uma receita para o desastre. ("You Can't Predict. You Can Prepare")

A título de reafirmação, segue mais uma prova retirada de "The Happy Medium" (julho de 2004) de que uma descrição longa e importante como a citada, em relação ao processo cíclico, pode ser resumida em menos palavras:

> De tempos em tempos, provedores de capital simplesmente abrem ou fecham a torneira — como em muitas outras coisas, em excesso. Há ocasiões em que qualquer pessoa pode obter qualquer quantia de capital para qualquer finalidade e quando nem mesmo os mutuários mais merecedores conseguem acessar valores razoáveis para projetos valiosos. O comportamento dos mercados de capitais é um ótimo indicador de onde estamos em termos psicológicos e um fator de surgimento de barganhas em termos de investimento.

Nesse memorando, continuei a discutir a maneira como o ciclo de crédito contribui para os excessos:

> Procurar a causa de um mercado radicalizado normalmente requer rebobinar a fita cassete do ciclo de crédito por alguns meses ou anos. A maioria dos mercados em alta é incentivada por um aumento na disposição de fornecer capital, geralmente ignorando a prudência. Da mesma forma, a maioria dos colapsos é precedida por uma recusa indiscriminada em financiar certas empresas, setores de atividade ou toda a variedade de potenciais tomadores de empréstimos.

Tenho por meta, no que segue, descrever o efeito do ciclo de crédito. Para isso, voltarei à Crise Financeira Global (CFG), fonte de relevantes ensinamentos.

No final dos anos 1960, em meus primeiros anos como analista de ações, eu compreendia muito bem o ciclo econômico e a forma como os lucros corporativos aumentavam e diminuíam em função deles. Embora houvesse muito mais a aprender, eu já sabia um pouco sobre flutuações na psicologia e atitudes de risco (e sobre sua importância). Mas quase não apreciei o papel ou o funcionamento do ciclo de crédito. Em suma, é difícil entender completamente a maioria dos fenômenos no mundo do investimento a menos que os tenha vivenciado. Agora cheguei à conclusão de que o ciclo de crédito é realmente algo importante. De fato, quando perguntado sobre as causas da Crise Financeira Global de 2007-2008, eu a coloquei no topo da lista.

A própria escolha do nome "Crise Financeira Global" para a dolorosa experiência de 2007-2008 reflete o fato de ser um fenômeno de caráter essencialmente *financeiro*, relacionado quase inteiramente a eventos no âmbito dos mercados financeiros, e não originado primariamente por situações de natureza econômica ou de outra ordem. Aqui estão os fatores de comportamento e de atitudes no mundo financeiro que levaram a uma crise de grande espectro:

- A causa existencial foram as atitudes demasiado liberais em relação ao risco financeiro descritas nas páginas 118-119.
- Essas atitudes pouco cuidadosas decorriam da forte demanda por investimentos de alto rendimento que resultaram da redução das taxas de juros gerais pelo Fed.
- Esses dois fatores levaram, entre outras coisas, a uma disposição excessiva dos investidores de aceitar produtos financeiros inovadores e absorver toda a extrapolação histórica favorável e as outras premissas otimistas nas quais esses produtos foram baseados.
- A predominância de títulos lastreados em hipotecas entre essas inovações gerou uma necessidade crescente de hipotecas a partir das quais se moldaram os novos papéis.

- Essa demanda facilitou passar as hipotecas para a frente, o que, por sua vez, permitiu que os credores hipotecários fossem descuidados ao escolher os potenciais mutuários compradores de imóveis. Como as hipotecas originais não eram retidas, não havia preocupação com a solidez delas. Em um exemplo extremo dessa tendência, a categoria de hipotecas subprime foi criada para mutuários que não conseguiam satisfazer os padrões tradicionais de empréstimos em termos de emprego ou renda, ou que optaram por pagar taxas de juros mais altas, em vez de apresentar os documentos comprobatórios de emprego e renda. O fato de que candidatos a mutuários frágeis como esses poderiam tomar emprestado grandes somas era indicativo das condições irracionais do mercado de crédito.

- A despreocupação quanto às condições para a concessão de crédito dos credores hipotecários e a disponibilidade de generosos financiamentos subprime tornaram possível a posse de casas para mais norte-americanos do que nunca, incluindo muitos que não teriam condições de arcar com a hipoteca tradicional, de padrões mais rígidos.

- Seduzidas pelo canto de sereia dos lucros potenciais provenientes de numerosos títulos lastreados em hipotecas subprime, cuja criação foi possibilitada por sua própria ingenuidade, ou talvez ganância, as agências de rating competiam por negócios realizando classificações de risco de crédito demasiado favoráveis, em uma corrida para o fundo de si mesmas.

- O acesso à casa própria aumentou substancialmente, turbinado pelas baixas taxas de juros em vencimentos curtos, uma vez que nas hipotecas originais os pagamentos mensais iniciais eram menores como forma de maximizar o montante do financiamento hipotecário. Isso contribuiu para o uso generalizado de hipotecas de taxa flutuante, com baixos pagamentos mensais vinculados a baixas taxas iniciais de juros. Obviamente, essas taxas não fixas representavam um risco potencial para os mutuários, que mal podiam arcar com as mensalidades antes que aumentassem. Mas os tomadores de empréstimos tinham a garantia de que, graças às generosas condições do mercado de capitais, eles sempre seriam capazes de refinanciar outra hipoteca, novamente com uma taxa inicial baixa.

- Os bancos de investimento estavam ansiosos para "fatiar" as hipotecas originais de muitas hipotecas subprime, transformando esses tranches em títulos com classificação de crédito mais alta, a fim de maximizar sua rentabilidade. O entusiasmo por essa atividade, justamente no momento em que a "engenharia financeira" entrou em vigor, deu origem a classificações para tranches que se revelaram totalmente divorciadas de como realmente se sairiam sob estresse.

- Os bancos de investimento que criaram e venderam esses títulos frequentemente se dispunham a reter o capital que lastreava a estrutura que houvera sido fatiada, a fim de facilitar um alto volume de emissão ou simplesmente pelo desejo de manter ativos de alto risco (ou seja, eles mesmos eram alheios à natureza tóxica de seu produto). E outros bancos aproveitaram os altos níveis de alavancagem permitida para criar ativos com spreads de juros muito favoráveis, usando empréstimos de baixo custo para comprar títulos de alto risco e de alto rendimento, e tranches juniores[1] de títulos hipotecários estruturados.

Como você pode ver, praticamente todas as condições nas quais a CFG foi gerada eram endógenas ao sistema financeiro e ao ciclo de crédito. Os fatores que estavam na base constitutiva da crise não se vinculavam a um boom econômico geral ou a um aumento generalizado dos lucros corporativos. Os eventos-chaves não ocorreram no ambiente geral de negócios ou além dele. Em vez disso, a CFG era um fenômeno amplamente financeiro que resultou por completo do comportamento dos agentes financeiros. As principais forças que criaram este ciclo foram a fácil disponibilidade de capital, uma falta de experiência e

[1] Nota do Tradutor: as que têm menor prioridade em caso de inadimplência.

prudência suficiente para temperar o entusiasmo sem sentido que permeou o processo, uma imaginosa engenharia financeira, a separação entre decisões de empréstimo e retenção de empréstimos, e irresponsabilidade e ganância.

Frise-se, no entanto, que essa reação em cadeia foi encorajada por autoridades norte-americanas eleitas que estavam ansiosas para expandir o sonho da casa própria e ingenuamente pensaram que seria ótimo se todos pudessem comprar uma. Discursando em outubro de 2002, o presidente George W. Bush repetiu o que dissera a um de seus amigos: "A primeira casa que alguém compra não precisa ser muito pobre. Se você se dedicar a isso, o comprador de baixa renda que nunca teve uma casa própria pode ter uma casa tão boa quanto qualquer outra pessoa". Eu me pergunto se as pessoas que ouviram essa declaração na época acharam-na tão ilógica quanto parece hoje.

Depois que a CFG bateu forte, o congressista Barney Frank, que fora um dos mais fortes defensores da política de ampliar o acesso à casa própria, declarou: "Ter uma casa é uma coisa boa. Mas, como sociedade, cometemos um grande erro. Há nela pessoas que não deveriam poder pedir dinheiro emprestado para comprar uma casa. E nós temos incentivado pessoas que não têm condições para isso". (Como você pode ver, a retórica política também é cíclica.) Em outras palavras, os eventos responsáveis pela CFG eram quase todos sobre dinheiro. A busca de dinheiro teve um empurrão poderoso. As realidades econômicas que refletem e limitam a obtenção de dinheiro foram frequentemente ignoradas. E a cautela e a aversão ao risco, que em geral se baseiam na disposição dos participantes do mercado em fornecer dinheiro, estavam em grande parte ausentes. Assim, o ciclo do capital chegou a um extremo irracional, cujas consequências são normalmente previsíveis.

O ciclo, cedo ou tarde, chega a seu ponto máximo, mas invariavelmente não pode ficar lá para sempre. Às vezes corrige-se em função de seu próprio peso, e às vezes isso acontece graças a eventos externos a ele. No caso, foi mais o primeiro. Assim como no início da crise, a natureza da reversão dos mercados era essencialmente financeira, embora o primeiro passo viesse do "mundo real".

- Em 2006, os tomadores de hipotecas subprime começaram a inadimplir em grande número. Alguns dos mutuários que haviam obtido empréstimos sem comprovar sua capacidade de assumi-los revelaram-se incapazes de cumprir com os pagamentos. Alguns dos empréstimos concedidos, obtidos por métodos fraudulentos, ficaram em má situação quando os devedores fictícios desapareceram. Outros empréstimos, de montante igual ao preço total da casa — algo que permitia que os compradores apostassem na valorização continuada do imóvel sem arriscar qualquer dinheiro —, foram abandonados quando o mercado parou de subir.

- Independentemente do motivo, a base histórica norte-americana que permitiu que títulos lastreados em hipotecas de alto risco fossem altamente alavancados e obtivessem ótimos ratings — a tecla constantemente batida de que não haveria uma onda nacional de inadimplência de hipotecas — não se sustentou. Como se viu, as decisões de empréstimo foram tomadas de forma imprudente, com confiança indevida nessa história. É importante ressaltar que os credores e investidores haviam ignorado a chance de que tal confiança daria origem a um comportamento de concessão de financiamento tão descuidado que, por si só, tornaria a história irrelevante.

- Um grande número de inadimplências de hipotecas levou a rebaixamentos dos ratings, infrações contratuais e inadimplência nos títulos garantidos por hipotecas.

- Rebaixamentos dos ratings, quebras e inadimplência colapsaram os preços dos títulos lastreados em hipotecas, e a resultante perda de confiança secou a liquidez do mercado para esses instrumentos.

- Com os compradores aterrorizados fora do mercado — e titulares aterrorizados, cada vez mais ansiosos para vender seus papéis (ou forçados a vender face às chamadas de margem) —, o resultado foi uma espiral descendente dramática nos preços dos títulos lastreados em hipotecas.

- Esses desdobramentos adversos bateram de frente nas novas regulamentações, destinadas a aumentar a transparência, como a "marcação a mercado", que exigiu que os ativos dos bancos fossem avaliados realisticamente. Porém, com preços em queda livre e inexistência de liquidez, era difícil ter fé em qualquer preço escolhido. Quando os bancos se adequaram a essas regras conservadoras, as perdas implícitas de seus ativos chocaram os investidores: o pânico foi ainda maior, e os preços caíram ainda mais.

- Não foram raros os casos em que a própria viabilidade dos bancos ficou a perigo. Muitos tiveram que ser absorvidos por outros bancos (com o apoio do governo) ou socorridos pelo governo.

- O acúmulo de eventos indigestos — derrocadas de instituições bancárias, aquisições a preços de banana ou ajuda financeira governamental — trouxe perdas aos investidores e minou ainda mais a confiança. Além disso, as interligações entre os bancos causaram grande preocupação mútua em relação à capacidade de solvência dos demais. O "risco de contraparte" tornou-se a mais nova fonte de preocupação.

- Os bancos relataram perdas maciças. O aumento dos preços cotados para swaps de inadimplência de crédito — derivativos usados para apostar contra a qualidade de crédito dos bancos — implicou maiores chances de insolvência. Em resposta, os acionistas despejaram as ações dos bancos nas bolsas, forçando seus preços para baixo. Os investidores a descoberto vendiam incessantemente, aumentando a pressão baixista, tornando suas previsões pessimistas autorrealizáveis, reforçando ainda mais o círculo vicioso.

- Para culminar, o Lehman Brothers faliu após lhe ter sido negada absorção ou socorro governamental. Somado a muitos outros eventos perturbadores ocorrendo simultaneamente, esse fato levou a nada além de pânico.

- Visto que os mercados reagiram negativamente aos problemas hipotecários em meados de 2007, mas ignoraram o potencial de contaminação para outras áreas, no final de 2008, todos jogaram a toalha. Os preços de todos os ativos, com exceção do ouro e dos títulos do Tesouro, colapsaram.

- O valor dos ativos dos fundos que investiram valendo-se de capital emprestado — "alavancagem" ou "margem" — diminuiu de forma abrupta, e seus credores demandaram chamadas adicionais de capital. Quando os fundos solicitaram mais tempo aos bancos, estes em geral não conseguiram ou não concederam. Como consequência, ocorreram vendas de portfólio *em massa*, aumentando ainda mais a pressão baixista sobre os preços.

- Um ambiente em tal condição fez com que os mercados fechassem as portas, ou seja, novos financiamentos tornaram-se praticamente impossíveis em todos os quadrantes dos mercados financeiros, mesmo aqueles totalmente alheios a casas e hipotecas.

- Em face da ação conjunta de todos esses fatores, as unidades econômicas em peso recuaram, recusando-se a comprar, investir ou expandir. O recuo econômico resultante foi rotulado de "A Grande Recessão".

Levada ao extremo nas últimas 15 semanas de 2008, a desaceleração do ciclo de crédito pareceu universal e sem parada. Poucas pessoas foram capazes de imaginar quaisquer forças capazes de deter esse processo ou — como descrito no capítulo anterior — qualquer cenário hipotético que fosse terrível demais para se tornar realidade. Um colapso total do sistema financeiro foi considerado uma possibilidade real.

> O fato é que a disposição dos potenciais provedores de capital para disponibilizá-lo varia violentamente, com um impacto profundo na economia e nos mercados. Não há dúvida de que a recente crise de crédito alcançou esse nível de gravidade porque os mercados

> de crédito congelaram e o capital tornou-se indisponível, exceto pelos governos. ("Open and Shut")

Estou convencido de que um colapso do sistema — com ramificações como as vistas na Grande Depressão — poderia ter ocorrido. O livro *Stress Test* ("Teste de Estresse", em tradução livre), do ex-secretário do Tesouro Timothy Geithner, confirma isso. Felizmente, contudo, o governo dos EUA tomou medidas que mudaram a situação. Elas incluíam a garantia dos títulos de dívida emitidos pelas empresas privadas, como mencionado anteriormente, e dos fundos de investimento. O socorro financeiro governamental demonstrou que a ajuda estava disponível, e a falência do Lehman Brothers em setembro de 2008 sugeriu que o governo estava diferenciando entre os bancos que valiam a pena salvar e os que não valiam. O mercado, em pânico, estava convicto de que depois do Lehman o próximo a quebrar seria o Morgan Stanley — e que o Goldman Sachs o seguiria —, quando a espiral descendente foi detida com a confirmação do Mitsubishi UFJ do Japão do prometido investimento de $9 bilhões no Morgan Stanley.

É importante ressaltar que os eventos nos mercados de crédito acabaram demonstrando que os ciclos não podem seguir eternamente em uma direção, mesmo com eventos cataclísmicos generalizados. Os preços da dívida estavam em queda livre desde a falência do Lehman até o final de 2008, ocasião em que os ingredientes para uma sólida recuperação do mercado já estavam presentes.

- Os fundos superalavancados que fizeram chamadas de margem receberam capital adicional, venderam ativos para reduzir a alavancagem, conforme necessário, ou foram liquidados.
- Os fundos e gerentes de investimento que recebiam avisos de investidores que desejavam se retirar no final do ano impunham restrições aos saques ou vendiam os ativos necessários para atendê-los.
- Os preços dos títulos de dívida chegaram a um ponto no qual os ganhos eram tão elevados, que as vendas eram impraticáveis, e as compras tornaram-se atraentes.

- E, em última análise, os participantes do mercado demonstraram que quando a psicologia negativa é universal e "as coisas não podem piorar", elas não o farão. Quando já não há otimismo algum e a absoluta aversão ao risco está em toda parte, torna-se possível chegar a um ponto em que os preços não têm como cair mais. E quando os preços param de cair, as pessoas tendem a sentir alívio, e com isso o potencial para uma recuperação dos preços começa a surgir.

A cotação dos preços dos títulos continuou a declinar no primeiro trimestre de 2009, uma vez que a compostura, a confiança e uma "base" de poder de compra ainda não haviam retornado completamente. Mas a capacidade dos investidores de comprar em grande escala era nenhuma no início do ano, devido aos fatores listados anteriormente. E quando a "compra de juros[2]" se materializou no segundo trimestre — talvez porque os compradores de dívidas inadimplentes chegaram à conclusão de que haviam se retraído injustamente diante da assustadora possibilidade de comprar antes de os preços chegarem ao fundo do poço —, a escassez de oferta contribuiu para um poderoso movimento para cima.

A Crise Financeira Global mostra o ciclo de crédito em seu maior nível desde a Grande Depressão. Historicamente, os mercados de dívida haviam sido marcados pelo conservadorismo geral, o que significa que os excessos no lado positivo eram limitados e a maioria das bolhas ocorria no mercado acionário. Certamente foi o caso do Grande Crash de 1929.

Mas a criação do mercado de títulos de alto risco no final da década de 1970 deu início a uma liberalização do investimento em dívida, e o ambiente econômico geralmente positivo das três décadas subsequentes proporcionou àqueles que se aventuraram nisso uma experiência global favorável. Essa combinação levou a uma forte tendência a aceitar instrumentos de dívida de ratings baixos e não tradicionais.

Houve períodos de enfraquecimento dessas operações em 1990–1991 (relacionados a falências generalizadas entre as aquisições altamente alavancadas da

---

[2] Nota do Tradutor: do original em inglês "buying interest", uma operação em que, nos EUA, adianta-se um certo valor para conseguir uma redução na taxa de juros hipotecários.

década de 1980) e em 2002 (decorrentes do exagerado endividamento para financiar o excesso de construções na indústria de telecomunicações, o que levou a fortes rebaixamentos que coincidiram com vários e famosos escândalos contábeis corporativos). Os efeitos disso, porém, foram limitados devido à natureza isolada de suas causas. Só em 2007–2008 os mercados financeiros testemunharam o primeiro pânico difundido pela dívida, com reflexos em toda a economia. Assim, a CFG se constituiu no exemplo final do pleno efeito do ciclo de crédito.

~

Como descrevi em "Open and Shut", o ciclo do mercado de capitais é simples em sua operação, e sua mensagem é fácil de perceber. Um mercado de crédito tenso e cauteloso geralmente decorre de, leva ou conota coisas como estas:

- Medo de perder dinheiro.
- Maior aversão ao risco e ceticismo.
- Falta de vontade de emprestar e investir não importando o mérito.
- Escassez generalizada de capital.
- Contração econômica e dificuldade de refinaciamento das dívidas.
- Inadimplências, quebras e reestruturações.
- Baixa nos preços dos ativos, elevado potencial de retorno, risco baixo e excessivos prêmios de risco.

Tomados em conjunto, esses elementos indicam épocas muito favoráveis para investir. É evidente, contudo, que devido ao papel desempenhado pelo medo e pela aversão ao risco em sua criação, a maioria das pessoas evita investir nesse estado de coisas. Isso torna difícil para a maioria das pessoas investir quando o ciclo de capital é negativo e potencialmente lucrativo.

Por outro lado, um mercado de capitais generoso é geralmente associado ao seguinte:

- Receio de perder oportunidades lucrativas.
- Reduzida aversão ao risco e do ceticismo (e, consequentemente, diminuição das precauções).
- Muito dinheiro atrás de poucos negócios.
- Propensão a adquirir títulos em maior quantidade.
- Disposição para comprar títulos de menor qualidade.
- Altos preços de ativos, baixos retornos prospectivos, alto risco e baixos prêmios de risco.

Fica claro, a partir dessa lista de fatores, que a excessiva generosidade nos mercados de capitais decorre de uma falta de prudência, e, portanto, isso deveria sinalizar aos investidores uma das bandeiras vermelhas das mais nítidas. Um mercado de capitais escancarado surge quando as notícias são boas, os preços dos ativos estão subindo, o otimismo está em alta e tudo parece possível. Mas, invariavelmente, traz consigo a emissão de títulos insalubres e superfaturados, e patamares de dívida que, por fim, resultarão em ruína.

A questão a propósito da qualidade da emissão de novos títulos em um mercado de capitais ostensivamente acessível merece atenção especial. A diminuição da aversão ao risco e o ceticismo — e o maior foco em garantir que as oportunidades não sejam perdidas, em vez de evitar perdas — levam os investidores franqueados a uma quantidade maior de emissões. Os mesmos fatores tornam os investidores dispostos a comprar títulos de menor qualidade.

> Quando o ciclo de crédito está em expansão, as estatísticas sobre novas emissões deixam claro que os investidores estão comprando novas emissões em maior quantidade. Mas a aceitação de títulos de menor qualidade é um pouco mais sutil. Embora existam classificações de crédito e cláusulas contratuais de proteção a serem observadas, pode ser preciso esforço e tino para entender o significado dessas coisas. No frenesi causado pela disponibilidade excessiva de fundos, reconhecer e resistir a essa tendência parece estar além da capacidade da maioria dos participantes do mercado. Esta é uma das muitas razões pelas quais as consequências de um mercado de capitais excessivamente generoso incluem perdas, contração econômica e uma subsequente relutância em emprestar dinheiro.
>
> O resultado final da conjugação de todos os itens anteriores é que mercados de crédito generosos geralmente estão associados a preços elevados de ativos e prejuízos subsequentes, enquanto a escassez de crédito proporciona barganhar preços e grandes oportunidades de lucro. ("Open and Shut")

~

O objetivo precípuo deste livro não é ajudá-lo a entender os ciclos depois que eles ocorreram, como a Crise Financeira Global, conforme tão longamente descrito. Em vez disso, é permitir que você sinta onde estamos nos vários ciclos em tempo real e possa, assim, tomar as medidas apropriadas.

A chave para lidar com o ciclo de crédito está em reconhecer que ele atinge seu ápice quando as coisas vão bem por um tempo, as notícias estão boas, a aversão ao risco está baixa e os investidores estão ansiosos. Isso torna mais fácil para os tomadores de empréstimo levantar dinheiro e faz com que compradores e investidores disputem entre si a oportunidade de fornecê-lo. Daí resultam financiamentos baratos, baixos padrões de crédito, negócios pouco sólidos e imprudente ampliação do crédito. São os mutuários que dão as cartas quando a janela de crédito está aberta — não quem concede o empréstimo ou investe. As implicações de tudo isso devem ser óbvias: vá com cautela.

Exatamente o oposto torna-se verdadeiro no outro extremo do ciclo de crédito. Seu ponto mais baixo é atingido quando os acontecimentos são desagradáveis, a aversão ao risco aumenta e os investidores ficam deprimidos. Sob tais circunstâncias, ninguém quer fornecer capital, o mercado de crédito congela e propostas implorarão para serem aceitas. Isso coloca as cartas nas mãos dos provedores de capital, em vez dos tomadores de empréstimo.

Como o endividamento é difícil e o capital geralmente não está disponível, aqueles que o possuem e estão dispostos a participar podem exigir padrões mais rigorosos, insistir em fortes estruturas de empréstimo e cláusulas de proteção e demandar retornos prospectivos elevados. São coisas como essas que fornecem a margem de segurança necessária para um investimento superior. Quando esses fatores estão postos, os investidores devem entrar em um modo agressivo.

O investimento superior não é caracterizado pela compra de ativos de alta qualidade, mas por comprar quando o negócio é bom, o preço é baixo, o retorno potencial é substancial e o risco é limitado. Tais condições são muito mais comuns quando os mercados de crédito estão na parte menos eufórica e mais rigorosa de seu ciclo. A fase de "portas fechadas" do ciclo de crédito provavelmente faz surgir mais barganhas do que qualquer outro fator isolado.

X

O CICLO DOS TÍTULOS DE EMPRESAS INADIMPLENTES

Poucos entre aqueles que concedem crédito e os que compram títulos são suficientemente imprudentes para investir dinheiro que não será reembolsado se as condições permanecerem como estão. E em tempos mais sóbrios, eles insistem em uma margem de segurança suficiente para garantir que os juros e o principal sejam pagos mesmo que as condições para o devedor se deteriorem.

Mas quando o mercado de crédito se aquece — quando a corrida ao fundo faz com que os credores ávidos financiem mutuários que não merecem e aceitem estruturas de dívida frágeis —, são emitidos títulos que não têm essa margem de segurança e não poderão ser quitados se as coisas ficarem um pouco pior. Essa é a extensão insensata do crédito. Tal processo, como dizemos na Oaktree, "empilha a madeira" para a próxima fogueira.

Tive a sorte de ter Bruce Karsh como parceiro três décadas atrás; em 1988 constituímos nosso primeiro fundo para investimento em dívida em dificuldades[1], que acreditamos ter sido um dos primeiros de uma instituição financeira tradicional. Isso nos levou a um nicho de investimento altamente especializado.

Em vez de empresas que estão bem ou têm um futuro brilhante, os investimentos em dívidas em dificuldades (DD) geralmente estão em empresas que estão indo tão mal, que não liquidaram suas dívidas e têm saldos dela pendentes de pagamento ou que são consideradas altamente prováveis de ficar em tal situação: estão ou ficarão inadimplentes. Para ser claro, essa empresa típica não tem dificuldades operacionais, apenas está sobrecarregada de dívidas. Nosso mantra é, portanto, "companhia boa, balanço ruim".

Normalmente, os investidores compram títulos de dívida ou fazem empréstimos porque esperam receber juros periodicamente e recuperar o principal no vencimento. Com DD, no entanto, o consenso é o de que essas coisas não ocorrerão: não se espera que juros e principal sejam pagos. Qual é, então, a motivação do investidor?

A resposta: em resumo, e simplificando bastante, quando a empresa quebra, os antigos proprietários são afastados e os antigos credores tornam-se os novos proprietários. Cada credor recebe sua parte do valor da empresa — dependendo do valor e prioridade de recebimento da dívida que detém — em alguma combinação de caixa, nova dívida e propriedade da empresa dali em diante.

Um investidor em DDs tenta descobrir (a) quanto a empresa falida vale (ou valerá na ocorrência da falência), (b) o critério de divisão desse valor entre os credores da empresa e eventuais outros, e (c) quanto tempo isso levará. Com respostas corretas para essas perguntas, ele pode determinar qual será o retorno anual de uma parcela da dívida da empresa se comprada por um certo preço.

Entrarmos nesse tipo de investimento em 1988 foi extremamente vantajoso, pois havia poucos concorrentes, e o campo era pouco conhecido e pouco compreendido — duas condições que podem ajudar a obter resultados superiores em qualquer área. Assim, nossos fundos puderam obter um retorno médio alto

[1] Nota do Tradutor: trata-se de títulos inadimplentes de empresas sob ou prestes a ficar protegidas pela Lei de Falências dos EUA.

nos 29 anos seguintes. Mas, como acontece com muitas coisas, a média tem limitada significação. Os fundos que formamos em épocas mais normais em geral proporcionaram bons retornos, mas os resultados dos fundos instituídos nos momentos certos foram superlativos.

Em outras palavras, as oportunidades para retornos altos em DD vêm e vão. Em face da temática deste livro, analisarei aqui o que faz com que as oportunidades aumentem e diminuam. Nenhuma novidade a resposta estar nas flutuações do ciclo de títulos de empresas inadimplentes (ciclo de DD). Mas o que causa essas flutuações?

~

As oportunidades de lucrar com DDs são altamente cíclicas e determinadas pelos desenvolvimentos em outros ciclos. Assim, eles são ilustrativos do funcionamento dos ciclos e prontos para discussão aqui.

No começo — em 1988, 1989 e início de 1990 —, nossos fundos aproveitaram os benefícios muitas vezes ignorados do investimento em DDs, e os retornos foram bons. Mas na segunda metade de 1990, o mercado de dívidas sem grau de investimento entrou em colapso na primeira das três grandes crises em que Bruce e eu trabalhamos juntos. Além de levar aos baixos preços de compra que fizeram com que nossos fundos de 1990 ganhassem acima da média, esse episódio foi muito educativo, pois nos deu o primeiro vislumbre do processo pelo qual oportunidades superiores surgem quando as dívidas estão em dificuldades.

O primeiro dos dois ingredientes essenciais em sua criação consiste na "extensão insensata do crédito". Dada a discussão do capítulo anterior, você deve ter uma compreensão do que tenho em mente e como isso se desenvolve. Explicarei através do exemplo de títulos de alto risco:

- No início, investidores adequadamente avessos ao risco aplicam padrões de crédito rigorosos para a emissão de títulos de alto risco.

- O mesmo ambiente econômico saudável que facilita a emissão de títulos facilita rolar as dívidas das empresas (o que significa que inadimplências são raras).
- Assim, os títulos de alto risco — com seus cupons de juros generosos e baixa inadimplência — proporcionam retornos sólidos.
- Esses retornos convencem os investidores de que o investimento em títulos de alto risco é seguro, atraindo mais capital para o mercado.
- Mais capital para investimento traduz-se em aumento da demanda por títulos. Como Wall Street nunca permite que a demanda não seja atendida, isso resulta no aumento da emissão de títulos.
- A mesma condição que permite que grandes quantidades de títulos sejam emitidos — forte demanda de investidores — também permite, sempre, que títulos com menor credibilidade sejam emitidos.

Poucos entre aqueles que concedem crédito e os que compram títulos são suficientemente imprudentes para investir dinheiro que não será reembolsado se as condições permanecerem como estão. E, em tempos mais sóbrios, eles insistem em uma margem de segurança suficiente para garantir que os juros e o principal sejam pagos mesmo que as condições para o devedor se deteriorem.

Mas quando o mercado de crédito se aquece — quando a corrida ao fundo faz com que os credores ávidos financiem mutuários que não merecem e aceitem estruturas de dívida frágeis —, são emitidos títulos que não têm essa margem de segurança e não poderão ser quitados se as coisas ficarem um pouco pior. Essa é a extensão insensata do crédito. Tal processo, como já dissemos, "empilha a madeira" para a próxima fogueira.

Essa é, porém, apenas a primeira metade do processo. Mesmo depois que o combustível para uma fogueira estiver presente, nada haverá até que o segundo ingrediente chegue: um acendedor. Ele costuma vir na forma de recessão, o que faz com que os lucros corporativos diminuam. Isso é muitas vezes acompanhado por uma crise de crédito — o fechamento da janela de crédito —, de tal forma que a dívida existente não pode ser refinanciada e entra em situação falimentar. E muitas vezes as condições são exacerbadas por eventos exógenos que minam a confiança e prejudicam a economia e os mercados financeiros. Em 1990, eles foram:

- A Guerra do Golfo, desencadeada pela invasão iraquiana do Kuwait.
- A quebra de muitas empresas proeminentes que haviam passado por processos altamente alavancados de transferência do controle acionário[2] nos anos 1980.
- A prisão de Michael Milken (o principal banqueiro de investimentos por trás de títulos de alto risco) e o colapso do Drexel Burnham (o empregador de Milken e o banco de investimentos mais associado com títulos de alto risco). Drexel e Milken saíram de cena, e com eles as operações bancárias que ajudaram as empresas enfraquecidas a evitar a inadimplência.

Quando o acendedor chega, títulos que não deveriam ter sido emitidos — e talvez até alguns que deveriam ter sido — começam a se complicar.

- Uma economia mais lenta dificulta o pagamento de dívidas.
- Com o mercado de crédito fechado, não há refinanciamento, o que significa aumento da inadimplência.
- Inadimplência crescente causa danos na psicologia dos investidores.
- Investidores que eram tolerantes ao risco quando as coisas estavam indo bem agora se tornam avessos ao risco.
- Adiantar capital para empresas em dificuldades financeiras, que parecia uma boa ideia pouco antes, agora cai em desgraça.

---

[2] Nota do Tradutor: do original em inglês "buyouts".

- Os potenciais compradores de dívidas recusam-se a fazê-lo, dizendo que esperarão até que a incerteza acabe.
- O capital desaparece do mercado. Os compradores tornam-se escassos, e os vendedores predominam.
- Cresce a venda de títulos, e seus preços desabam; os fundos com solicitações de resgate tornam-se vendedores forçados; e, por fim, os títulos estão disponíveis para venda a qualquer preço.

Essas são as condições que dão origem à capacidade de efetuar excelentes compras de DDs e obter, portanto, oportunidades de retornos elevados.

Claro, o ciclo não vai em apenas uma direção. A economia, por fim, se recupera, e o mercado de crédito reabre. Com isso há um retrocesso da taxa de inadimplência em títulos de alto risco. A combinação de uma economia melhorando e uma taxa de inadimplência em declínio faz com que as vendas diminuam. Assim, a pressão descendente sobre os preços dos títulos arrefece, e algumas compras reaparecem. Os preços aumentam, em vez de cair, e o melhor desempenho das empresas restaura sua viabilidade, remove obstáculos e gera valor. Quando os ganhos nas compras dos títulos começam a ser percebidos, capital adicional é atraído para o mercado. Melhores resultados aliados a aumento de capital elevam a demanda por títulos, e com isso completamos o ciclo e voltamos ao começo.

Eis uma sinopse concisa da forma como o ciclo na emissão de títulos subjaz na ascensão e queda do ciclo das DDs:

- Investidores avessos ao risco limitam a quantidade e exigem alta qualidade das emissões.
- Alta qualidade das emissões leva a baixas taxas de inadimplência.
- Inadimplência baixa faz com que, com relação ao risco, haja por parte dos investidores complacência e tolerância.
- Tolerância ao risco aumenta a emissão e diminui a qualidade.

- A qualidade menor das emissões é enfim testada por dificuldades econômicas, gerando um aumento da inadimplência.
- Um aumento da inadimplência inibe os investidores, tornando-os de novo avessos ao risco.
- Tudo reinicia.

Este é um ciclo que vi em ação repetidamente. Meus 29 anos de experiência com títulos de dívidas inadimplentes me dizem que seus temas definitivamente rimam. E a descrição anterior do ciclo dá-me uma excelente oportunidade para mostrar que cada evento em um ciclo leva ao ciclo subsequente. Na verdade, projetei essa descrição especificamente para atingir esse objetivo. Dê uma olhada na progressão que descrevi antes, e você verá que as palavras finais de cada linha são as mesmas das primeiras palavras da linha a seguir. Essa é uma verdadeira reação em cadeia, uma que espero continue no futuro.

~

Como se pode ver, a ascensão e queda de oportunidades no mercado de DDs decorre da interação de outros ciclos: na economia, na psicologia dos investidores, nas atitudes de risco e no mercado de crédito.

- O ciclo econômico influencia a psicologia do investidor, a lucratividade da empresa e a maior ou menor inadimplência.
- O ciclo da psicologia leva a flutuações nas condições do mercado de crédito e no desejo dos investidores de emprestar, comprar e vender.
- O ciclo das atitudes em relação ao risco facilita a emissão de títulos problemáticos no topo e nega capital para refinanciamento na base.
- O ciclo de crédito afeta profundamente a disponibilidade de refinanciamento e o grau de rigidez dos padrões de crédito ao qual os potenciais emissores de dívida estão sujeitos.

Múltiplos ciclos subjacentes têm efeitos no mercado de DDs longe de serem discretos e isolados. Já escrevi anteriormente: cada um desses ciclos aumenta e diminui, cada um faz com que os outros subam e caiam, e cada um é afetado pela ascensão e queda dos outros. Mas o resultado disso tudo é um ciclo dramático de oportunidades de investimento em DDs, um ciclo sujeito a uma explicação.

XI
O CICLO DO SETOR IMOBILIÁRIO

Grande parte dos investimentos está sujeita a generalizações grosseiras e declarações abrangentes — geralmente enfatizando os pontos positivos, por causa da tendência dos seres humanos à ganância e ao pensamento positivo — e, por alguma razão, isso parece ser particularmente verdadeiro no setor imobiliário. Ao longo da minha carreira, ouvi racionalizações sobre investimentos em imóveis baseadas em declarações facilmente digeridas como "eles não estão mais fazendo" (a respeito de terras), "você pode sempre viver nela" (a respeito de casas), e "é uma proteção contra a inflação" (a respeito de propriedades de todos os tipos). O que as pessoas acabam aprendendo é que, independentemente do mérito por trás dessas declarações, elas não protegem um investimento feito a preços muito altos.

O ciclo imobiliário tem muito em comum com outros ciclos, como o que controla a provisão de capital ou de crédito.

- Eventos positivos e aumento de lucratividade levam a um maior entusiasmo e otimismo.
- Um estado psicológico favorável encoraja o aumento da atividade. Isso inclui fazer mais de alguma coisa e com base em suposições mais otimistas, pagar mais caro para fazê-lo, e/ou baixar os padrões a serem atendidos, se for necessário. Tudo isso leva a presumir um risco maior.
- A combinação de psicologia positiva com o aumento da atividade faz com que os preços dos ativos subam, o que estimula ainda mais a atividade, gera mais aumentos de preços e eleva o risco.
- Daí ser inevitável que esse ciclo virtuoso assuma a aparência de ser ininterrupto, e essa ilusão leva os preços dos ativos e o nível de atividade longe demais para serem sustentados.

Mas quando o noticiário vai se tornando menos positivo e o meio ambiente menos hospitaleiro, os níveis de psicologia, atividade e risco se mostram excessivos, o mesmo valendo para os preços dos ativos. A correção de preços resultante faz com que a psicologia se torne menos positiva, causando desinvestimento, o que pressiona ainda mais os preços, e assim por diante.

Esses são todos os elementos que a maioria dos ciclos financeiros têm em comum, e isso inclui o ciclo no setor imobiliário. Este, porém, incorpora outro ingrediente que os demais de modo geral não compartilham: os longos prazos de maturação inerentes a esse setor de atividade.

No mercado de crédito, por exemplo, boas notícias e psicologia otimista elevarão os empréstimos assim que os bancos de investimento puderem alinhar os devedores em perspectiva e imprimir os prospectos. Desse modo, o aumento do interesse dos credores se traduz quase instantaneamente em aumento da demanda por títulos, rendimentos menores, padrões mais baixos para concessão de empréstimos e aumento do volume de empréstimos e emissão de títulos.

Já no mercado físico de construção de imóveis — o mundo dos "estabelecimentos tradicionais" — pode haver atrasos significativos. Antes que um novo edifício possa estar pronto para ser comercializado, aumentando a oferta de espaço (e, assim, pressionando os preços do metro quadrado para baixo se a demanda não aumentar rapidamente), é preciso: a) elaborar estudos de viabilidade econômica; b) encontrar e comprar um terreno; c) fazer o projeto do edifício; d) estudar o impacto ambiental; e) obter a permissão da autoridade municipal para construir, às vezes exigindo modificações nas leis de zoneamento; f) obter o financiamento; e g), enfim, concluir a construção. Esse processo pode durar vários anos e, no caso de um grande projeto, exceder uma década. E as condições do mercado podem mudar muito significativamente ao longo desse período.

Usarei uma descrição do ciclo de desenvolvimento imobiliário de "Ditto" ("Idem", em tradução livre), de janeiro de 2013, para ilustrar. Como informei naquele memorando, "geralmente é claro, simples e regularmente recorrente":

- Épocas desfavoráveis arrefecem o nível de atividade de construção e limitam a disponibilidade de capital para esse mercado.
- Passado um tempo, o ambiente fica menos ruim, e, por fim, até bom.
- A melhora da economia eleva a demanda por imóveis.
- A demanda adicional representada pelos poucos edifícios cuja construção havia sido iniciada durante o período mais fraco e que agora estão no mercado faz com que o quadro de oferta/demanda aumente, e, assim, os preços dos aluguéis e as vendas subam.
- Isso melhora as condições do mercado imobiliário, reavivando a vontade de construir dos empresários.
- O ambiente e a economia vivendo tempos melhores deixam os provedores de capital mais otimistas. Nesse estado de espírito, o financiamento torna-se mais prontamente disponível.

- Financiamento mais barato e fácil aumenta os retornos pro forma (método de cálculo baseado nas condições vigentes) em projetos potenciais, elevando sua atratividade e espicaçando o desejo dos empresários de obtê-los.
- Com maiores retornos projetados, empreendedores mais otimistas e provedores de capital mais generosos, o ritmo de construção deslancha.
- Os primeiros projetos concluídos encontram forte demanda reprimida. São prontamente alugados ou vendidos, dando bons retornos.
- Esses bons retornos — além das manchetes diárias cada vez mais positivas — dão luz verde a mais projetos e financiamento de imóveis.
- Guindastes enchem o céu (e gruas adicionais são encomendadas às fábricas, mas esse é um ciclo diferente).
- Leva anos para os prédios começarem a ser finalizados. Nesse ínterim, os primeiros que ficam prontos saciam a fome da demanda reprimida.
- O período entre o início do planejamento e a "cobertura" de um prédio é geralmente longo o suficiente para que a economia passe de um boom a outro. Projetos iniciados nos bons tempos muitas vezes são lançados em tempos ruins, significando que os metros quadrados a mais pressionam para baixo os preços de aluguéis e venda, com imóveis total ou parcialmente desocupados.
- Tempos ruins ocasionam baixos níveis de atividade imobiliária e restrição na disponibilidade de capital para construção.

Observe que, tal como ocorre em muitos dos outros ciclos discutidos aqui, cada passo leva ao próximo. Em particular, o passo na parte inferior da lista é, na verdade, o que inicia a próxima iteração. Este é um bom exemplo da maneira pela qual os ciclos se autoperpetuam.

~

No crédito, os prazos inerentes ao processo são breves, então, quando o empréstimo é concedido, as condições econômicas e comerciais vigentes no momento em que a vontade de emprestar surge ainda estão em vigor. E se as condições mudarem materialmente nesse ínterim processual, o credor pode ser capaz de se descomprometer em face da existência no contrato de uma cláusula de "mudança adversa significativa". Assim, há relativamente pouco risco nos empréstimos gerais resultantes da lacuna entre ideia e ação.

Contudo, muitos anos podem passar entre a concepção de um edifício e seu lançamento, e isso pode fazer com que as condições mudem enormemente, como já informei. Tal possibilidade torna o negócio imobiliário potencialmente arriscado. Os empreendedores esperam que esse risco seja compensado pelo fato de terem à mão extenso financiamento externo (e portanto arriscam relativamente pouco de seu próprio dinheiro e são capazes de alavancar em alto grau o retorno sobre ele).

Quando me mudei para Los Angeles, em 1980, esqueletos de aço perfilavam-se ao longo do "corredor Wilshire", em Westwood, onde condomínios cintilantes haviam sido imaginados. Os empreendedores que iniciaram esses projetos tomaram carona no boom dos anos 1970, mas o panorama favorável sob o qual aqueles projetos foram iniciados foi mudando de figura conforme as condições econômicas refluíam e a demanda existente ia sendo atendida por construtores mais rápidos.

Um desses esqueletos enferrujados permaneceu assim, inacabado, durante anos. Seu construtor, que sonhara com um alto retorno sobre o custo total de um projeto de $100 milhões, perdeu seus $5 milhões ou $10 milhões de capital (e os bancos perderam boa parte do financiamento desses projetos). Isso ilustra a desvantagem do ciclo imobiliário e o efeito dos longos períodos de tempo.

Já os investidores que compraram esses prédios inacabados (muitas vezes de quem os financiou e os havia retomado) e os concluíram, com frequência se beneficiaram:

- Da capacidade de comprá-los por menos do que havia sido investido em terreno, planejamento, licenciamento e construção parcial.
- Da redução do custo para finalizá-los graças a preços mais baixos de mão de obra e materiais em um ambiente sem boom.
- Do período mais curto entre o reinício e a construção do prédio.
- Da possibilidade de que — assim como foram aprovados nos bons tempos e passaram por maus momentos — os projetos paralisados, adquiridos em tempos ruins, entrassem no mercado nos bons tempos.

O longo tempo de espera no desenvolvimento imobiliário abria essa possibilidade, e minha equipe entrou nessa. Isso ilustra o impacto dos ciclos no potencial de lucro. Iniciar projetos em tempos de boom pode ser uma fonte de risco. Comprá-los em tempos fracos pode ser muito lucrativo. Tudo depende do que você faz e quando faz. "Uma bela tacada", como se diz no bilhar.

Há no campo imobiliário um outro aspecto dos ciclos que pode ser visto claramente, embora ele também afete os ciclos em muitas outras áreas: o fato de que as decisões das pessoas geralmente não levam em conta o que os demais estão fazendo. Veja um exemplo:

Quando há prosperidade, e riqueza e bons sentimentos afloram, é normal crescer a demanda por moradias (resultando em aumento no preço das casas) e aumentar a disponibilidade de financiamento hipotecário. Muitas vezes isso agrava a carência de moradias na medida em que a demanda por elas aumenta em relação à oferta, algo cujo ajuste é lento. Altos preços das residências, disponibilidade de financiamento e construtoras ansiosas por obtê-los unem-se para estimular a construção de novas casas para atender à demanda.

Um construtor de residências pode concluir que há demanda não atendida por 100 casas em sua cidade. Cauteloso — e premido pelos limites de sua escala e acesso a fundos —, decide construir apenas 20 novas casas. Até aqui, beleza.

Mas e se dez como ele tomarem a mesma decisão? Aí 200 casas serão construídas. Ou seja, serão construídas mais casas do que a demanda. E quando esses imóveis chegarem ao mercado, a economia pode ter esfriado, as pessoas podem não se sentir tão prósperas e, dessa forma, a demanda por casas pode ser bem menor. Nesse caso, as 200 novas residências podem encontrar uma escassez de demanda, o que significa que elas não serão vendidas ou serão vendidas por preços muito inferiores àqueles que serviram de base para a decisão de construir.

Agora as condições se inverteram. A economia patina. O acesso ao financiamento diminui, dificultando a obtenção de hipotecas por potenciais compradores. E há um estoque considerável de casas não vendidas. Claramente, o mais inteligente é parar de construir. Então todos os construtores fazem isso ao mesmo tempo... Ou seja, na próxima vez que a economia melhorar, pode não haver casas suficientes para atender ao aumento da demanda. E, assim, a roda gira.

A seguir, uma descrição objetiva de um aspecto de um ciclo em ação. E não é hipotética. Na conferência Oaktree de 2012, meu parceiro Raj Shourie mostrou um dos gráficos mais interessantes que já vi:

O gráfico registra, para o período de 1940 a 2010, o número anual do início de construção de novas residências nos EUA. O que me impressionou não foi o fato de que os empreendimentos habitacionais de 2010 estavam no nível mais baixo desde 1945 (e comparáveis aos níveis um pouco menos deprimidos de 1940), pois essa observação conta apenas parte da história. Não leva em conta o crescimento desde os anos 1940 na população dos EUA, a fonte da qual surgem aumentos de longo prazo na demanda por habitação.

Construção de Casas (EUA)

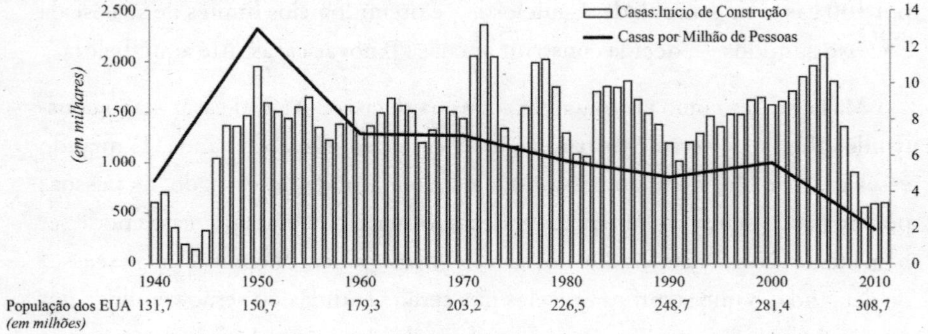

Fonte: U.S. Census Bureau

Assim, enquanto os números em 2010 eram os mesmos de 1940, a proporção em relação à população — sem dúvida um número muito mais significativo — era apenas metade do nível altamente deprimido de 1940. A explicação é que praticamente ninguém havia retomado a construção de casas após a crise hipotecária do subprime, o colapso imobiliário e a Crise Financeira Global de 2007-2008. A principal inferência a se extrair dessa observação foi a de que a oferta de novas residências nos anos imediatamente seguintes seria insuficiente para atender à demanda crescente por imóveis residenciais.

Na época, generalizou-se a convicção de que nunca poderia haver uma recuperação na demanda por residências. A maioria das pessoas estava convencida de que o sonho norte-americano da casa própria se desvanecera e a demanda por casas permaneceria deprimida para sempre. Assim, o estoque de casas não vendidas seria diluído muito lentamente. Citava-se a tendência entre os mais jovens — em razão do colapso do sistema de financiamento habitacional e das bolhas hipotecárias — em alugar, deixando de comprar. Como sempre, essa ideia foi extrapolada, em vez de sua durabilidade ser questionada. À semelhança de muitos dos exemplos deste livro, para a maioria das pessoas, a extrapolação conduzida pela psicologia tomou o lugar de uma compreensão e crença na ciclicidade.

Com base naquele gráfico e no conhecimento que tínhamos dos dados por detrás dele, ficou claro para mim e meus colegas da Oaktre que, como a maior debacle econômica em quase 80 anos havia interrompido o acréscimo na oferta de moradias, os preços das casas poderiam se recuperar fortemente se houvesse algum aumento concreto na demanda. E, rejeitando a ideia então cristalizada, estávamos convencidos de que a demanda por moradias se mostraria cíclica como de costume, e portanto decolaria em algum momento no futuro, a médio prazo. Essa conclusão — apoiada por outros dados e análises — contribuiu para nossa decisão de investir pesadamente em hipotecas residenciais inadimplentes e empréstimos bancários inadimplentes, garantidos por terrenos para construção residencial, e também para adquirir a maior empresa privada de construção de imóveis residenciais da América do Norte. Isso deu muito certo. (É interessante nesse contexto observar o que o *The Wall Street Journal* informou em um artigo de 12 de maio de 2017 intitulado "Generation of Renters Now Buying" ("Geração de Locatários Agora Compram", em tradução livre): "Dentre todos os compradores de casas, 42% o faziam pela primeira vez este ano, contra 38% em 2015 e 31% no ponto mais baixo do recente ciclo habitacional, em 2011". Números que bastam para desmistificar a ideia de abandono generalizado da casa própria.)

Eis aí um exemplo prático de que a consciência da natureza dos ciclos e da nossa posição no atual permitiram uma inferência lucrativa. E é um caso em que um ciclo em um de seus extremos — desta feita, no início da construção de residências em meio a uma depressão profunda — enviou um nítido sinal pedindo uma ação altamente lucrativa.

O rumo correto parece claro agora, quando olhamos para as evidências. Em retrospectiva, as razões por trás das decisões de sucesso são invariavelmente óbvias. Mas, neste caso, a análise desapaixonada dos dados cíclicos permitiu que a conclusão correta fosse obtida em tempo real… que é quando conta.

~

Gostaria agora de focar — pela primeira, mas não pela última vez — o modo como as pessoas ocasionalmente concluem que algum fenômeno financeiro deixou de ser cíclico, e para esse fim discutirei um dos maiores casos. Quando as coisas vão bem, as pessoas tendem a pensar que os bons tempos serão infindáveis. De fato, não se passou muito tempo para que uma correção de rumos mostrasse como a história cíclica foi negligenciada. Assim, é apropriado citar novamente a observação de John Kenneth Galbraith sobre as atitudes em relação à história:

> Pode haver poucos campos do esforço humano em que a história conta tão pouco quanto no mundo das finanças. A experiência passada, na medida em que faz parte da memória, é considerada como o refúgio primitivo daqueles que não têm a visão necessária para apreciar as incríveis maravilhas do presente.

Grande parte dos investimentos está sujeita a generalizações grosseiras e declarações abrangentes — geralmente enfatizando os pontos positivos, por causa da tendência dos seres humanos à ganância e ao pensamento positivo — e, por alguma razão, isso parece ser particularmente verdadeiro no setor imobiliário. Ao longo da minha carreira, ouvi racionalizações sobre investimentos em imóveis baseadas em declarações facilmente digeridas como "eles não estão mais fazendo" (a respeito de terras), "você pode sempre viver nela" (a respeito de casas), e "é uma proteção contra a inflação" (a respeito de propriedades de todos os tipos). O que as pessoas acabam aprendendo é que, independentemente do mérito por trás dessas declarações, elas não protegem um investimento feito a preços muito altos.

Já mencionei que nos EUA, no final dos anos 1990 e início dos anos 2000, várias autoridades eleitas decidiram que se mais pessoas tivessem acesso à casa própria, a sociedade se beneficiaria. Isso passou aos credores hipotecários patrocinados pelo governo a mensagem de que o financiamento residencial deveria ser disponibilizado com mais facilidade, e eles concordaram. Tal diretriz, combinada ao declínio acentuado das taxas de juros que ocorria na época, teve um poderoso efeito estimulante sobre os potenciais compradores de imóveis residenciais.

O fluxo de dinheiro para as hipotecas foi fortemente encorajado por outra característica do setor imobiliário: "empréstimos hipotecários são seguros". Isso foi baseado na convicção de que uma onda nacional de inadimplência de hipotecas não poderia acontecer. A combinação de forte crescimento econômico, flutuações econômicas geralmente moderadas e práticas prudentes de empréstimo hipotecário impediram a ocorrência de tal onda no período desde a Grande Depressão... tempo suficiente para o último episódio ser esquecido, como diz Galbraith. Mas isso não significa que os credores fossem incapazes de resvalar para práticas de empréstimo tão generosas e imprudentes que uma recessão poderosa poderia trazer uma onda de inadimplência.

Nos primeiros anos do século XXI, a combinação de forte demanda por imóveis e financiamento hipotecário abundante — instigada pela cobertura otimista da mídia — fez com que os preços dos imóveis subissem fortemente. Assim, começamos a ouvir mais uma ampla e generalizada ladainha sobre o setor imobiliário: "os preços das moradias sempre sobem" (veja a seção a seguir).

Espero que agora você tenha entendido que os méritos do ativo em questão importam muito, mas certamente não podem ser fortes o suficiente para sempre ganhar o dia. A emoção humana inevitavelmente faz com que os preços dos ativos — mesmo os que valem a pena — sejam deslocados para níveis extremos e insustentáveis: ou vertiginosamente altos ou excessivamente baixos.

Resumindo, crer de modo consciencioso na inevitabilidade dos ciclos, como estou pedindo, significa que há certas palavras e frases que devem ser excluídas do vocabulário do investidor inteligente: "nunca", "sempre", "para sempre", "não pode, "não será", "não deverá" e "tem que" e correlatos.

~

Nos anos que antecederam a crise das hipotecas subprime de 2007 e a Crise Financeira Global de 2007-2008, uma grande dose de comportamento altista (que mais tarde demonstrou ter sido imprudente) sustentava-se na crença de que as residências poderiam se apreciar de forma constante e não se provar cíclica. Como parte — ou contribuindo para — a tendência de alta, alguns pesquisadores declararam apoio a essa ideia e fizeram projeções otimistas:

- Segundo um artigo da *The New York Times Magazine* de 5 de março de 2006 intitulado "This Very, Very Old House" ("Uma Casa Muito, Muito Velha", em tradução livre), um alto funcionário do Federal Reserve Bank de Nova York concluiu que "o aumento acentuado dos preços dos imóveis estar em linha com as condições econômicas [...] não é uma visão distorcida da realidade". Atribui-se a ele o seguinte comentário: "Às vezes nos perguntamos por que os preços das casas não aumentaram muito mais, a julgar pelo tremendo aumento no tamanho da hipoteca que uma família média pode financiar".

- O artigo também mencionou que, na Universidade de Colúmbia e da Wharton School, "especialistas da mesma opinião concentram-se no que eles chamam de 'cidades-estrelas', lugares tão desejáveis que não apenas não rumam para uma correção, mas também podem sustentar preços sempre crescentes em comparação com cidades menos procuradas". (É claro que a disposição de empregar termos como "sempre crescente" deveria servir como sinal de advertência absoluta para o investidor alerta.)

Havia, porém, muito a questionar sobre a razoabilidade dessas conclusões:

- Os dados relativos aos preços das casas referem-se a um período de tempo curto.

- O fato de que declarações sobre a tendência do preço da casa média vendida em um determinado ano não necessariamente dizem nada sobre o desempenho do preço de uma determinada casa ou de todas as residências (por exemplo, não há ajuste para mudanças físicas na casa média ao longo do tempo, ou no mix de casas vendidas naquele ano em relação a todas as residências).

- Da mesma forma, não há ajuste para o fato de que bairros e cidades inteiras ganham ou perdem importância/prestígio ao longo do tempo, afetando o valor das casas. Por esse motivo, declarações sobre

> casas em uma determinada cidade ou bairro não seriam necessariamente aplicáveis a residências em geral.

Por isso achei muito interessante quando "This Very, Very Old House" foi publicado, em 2006. O artigo mencionava um estudo que solucionou muitos desses problemas metodológicos, seguindo o preço de uma única casa em Amsterdã: uma que Pieter Fransz construiu em 1625. Dali em diante, virtualmente inalterada, mudara de mãos seis vezes, mas sua localização no bairro do canal Herengracht continuava sendo a mais desejável de Amsterdã. Ou seja, a questão não era sobre se o preço da casa média havia subido, mas, sim, como o preço de uma determinada casa fora se formando.

Contrastando com a opinião dos que acreditavam na perenidade da situação favorável do mercado de habitação citada anteriormente, Robert Shiller, da Yale, disse sobre a casa de Fransz e seus vizinhos: "Olhar para os dados de Herengracht é muito instrutivo, porque você pode observar intervalos de 50 anos de crescimento, e isso muda as coisas de figura. Isso é mais realista do que o argumento das cidades-estrelas". O autor do estudo, Piet Eichholtz, foi descrito como "cético em relação àqueles que afirmam que os valores de propriedade podem continuar aumentando ao infinito". Ele considerou os argumentos econômicos "diferentes desta vez", mas disse: "Você pode ver avaliações igualmente otimistas feitas recorrentemente, que são então invalidadas pelas circunstâncias".

Naquele artigo lia-se, ainda, que:

> "Há um mito segundo o qual os valores imobiliários aumentam significativamente ao longo do tempo..." Eichholtz disse: "... mas os dados acabaram desafiando esse mito".
>
> Ou seja, lá onde todos, desde seu velho e sábio tio até o corretor que lhe vendeu uma casa, consideram como escrito na pedra que o setor imobiliário é um dos melhores investimentos de longo prazo, o mais longo dos índices de longo prazo sugere que, muito ao contrário, há algo que não cheira bem. Entre 1628 e 1973 (o pe-

> ríodo do estudo original de Eichholtz), os valores reais da propriedade em Herengracht — ajustados pela inflação — subiram apenas 0,2% ao ano. Como Shiller escreveu em sua análise do índice Herengracht, "os preços reais dos imóveis praticamente dobraram, mas levaram quase 350 anos para fazê-lo".
>
> ... É apenas nos últimos anos, diz Shiller, que os enormes aumentos nos preços dos imóveis se tornaram a norma e o que as pessoas esperam deles.
>
> ... se essa descrição dos últimos anos (em que "os preços subiram surpreendentemente") tipifica o admirável mundo novo em que vivemos, colocando-o na perspectiva do tempo — subir, cair, subir, cair — nos leva de volta ao que pode ser a lição de história mais antiga de todas: ela tende a se repetir. (algo que enfatizo com veemência)

Ainda que os dados de longo prazo sobre os preços das residências sejam valiosos, a lição mais relevante é que, em tempos de aumento dos preços dos ativos, as pessoas se tornam otimistas e os analistas dão suporte a esse estado de coisas com a força de sua autoridade. Isso é natural. De fato, racionalizações a propósito de valorizações de preço ocorridas (e previsão de continuidade desse processo) invariavelmente ocorrem em períodos de alta, e não de baixa. Um conselho: para obter ajuda de verdade, eu procuraria analistas que emitissem declarações sóbrias em tempos de alta, ou que argumentassem contra a negatividade quando os mercados estivessem em baixa.

~

O setor imobiliário, como todos os outros, está sujeito a ciclos de alta e baixa. Mas os ciclos imobiliários podem ser amplificados por fatores especiais:

- O intervalo de tempo entre a concepção e o lançamento de um empreendimento.
- A típica alavancagem financeira extremamente alta.
- O fato de a oferta ser geralmente inflexível demais para ser ajustada à medida que a demanda sobe ou desce. (Ou seja, um fabricante pode eliminar um turno de trabalho, demitir funcionários ou reduzir a produção se a demanda por seu produto cair muito. Mas é muito mais difícil para um locador, hoteleiro ou incorporador imobiliário reduzir as instalações que têm para oferecer se a demanda ficar aquém da necessária.)

O ciclo no setor imobiliário ilustra e exemplifica as maneiras pelas quais os fatores cíclicos sofrem e causam sofrimento uns aos outros, bem como a tendência dos ciclos a ir a extremos. Não é por acaso que se costuma dizer, com alta dose de cinismo, que — em tempos mais difíceis, quando as generalizações otimistas já não cabem — "somente o terceiro proprietário ganha dinheiro". Não o empreendedor que concebeu e iniciou o projeto. E não o banqueiro que financiou a construção e, em seguida, recuperou a posse do projeto do desenvolvedor no ciclo descendente. Mas, sim, o investidor que comprou a propriedade do banco em meio a dificuldades e, em seguida, surfou na onda do ciclo de alta.

Claro que, como todas as generalizações, trata-se de um exagero. Mas serve como um lembrete da relevância da ciclicidade para o mercado imobiliário, e em especial do modo como ela pode funcionar em tempos menos favorecidos.

XII

JUNTANDO TUDO — O CICLO DE MERCADO

Quando um investidor inexperiente vive pela primeira vez um ciclo de mercado ascendente, o início da progressão pode parecer lógico, pois os aspectos positivos se formam em um mercado altista, ou bolha. O fato de tantas boas notícias e positividade poderem acabar em perdas pode ser uma surpresa. É inevitável que pareça ser assim para os não iniciados, porque se as progressões não pudessem chegar a extremos com base em erros de julgamento, os mercados não alcançariam o pico do mercado altista para então colapsar (ou o fundo do poço para iniciar o processo de recuperação).

Nosso trabalho como investidores é simples: lidar com os preços dos ativos, avaliar onde estão hoje e fazer julgamentos sobre como mudarão no futuro. Os preços são afetados principalmente por ocorrências em duas áreas: fundamentos e psicologia.

- Os fundamentos, que venho chamando de "eventos", podem ser reduzidos em grande parte a ganhos, fluxo de caixa e às perspectivas dos dois. Eles são afetados por muitas coisas, incluindo tendências na economia, lucratividade e disponibilidade de capital.

- E a psicologia — ou seja, como os investidores se sentem sobre os fundamentos e os valorizam — também é afetada por muitas coisas, em particular pelo nível de otimismo e pela atitude em relação ao risco.

Há ciclos nos elementos citados e vários aspectos em cada ciclo. Os temas por trás do comportamento dos ciclos (as maneiras pelas quais eles interagem e se combinam) têm um padrão repetitivo e compreensível, como discutimos em detalhes. Todos eles se juntam, combinando-se com influências idiossincráticas e aleatórias, para causar o comportamento do mercado de valores mobiliários.

Pretendo neste capítulo dar uma noção dos ciclos de alta e baixa do mercado. Não do fato em si ou como isso se deu no passado, ou a que esses movimentos reagiram, mas, sim, das forças — especificamente as não econômicas, não fundamentais — que provocam o sobe e desce, muitas vezes de maneira descontrolada.

Se os fundamentos fossem o único parâmetro de cálculo do valor de mercado, o preço de um título não flutuaria muito mais do que os ganhos correntes de quem o emite e as perspectivas de ganhos no futuro. Na verdade, o preço deveria, de modo geral, flutuar menos que os ganhos, pois as variações trimestrais nos lucros geralmente se igualam no longo prazo, e, além disso, não refletem necessariamente as mudanças reais no potencial de longo prazo da empresa.

E, no entanto, os preços dos títulos usualmente flutuam muito mais do que os ganhos. As razões, claro, são em grande parte psicológicas, emocionais, e não ligadas aos fundamentos. Assim, as mudanças de preço exageram sobremaneira as mudanças nos fundamentos. Esta é a versão curta do motivo:

- Eventos na economia e nos lucros corporativos tornam-se cada vez mais positivos.
- A positividade alimenta a psicologia do investidor. As emoções, o chamado "espírito animal" e a tolerância ao risco dos investidores aumentam com os eventos positivos (ou, às vezes, apesar dos negativos).

- O aumento dos fatores psicológicos deixa os investidores menos exigentes em termos de proteção contra riscos e retorno prospectivo.

- Eventos positivos, maior peso dos aspectos psicológicos e redução das exigências de retorno dos investidores elevam os preços dos ativos.

- Mas, por fim, o processo se reverte. Os eventos já não correspondem mais às expectativas, talvez em decorrência do ambiente menos amigável ou, quem sabe, porque as expectativas eram irrealistas.

- Os investidores por fim se dão conta de que a psicologia não pode permanecer positiva para sempre, ou porque cabeças mais frias concluem que o nível dos preços é injustificável, ou por um milhão de possíveis razões (ou por nenhuma razão aparente).

- Há declínio dos preços quando os eventos são menos positivos ou passam a ser vistos menos positivamente. Às vezes isso ocorre simplesmente porque os preços atingiram níveis insustentáveis, ou em virtude de desenvolvimentos negativos no meio ambiente.

- Tendo começado a declinar, os preços dos ativos continuam a cair até um ponto tão baixo, que o cenário está pronto para sua recuperação.

É importante entender o modo como os fundamentos e a psicologia interagem, conforme descrito antes. Mas é essencial repetir algo sobre esse processo: a descrição anterior é ordenada e sequencial, porém o processo não é tão simples assim. A sequência em que essas coisas ocorrem está sujeita a mudanças, assim como a própria direção da causalidade.

- Às vezes são os eventos que fazem com que a psicologia se fortaleça, e em outras, o contrário acontece (por exemplo, fortalecendo a economia e os lucros das empresas).

- E embora seja óbvio que a melhoria da psicologia dos investidores aumenta os preços dos ativos, é igualmente óbvio que o aumento dos

> preços faz com que os investidores se sintam mais ricos, mais inteligentes e mais otimistas.

Então, em outras palavras, esses relacionamentos podem funcionar em mão dupla... e até mesmo simultaneamente. E cada um pode causar o outro. A velocidade desse processo varia muito de ciclo para ciclo e ao longo de um determinado ciclo. E, ainda, os ciclos não progridem necessariamente sem problemas; em vez disso, ao longo do caminho podem ocorrer declínios e recuperações.

Razões como essas não permitem que o investimento seja descrito como científico, e assim, é fora de propósito trabalhar nele sempre da mesma forma. Continuo voltando à observação de Mark Twain de que "a história não se repete, mas rima". Motivos e resultados nunca são os mesmos do passado, mas de maneira geral, remetem aos desenvolvimentos que vimos antes.

Independentemente da imprecisão do processo, fica claro que os eventos, tanto os passados quanto os que se espera no futuro, se combinam com a psicologia para determinar os preços dos ativos. Eventos e psicologia também influenciam a disponibilidade de crédito, e esta afeta muito os preços dos ativos, o qual realimenta a influência dos eventos e da psicologia.

Em suma, tudo isso se reúne para criar o ciclo de mercado. Ouvimos falar a respeito todo os dias, principalmente em relação aos altos e baixos do mercado de ações, mas também no que tange a mercados como o de títulos, ouro e moedas. Muitos ciclos se cruzam aqui, e esse é o assunto deste capítulo.

~

A teoria financeira retrata os investidores como "homens econômicos": otimizadores, objetivos e racionais. Assim, o mercado que eles coletivamente formam seria o que o autor e investidor (e professor de Warren Buffett) Ben Graham chamou de "máquina de pesar": um avaliador disciplinado do valor dos ativos.

Mas, em forte contraste com essa ideia, fatos e números financeiros são apenas um ponto de partida para o comportamento do mercado; a racionalidade do investidor é a exceção, não a regra: no mercado fica-se pouco tempo calmamente pesando dados financeiros e definindo preços livres de emoções.

Os fundamentos do investimento são bastante objetivos. Eventos passados foram registrados, e muitas pessoas têm as habilidades quantitativas necessárias para analisá-los. O desempenho atual é capturado nas demonstrações financeiras, às vezes com precisão, às vezes exigindo ajustes. Quanto aos eventos futuros, seu desconhecimento é democrático (embora alguns tenham mais condições do que outros para prevê-los). Os fundamentos não são a parte mais variável do investimento ou a que mais me intriga. Seja como for, não posso escrever um livro dizendo como saber mais do que os outros sobre eventos futuros. Um trabalho superior requer elementos de previsão, intuição e "pensamento de segundo nível" que duvido possam ser colocados no papel ou ensinados.

A parte que me fascina no investimento — em que penso na maior parte do tempo e na qual meus colegas da Oaktree e eu fizemos algumas de nossas maiores contribuições para o bem-estar de nossos clientes — considera as maneiras como os investidores se desviam dos pressupostos racionais e a contribuição desse comportamento para a oscilação dos ciclos.

Um grande número de elementos está envolvido nesse aspecto da tomada de decisões de investimento, interferindo no processo de chegar a decisões puramente econômicas. Eles podem estar rotulados como fatores psicológicos, emocionais ou inerentes à natureza humana — a distinção não é relevante para nossos propósitos aqui — e são absolutamente capazes de dominar o comportamento do investidor e, portanto, os mercados. Alguns, mas não todos, variam ciclicamente, e todos podem afetar ou exacerbar os ciclos. Aqui estão as influências mais importantes:

- O comportamento errático dos investidores, em vez de um firme apego ao pensamento racional e às decisões racionais resultantes.
- A tendência dos investidores de ter visões distorcidas do que se passa, envolvendo-se em percepções seletivas e vieses de interpretação.

- Peculiaridades como o viés de confirmação, que faz as pessoas aceitarem evidências que confirmam suas teses e rejeitarem as contrárias a elas, e a tendência a dar um peso maior à perda monetária do que a um ganho equivalente (efetivos ou em potencial).
- A credulidade, que leva os investidores a engolir promessas de lucros elevados nos bons tempos, e o excesso de ceticismo que os faz rejeitar toda possibilidade de ganhos em tempos ruins.
- A natureza flutuante da tolerância ao risco e da aversão ao risco dos investidores e, consequentemente, de suas demandas por prêmios de risco compensatórios.
- O comportamento de manada que resulta da pressão para se alinhar àquilo que os outros estão fazendo e, como resultado, a dificuldade de manter posições não conformistas.
- O extremo desconforto que vem de ver os outros ganharem dinheiro fazendo algo que você rejeitou.
- Assim, os investidores que resistiram a uma bolha de ativos tendem, em última análise, a sucumbir à pressão e comprar (embora — e não *porque* — o ativo objeto da bolha tenha sido apreciado substancialmente).
- A tendência correspondente a desistir de investimentos pouco populares e malsucedidos, não importa quão intelectualmente sólidos.
- Finalmente, o fato de que investir diz respeito a dinheiro, que introduz elementos poderosos como a cobiça por mais, a inveja do dinheiro que os outros estão fazendo e o medo da perda.

Otimistas e Pessimistas

Na gíria norte-americana, os investidores têm se caracterizado há pelo menos 100 anos como "bulls" (touros) — otimistas que acham que as ações subirão e que, consequentemente, se comportam agressivamente) ou "bears" (ursos) — pessimistas que acham que elas cairão e que, assim, se comportam defensivamente). Por causa disso, as pessoas aplicam o rótulo de "bull market" a um mercado que subiu, está subindo ou subirá (é bastante impreciso) e "bear market" quando do contrário.

No início dos anos 1970, ganhei um grande presente: um investidor mais velho e mais sábio apresentou-me "os três estágios de um mercado em alta":

- Primeiro estágio: apenas algumas poucas pessoas bastante perspicazes acreditam que as coisas melhorarão.
- Segundo estágio: a maioria dos investidores percebe que a melhoria está realmente ocorrendo.
- Terceiro estágio: todos concluem que tudo será sempre melhor.

Isso abriu meus olhos para os extremos psicológicos a que os investidores podem chegar, bem como para o impacto desses extremos nos ciclos de mercado. Como muitas das grandes citações e adágios, poucas palavras encerram imensa sabedoria quanto às atitudes: sua mutabilidade, seu padrão ao longo de um ciclo e sua contribuição para o erro.

No primeiro estágio, porque a possibilidade de melhoria é invisível para a maioria dos investidores e, portanto, pouco valorizada, os preços dos títulos incorporam pouco ou nenhum otimismo. É comum o primeiro estágio ocorrer após um declínio incidental dos preços, e a mesma tendência de baixa que dizimou os preços afeta negativamente a psicologia da multidão, que se coloca contra o mercado e jura nunca mais investir.

No último estágio, por outro lado, como tudo vinha correndo bem há muito tempo, os reflexos tão acentuados nos preços dos ativos elevam ainda mais o bom humor do mercado. Com isso, os investidores acabam extrapolando a melhoria para o infinito e aumentam os preços para refletir seu otimismo. Os investidores agem como se o céu fosse o limite... e pagam pelo potencial ilimitado que percebem. Poucas coisas são tão caras quanto pagar por um potencial superestimado.

Segue-se do exposto que alguém que investe no primeiro estágio — quando quase ninguém consegue ver uma razão para otimismo — compra ativos a preços baixos, a partir dos quais é possível uma apreciação substancial. Mas alguém que compra no terceiro estágio invariavelmente sofre pelo entusiasmo excessivo do mercado e acaba perdendo dinheiro.

Há na descrição dos três estágios do mercado altista muita sabedoria com grande economia. Mas não muito tempo depois de conhecê-la, deparei-me com algo ainda melhor e mais sucinto — essencialmente, a mesma mensagem em apenas 12 palavras: "O que o sábio faz no começo, o idiota faz no final".

Considero isso a pedra de toque do investimento e uma incrível síntese da importância dos ciclos. Mais uma vez, o pioneiro — que, por definição, é aquela pessoa rara que vê o futuro melhor do que os outros e tem a força interior para comprar sem validação da multidão — acumula potencial não descoberto a um preço irrisório. Mas toda tendência de investimento acaba por ser exagerada e aumenta demais, de modo que o comprador, no final, paga por um potencial superestimado. Ele termina com seu capital sendo punido, não valorizado.

"O que o homem sábio faz no começo, o idiota faz no final" diz 80% do que você precisa saber sobre os ciclos de mercado e seu impacto. Warren Buffett disse a mesma coisa de maneira ainda mais concisa: "Primeiro, o inovador, depois, o imitador, depois, o idiota".

Claro, os ciclos funcionam nos dois sentidos, e a Crise Financeira Global foi tão fundo, que tive a oportunidade de inverter o velho ditado e descrever os três estágios de um "bear market" em "The Tide Goes Out" ("A Maré Está Refluindo", em tradução livre, março de 2008).

- Primeiro estágio: só alguns investidores conscientes reconhecem que, apesar do otimismo predominante, as coisas nem sempre serão assim,
- Segundo estágio: a maioria dos investidores reconhece que as coisas estão se deteriorando.
- Terceiro estágio: todos pensam que as coisas só podem piorar.

Já mencionei a capitulação. É um fenômeno fascinante, e há um ciclo confiável para ela também. No primeiro estágio de um mercado altista ou baixista, a maioria dos investidores abstém-se (por definição) de acompanhar o que apenas uma pequena minoria faz. Talvez porque lhes falte a percepção especial subjacente a essa ação ou a capacidade de agir antes de o caso ter sido provado e outros terem migrado para ele (após o que não já não há mais desvalorização refletida nos preços de mercado). Ou, ainda, um grupo precisou tomar um caminho diferente da manada e adotar uma postura em contrário.

Ao deixar de lado a oportunidade de ser precoce, ousado e correto, os investidores podem continuar resistindo à medida que o movimento toma conta e ganha força. Uma vez que essa compulsão vai ganhando mercado, eles ainda podem não participar. Eles se recusam obstinadamente a comprar no mercado quaisquer classes de ativos ou setores de atividade que tenham sido alavancados por compradores otimistas, ou vender outros cujo preço esteja abaixo do valor intrínseco. Juntar-se à tendência mais tarde não é opção para eles.

Mas a maioria dos investidores por fim capitula. Simplesmente deixam escapar a determinação necessária para resistir. Uma vez que o ativo dobrou ou triplicou de preço — ou caiu à metade —, muitas pessoas se sentem tão estúpidas e erradas, invejando aqueles que lucram com a moda ou pularam fora antes do declínio, que perdem a vontade de lutar. Minha citação favorável sobre esse assunto é de Charles Kindleberger: "Não há nada tão perturbador para o bem-estar e julgamento de alguém quanto ver um amigo ficar rico" (*Manias, Panics and Crashes: A History of Financial Crises*, 1989). Os participantes do mercado estão sofrendo com o dinheiro que outros fizeram e perderam, e temem que a tendência (e a dor) continue. Eles concluem que se juntar à manada vai parar a dor, então se rendem. E, finalmente, terminam por comprar o ativo bem em sua ascensão ou vender depois de ter caído muito.

Em outras palavras, depois de deixar de fazer a coisa certa no estágio um, erram mais ainda agindo no estágio três, quando agir é um equívoco. Isso é capitulação. É um aspecto altamente destrutivo do comportamento do investidor durante os ciclos e um ótimo exemplo de erro induzido pela psicologia na pior fase.

Claro, quando o último que resistia jogou a toalha e comprou bem na alta — ou vendeu bem na baixa —, já não havia ninguém para entrar na fila. A ausência de compradores significa o fim do mercado em alta, e vice-versa. O último a capitular define o ponto máximo ou mínimo e delineia o cenário para um movimento cíclico na direção oposta. Ele é quem "ficou com o mico na mão".

O relato a seguir mostra que mesmo os mais brilhantes entre nós podem ser vítimas da capitulação:

> Sir Isaac Newton, que era Master of the Mint [um posto do alto escalão do governo britânico] na época da "South Sea Bubble[1]", juntou-se a muitos outros ingleses ricos investindo em ações da South Sea Company. A cotação subiu de £128 em janeiro de 1720 para £1.050 libras em junho. No início dessa ascensão, Newton percebeu a natureza especulativa do boom e vendeu suas ações por £7 mil. Ao lhe perguntarem sobre as condições do mercado, sua resposta teria sido: "Eu posso calcular os movimentos dos corpos celestes, mas não a loucura do povo".
>
> Em setembro de 1720, a bolha estourou, e o preço das ações caiu abaixo de £200, 80% a menos que a cotação de três meses antes. Descobriu-se, no entanto, que a despeito de sua antevisão, Sir Isaac, como tantos investidores ao longo dos anos, não suportava a pressão de ver aqueles ao redor obterem grandes lucros. Ele

[1] Nota do Tradutor: nome pelo qual ficou conhecida uma bolha econômica.

> recomprou as ações em alta e acabou perdendo £20 mil. Nem mesmo um dos homens mais inteligentes do mundo estava imune a essa lição tangível da gravidade! ("Bubble.com", janeiro de 2000, conteúdo em inglês)

Bolhas e Quebras

Sempre tivemos mercados em ascensão e queda, e sempre teremos. Quando significativamente extensos, são chamados de mercados em alta (em inglês, "bull markets") e mercados em baixa (em inglês, "bear markets"). Se a extensão for ainda maior, são chamados de booms e de crises, respectivamente. Em inglês, e no mundo, os termos mais populares hoje para descrever os mercados extremos são "bubble" ("bolha") e "crash" ("quebra" ou "estouro da bolha").

Estes últimos termos existem há muito tempo. A "South Sea Bubble", citada antes, caracterizada por maciços investimentos em uma empresa que supostamente saldaria a dívida nacional explorando o monopólio do comércio com a América do Sul, pegou a Inglaterra de assalto em 1720. Nos EUA, o colapso do mercado que deu início à Grande Depressão é chamado de "Great Crash of 1929" (no Brasil, "A Quebra da Bolsa de NY de 1929" ou "A Quinta-feira Negra"). Mas foram a "tech bubble", a "internet bubble" e a "dotcom bubble" (no Brasil, respectivamente, "bolha tecnológica", "bolha da internet" e "bolha pontocom"), entre 1995 e 2000 — e as bolhas imobiliárias e hipotecárias que terminaram em 2007 e levaram à quebra de mercados em todo o mundo —, que juntaram a palavra "bolha" ao léxico de uso frequente.

Uma consequência do mencionado é a atual tendência — especialmente da mídia — a chamar de bolha qualquer crescimento grande de mercado. No outono de 2017, quando eu escrevia este texto, o índice S&P 500 de ações norte-americanas havia quase que quadruplicado (incluindo dividendos) em relação a março de 2009, então em plena baixa, e o rendimento dos títulos de alto risco dos EUA caíra para 5,9%. Por isso, muitas vezes me perguntam se estamos em uma nova bolha de um tipo ou outro, talvez sugerindo que uma crise é iminente. É por isso que quero dedicar algum espaço aqui à minha convicção de que nem todo grande aumento é uma bolha. Para mim, o termo "bolha" tem conotações psicológicas especiais que devem ser observadas e compreendidas.

Vivi bolhas muito mais antigas que aquelas em ações de empresas de tecnologia ou financiamento hipotecário mencionadas anteriormente. Um dos melhores exemplos ocorreu nos anos 1960 com as ações "Nifty Fifty" — as ações das empresas de mais alta qualidade e crescimento mais rápido nos Estados Unidos. Até onde sei, existe um fio comum nas bolhas, exemplificado pelo Nifty Fifty: a convicção de que, quando o assunto é um ativo, "não existe um preço alto demais". Daí se segue, é claro, que não importa o preço que você paga, você está certo de que ganhará dinheiro.

Há apenas uma forma de investimento inteligente: descobrir o valor de algo e comprá-lo por esse preço ou menos. Não pode haver investimento inteligente na ausência de quantificação de valor e insistência em um preço de compra atraente. Qualquer ação de investir construída em torno de um conceito diferente da relação entre preço e valor é irracional.

A ideia de "growth stocks[2]" começou a ser popularizada no início dos anos 1960, com base no objetivo de participar dos lucros em rápido crescimento de empresas que se beneficiavam dos avanços em tecnologia e técnicas de marketing e administração. Ela ganhou corpo e, em 1968, quando eu tinha um emprego temporário no departamento de pesquisa de investimentos do First National City Bank (o precursor do Citibank), as ações da Nifty Fifty — as melhores e que mais cresciam — haviam se valorizado tanto, que os departamentos dos bancos que cuidavam das aplicações financeiras de seus clientes, e que naquela época respondiam pela maior parte do investimento, geralmente perderam o interesse em todas as outras ações.

Todos queriam ter uma participação na Xerox, IBM, Kodak, Polaroid, Merck, Lilly, Hewlett-Packard, Texas Instruments, Coca-Cola e Avon. Essas

[2] Nota do Tradutor: ações de uma empresa que teve lucros superiores à média no passado, da qual se espera comportamento igual no futuro.

empresas eram consideradas tão grandes, que nada de ruim poderia lhes acontecer. E era aceito que absolutamente não importava o preço que você pagava, não importando se fosse um pouco alto demais: o rápido crescimento das empresas logo faria valer a pena.

O resultado era previsível. Sempre que as pessoas estão dispostas a investir independentemente do preço, elas obviamente o fazem com base na emoção e na popularidade, e não em uma análise fria. Assim, 50 ações que tinham sido vendidas entre 80 e 90 vezes os lucros em 1968, no ápice de um vigoroso mercado em alta, foram ao chão quando o ardor esfriou. Muitos venderam a preços de oito a nove vezes os lucros no mercado acionário muito mais fraco de 1973, significando que os investidores nas "melhores empresas dos Estados Unidos" haviam perdido de 80% a 90% de seu dinheiro. E observe que várias das empresas "impecáveis" citadas vieram a falir ou experimentar sérios problemas com o estresse.

Frustrante para "nenhum preço é muito alto". Nenhum ativo ou empresa é tão bom que não possa se tornar superfaturado. Certamente aquela noção deveria ter sido banida para sempre.

Mas se você tem receio de que essa lição não tenha sido realmente aprendida, avancemos para o final dos anos 1990. Agora eram as ações de tecnologia que estavam sob os holofotes. Assim como a inovação corporativa havia estimulado a moda das "growth stocks", naquela ocasião os ganhos em telecomunicações (telefones celulares e transmissão via fibra ótica), mídia (incluindo a demanda ilimitada por "conteúdo" para preencher os novos canais de entretenimento) e tecnologia da informação (especialmente a internet) tomavam conta da imaginação dos investidores.

"A internet mudará o mundo" era o grito de guerra, seguido do usual "para uma ação de e-commerce não há preço alto demais". As ações da Nifty Fifty tinham sido vendidas em múltiplos inflados dos lucros de suas empresas, mas isso nada tinha em comum com as ações da internet: tais empresas não davam lucro. Não só o investimento era puramente conceitual, como muitas empresas também. Então, no lugar de índices de p/l, as ações eram vendidas em múltiplos de receita (se houvesse) ou "eyeballs": o número de consumidores que visitavam seus sites.

Assim como a Nifty Fifty, havia um quê de verdade subjacente na moda do investimento: um componente geralmente necessário para inflar uma bolha. Os investidores, porém, deixaram de lado a razão e a disciplina quando concluíram que o preço não importava. Havia uma certeza: a internet de fato mudou o mundo, hoje irreconhecível quando se olha para 20 anos atrás. Mas as empresas por trás da grande maioria das ações de internet de 1999 e 2000 não existem mais. Uma perda de 100% para quem investiu nelas, tornando invejáveis as perdas de 80% a 90% da Nifty Fifty.

O resultado final é claro: penso que "o preço não importa" é um componente necessário — e uma característica — de uma bolha. Da mesma forma, em bolhas, os investidores muitas vezes concluem que se pode ganhar dinheiro tomando dinheiro emprestado para comprar. Não importa qual taxa de juros está no empréstimo, o ativo com certeza se valorizará acima disso. Nitidamente, eis outro exemplo de suspensão da descrença analítica.

"Nenhum preço é alto demais" é o ingrediente supremo de uma bolha e, portanto, um sinal infalível de um mercado que foi longe demais. Não há maneira segura de participar de uma bolha, apenas perigo. Convém notar, contudo, que "sobreapreciado" está longe de ser sinônimo de "amanhã vai cair". Muitas modas financeiras passam da hora quando percorrem o território da bolha. Vários investidores proeminentes jogaram a toalha no início de 2000 porque a resistência à bolha tecnológica provou ser demasiado dolorosa. Alguns viram clientes retirarem uma grande parte de seu capital, alguns desanimaram e abandonaram o negócio, e outros se renderam e entraram de cabeça na bolha... bem a tempo de vê-la estourar, agravando de vez o erro.

~

A progressão seguinte serve para sintetizar a evolução do ciclo de mercado. Ela mostra como os ciclos da economia, dos lucros, da psicologia, da aversão ao risco e do comportamento da mídia se combinam para mover os preços de mercado muito além do valor intrínseco, e como um desenvolvimento contribui para o próximo.

- A economia está crescendo, e os relatórios econômicos são positivos.
- Os ganhos das empresas estão subindo e superando as expectativas.
- Na mídia só há boas notícias.
- Os mercados de valores mobiliários fortalecem-se.
- Os investidores estão a cada dia mais confiantes e otimistas.
- O risco é percebido como sendo baixo e benigno.
- Para os investidores, assumir riscos é uma rota certa para o lucro.
- O comportamento é motivado pela ganância.
- A demanda por oportunidades de investimento excede a oferta.
- Os preços dos ativos sobem além de seu valor intrínseco.
- Os mercados de capitais estão abertos, facilitando a obtenção de dinheiro ou a rolagem de dívidas.
- A inadimplência é baixa.
- O ceticismo é baixo, e a fé é alta, o que significa que negócios arriscados podem ser feitos.
- Não passa pela cabeça de ninguém que as coisas podem dar errado. Nenhum desenvolvimento favorável parece improvável.
- Todos estão convictos de que tudo vai sempre melhorar.
- Os investidores ignoram a possibilidade de perda e preocupam-se apenas com a falta de oportunidades.
- Ninguém pode pensar em uma razão para vender, e ninguém é forçado a vender.
- Os compradores são em maior número que os vendedores.

- Os investidores ficariam felizes em comprar se o mercado caísse.
- Os preços vão lá nas alturas.
- A mídia celebra o emocionante acontecimento.
- Os investidores ficam eufóricos e descuidados.
- Quem detém capital investido em valores mobiliários congratula-se por sua própria inteligência; talvez siga comprando.
- Aqueles que permaneceram à margem se arrependem; assim, capitulam e compram.
- Os retornos prospectivos são baixos (ou negativos).
- O risco é alto.
- Os investidores devem esquecer a oportunidade perdida e preocupar-se apenas em não perder dinheiro.
- Chega o momento da cautela!

A coisa mais importante a se notar é que o ponto máximo de psicologia, a disponibilidade de crédito, o preço e risco e o retorno potencial mínimo são alcançados ao mesmo tempo, e geralmente esses extremos coincidem com o último paroxismo de compra.

Analogamente, a seguinte progressão descreve o que acontece na situação de mercado oposta.

- A economia está retraindo-se; os relatórios são negativos.
- Os lucros corporativos são estáveis ou diminuem e ficam aquém das projeções.
- Na mídia, só más notícias.

- Os mercados de valores mobiliários enfraquecem.
- Os investidores ficam preocupados e deprimidos.
- Enxerga-se risco em toda parte.
- Os investidores veem o risco como nada mais do que uma maneira de perder dinheiro.
- O medo domina a psicologia dos investidores.
- A demanda por títulos fica aquém da oferta.
- Os preços dos ativos ficam abaixo do valor intrínseco.
- Os mercados de capitais fecham-se, tornando difícil emitir títulos ou refinanciar dívidas.
- A inadimplência recrudesce.
- Cresce o ceticismo, e diminui a fé, o que significa que apenas negócios seguros podem ser feitos, ou talvez nenhum.
- Ninguém considera que melhorar seja possível. Nenhum resultado parece negativo demais para não acontecer.
- Todo mundo acha que as coisas sempre piorarão.
- Os investidores ignoram a possibilidade de perder oportunidades e preocupam-se somente em não perder dinheiro.
- Ninguém consegue pensar em um motivo para comprar.
- O número de vendedores supera o de compradores.
- A afoiteza ("Não espere chegar o fundo do poço") substitui o conselho para "comprar na baixa".
- Os preços atingem novos níveis mínimos.

- A mídia fixa-se nessa tendência de queda.
- Os investidores ficam deprimidos e entram em pânico.
- Os detentores de valores mobiliários sentem-se tolos e desiludidos. Percebem que não entenderam realmente as razões por trás dos investimentos que fizeram.
- Aqueles que se abstiveram de comprar (ou venderam) sentem-se vitoriosos e são celebrados por seu brilhantismo.
- Quem detinha ativos desiste e vende a preços rebaixados, dando força à espiral descendente.
- Os retornos prospectivos implícitos são muito altos.
- O risco é baixo.
- Os investidores devem esquecer o risco de perder dinheiro e preocupar-se apenas com a perda de oportunidades.
- É a hora de ser agressivo!

Quando o último otimista joga a toalha e se está lá embaixo, na antítese do "topo", há a virada do ciclo de mercado. Nesse ponto, vemos agora se juntarem o nadir da psicologia, uma total incapacidade de acesso ao crédito, preços mínimos, retorno potencial máximo e risco mínimo.

As progressões descritas aqui são simplistas. Na verdade, elas podem parecer representações caricaturizadas do caminho para o fracasso. Mas não são imaginários ou exagerados. É absolutamente lógico que cada evento traga o próximo em ambas as direções... até que um extremo ilógico é alcançado, e o castelo de cartas desmorona.

Os eventos nem sempre ocorrem na mesma ordem, e nem todos estão necessariamente presentes em todos os ciclos do mercado. Mas tais comportamentos são reais, e certamente são elementos que ecoam nos mercados de década para década.

Quando um investidor inexperiente vive pela primeira vez um ciclo de mercado ascendente, o início da progressão pode parecer lógico, pois os aspectos positivos formam-se em um mercado altista ou bolha. O fato de tantas boas notícias e positividade poderem acabar em perdas pode ser uma surpresa. É inevitável que pareça ser assim para os não iniciados, porque se as progressões não pudessem chegar a extremos com base em erros de julgamento, os mercados não alcançariam o pico do mercado altista para então colapsar (ou o fundo do poço para iniciar o processo de recuperação).

~

Nas páginas 19–21, discuti a relação entre onde estamos em ciclos e a implicação disso quanto aos retornos prospectivos. Agora, para fechar este capítulo, quero ilustrar ainda mais essa conexão.

Nas semanas que antecederam o envio do rascunho final deste livro, descobri uma maneira de mostrar o relacionamento que tenho em mente. Para tal, vamos supor primeiro que o ciclo de mercado está no ponto médio. Isso geralmente significa que o crescimento econômico segue a tendência, os lucros são normais, as métricas de avaliação são razoáveis no contexto histórico, os preços dos ativos estão alinhados com o valor intrínseco, e as emoções não são extremadas. Dado todo o exposto, a perspectiva de retornos também é “normal”, ou seja, a distribuição de probabilidade que rege retornos futuros se parece com a da página 19.

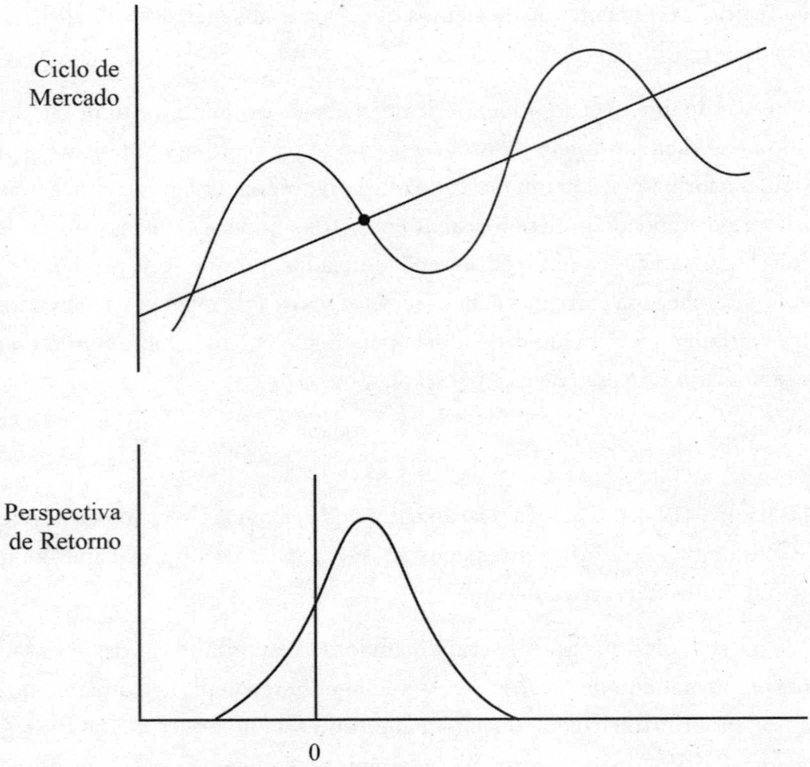

Mas o que acontece se o mercado estiver em ciclo de alta? Independentemente do que está acontecendo em termos de fundamentos, isso significa que as avaliações são exageradas, os preços excedem em muito o valor intrínseco, e um alto nível de otimismo instala-se. Nesse ponto, a perspectiva de retornos é insignificante e com viés negativo, como mostrado pela nova distribuição a seguir.

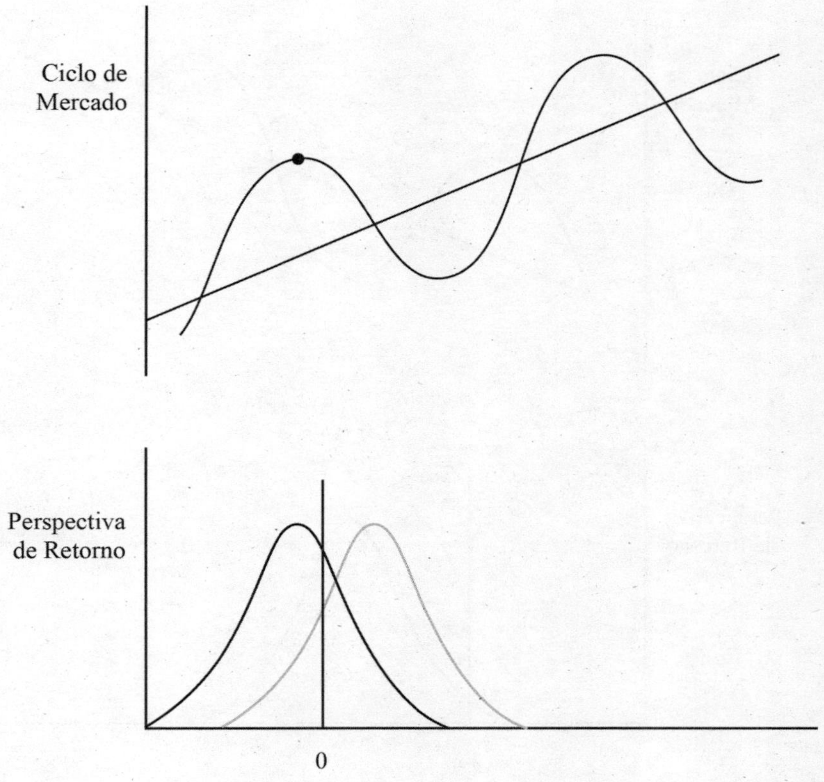

E quanto a um ciclo de baixa? Agora os investidores estão psicologicamente deprimidos, e as métricas de avaliação estão em níveis historicamente baixos, o que sugere a presença de barganhas, e, portanto, os preços dos ativos estão bem abaixo do valor intrínseco. Assim, a distribuição em relação aos retornos futuros é deslocada para a direita, o que implica um potencial extraordinariamente alto de lucro.

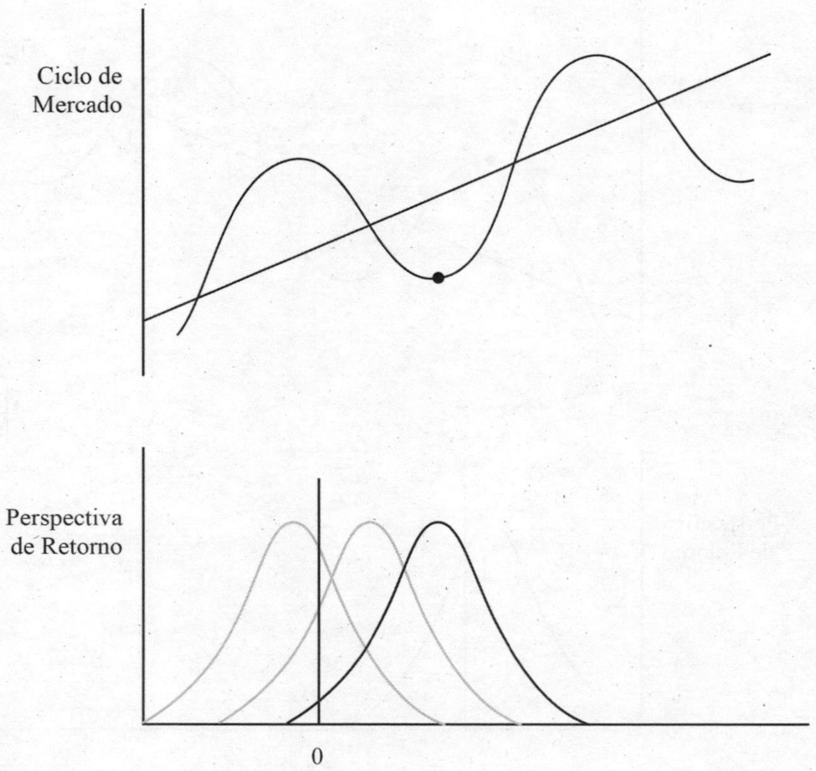

Essa representação conceitual indica a relação entre o nível do ciclo e o potencial de retorno. Isso está longe de ser científico, mas tudo indica que está correto.

XIII
COMO LIDAR COM OS CICLOS DE MERCADO

Qual é o ponto-chave nisso tudo? Saber onde o pêndulo da psicologia e o ciclo em avaliação estão em seus balanços. Recusar-se a comprar — e talvez a vender — quando a psicologia demasiadamente positiva e a vontade de atribuir avaliações exageradas fazem com que os preços subam aos níveis máximos. E comprar quando a psicologia se abate e o abandono de padrões de avaliação, quando no lado negativo, fazem com que os investidores em pânico ofereçam pechinchas vendendo, apesar dos baixos preços.

A meta do investidor é posicionar o capital de modo a se beneficiar de desenvolvimentos futuros. Ele deseja ter mais capital investido em um mercado em alta do que quando o mercado cai, e possuir mais das coisas que sobem mais ou caem menos, e menos das outras. O objetivo é claro. A questão é como conseguir isso.

O primeiro passo é decidir como lidar com o futuro. Algumas pessoas acreditam em previsões econômicas e de mercado e em adotar as medidas que tais estudos recomendam. Assim, investem de forma mais agressiva quando há previsão de eventos favoráveis, e vice-versa.

Já deixei bem claro que não acredito em previsões. Muito poucas pessoas podem saber o suficiente sobre o que o futuro reserva em termos de retorno, e o desempenho da maioria dos analistas em prever eventos melhor do que outros e ter melhores retornos em decorrência disso é sofrível. Alguns se tornam famosos de tempos em tempos em face de sucessos singulares e espetaculares, mas em geral sua próxima previsão correta não acontece há muitos anos.

Ausente a capacidade de ver o futuro, como podemos posicionar nossos portfólios para o que vem pela frente? Penso que grande parte da resposta está na compreensão de onde o mercado está em seu ciclo e o que isso implica em seus movimentos vindouros. Como escrevi em *The Most Important Thing*, "talvez nunca saibamos para onde estamos indo, mas é melhor ter uma boa ideia de onde estamos".

Fazer isso requer uma compreensão da natureza básica dos ciclos em geral: o que origina seus movimentos os leva a progredir em direção aos altos e baixos e a se afastar desses extremos? Eis os principais elementos que nos preocupam:

- A tendência à repetição de temas básicos e da história.
- A tendência das coisas a subir e descer, especialmente aquelas determinadas pela natureza humana.
- O modo como cada ocorrência em um ciclo tem implicações no seguinte.
- A maneira como os vários ciclos influenciam e interagem entre si.
- O papel da psicologia em levar os fenômenos cíclicos além dos níveis racionais.
- E, com isso, a tendência dos ciclos para ir a extremos.
- A tendência deles de voltar dos extremos rumo a um ponto médio.
- A regularidade com que esse movimento continua, ultrapassando o meio e se dirigindo ao extremo oposto.

A seguir, as generalidades que afetam todos os ciclos. Além disso, é preciso ter em mente os elementos específicos que influenciam o ciclo de mercado:

- Os ciclos econômicos e de lucro que moldam o ambiente de investimento.
- A tendência da psicologia de reagir excessivamente ao que ocorre no ambiente.
- A forma como o risco é considerado inexistente e benigno em alguns momentos, e depois, enorme, inescapável e letal em outros.
- A maneira pela qual os preços de mercado refletem apenas as coisas positivas e caem no exagero em determinado ponto, e então, em outro ponto, refletem apenas o que é negativo e ignoram todos os positivos.

Esses são os fundamentos — o básico sobre ciclos em geral e as formas específicas como funcionam nos mercados — que devemos perceber, tratar e obedecer. Devemos usar os insights que fomos coletando para avaliar onde o mercado está posicionado, o que isso implica em seus movimentos futuros e as atitudes a tomar em função disso.

~

De posse de um profundo entendimento do que foi dito antes, é hora de descobrir onde estamos no ciclo.

Qual é o ponto-chave nisso tudo? Saber onde o pêndulo da psicologia e o ciclo em avaliação estão em seus balanços. Recusar-se a comprar — e talvez a vender — quando a psicologia demasiadamente positiva e a vontade de atribuir avaliações exageradas fazem com que os preços subam aos níveis máximos. E comprar quando a psicologia se abate e o abandono de padrões de avaliação, quando no lado negativo, fazem com que os investidores em pânico ofereçam pechinchas vendendo, apesar dos baixos preços. Como bem colocou Sir John

Templeton: "Comprar quando os outros estão vendendo e vender corajosamente quando os outros estão ganunciosamente comprando requer grande fortaleza e traz a maior recompensa".

O movimento ascendente de preços, do valor justo até o excesso, geralmente está relacionado à presença de alguma combinação de elementos importantes.

- Boas notícias em geral.
- Complacência em relação a eventos.
- Tratamento uniformemente otimista pela mídia.
- Aceitação inquestionável de relatos otimistas.
- Ceticismo em declínio.
- Alta de aversão ao risco.
- Fácil acesso a um amplo mercado de crédito.
- Humor geral positivo.

Já o colapso dos preços, do valor justo para pechinchas, é geralmente marcado por alguns ou todos os itens a seguir:

- Más notícias em geral.
- Alerta crescente em relação a eventos.
- Relatos altamente negativos na mídia.
- Aceitação generalizada de histórias assustadoras.
- Forte aumento do ceticismo.
- Crescimento significativo da aversão ao risco.
- Canais de acesso ao mercado de crédito fecham-se.
- Mau humor e depressão por toda parte.

A questão é como podemos dizer onde o mercado está em seu ciclo. É importante ressaltar que os elementos que contribuem para a ascensão do mercado se manifestam por meio de avaliações — índices p/l de ações, rendimentos de títulos, nível de capitalização de imóveis e múltiplos de fluxo de caixa em aquisições de controle societário — elevadas em relação aos parâmetros históricos. Todas essas coisas são indicativos de baixos retornos prospectivos. O inverso é verdadeiro quando um colapso do mercado se vale dos preços dos ativos para barganhar as avaliações. Essas coisas podem ser observadas e quantificadas.

Além disso, a consciência de como os investidores estão se comportando vem em auxílio de nossa compreensão do posicionamento do ciclo. Para responder aos ciclos de mercado e entender sua mensagem, há um ponto mais importante do que qualquer outro: o risco em investir não vem principalmente da economia, das empresas, dos títulos, dos certificados de ações ou da bolsa de imóveis. Vem do comportamento dos participantes do mercado. Então, dele resulta a maioria das oportunidades para retornos excepcionais.

Investidores prudentes são céticos, restringem suas emoções e têm na devida conta a aversão ao risco. Refletindo isso, os preços dos títulos tendem a ser razoáveis em relação ao valor intrínseco, tornando o mercado um lugar seguro e saudável. Por outro lado, quando os investidores ficam eufóricos, seu entusiasmo os leva a comprar excessivamente, e, em consequência, os preços aumentam, alcançando níveis perigosos. E quando chega o desespero, entram em pânico, vendem o que podem, e os preços transformam-se em verdadeiras pechinchas.

Segundo Warren Buffett, "Quanto menor a prudência com que os outros conduzem seus negócios, maior é a prudência com a qual devemos conduzir nossos próprios negócios". Quando os demais estão eufóricos, devemos ficar aterrorizados. E quando os outros estão aterrorizados, devemos nos tornar agressivos.

O fator determinante de seus resultados não é o que você compra, mas quanto paga pelo produto. E o que você paga — o preço do ativo e sua relação com o valor intrínseco — é determinado pela psicologia do investidor e pelo comportamento resultante. A chave para ser capaz de se comportar de uma forma apropriada ao clima de mercado está na avaliação da psicologia e do comportamento dos outros. Você tem que saber se o mercado está fervendo e, portanto, superestimado, ou gélido e, consequentemente, propício a barganhas.

Em "It Is What It Is" ("As Coisas São Como São", em tradução livre, março de 2006) — e também em *The Most Important Thing* —, incluí o que chamei de guia para avaliação de mercado. Não consigo pensar em um motivo para não incluí-lo novamente aqui, ou em um substituto melhor. Por favor, note que estes pontos não são científicos, quantitativos e quantificáveis, e até mesmo um tanto jocosos. Mas eles devem dar a você uma sensação de que as coisas devem ser observadas:

Economia:	Vibrante	Lerda
Perspectiva:	Positiva	Negativa
Emprestadores:	Famintos	Reticentes
Mercado de capitais:	Acesso fácil	Acesso difícil
Capital:	Abundante	Escasso
Condições contratuais:	Fáceis	Restritivas
Taxas de juros:	Baixas	Altas
Ganhos:	Estreitos	Extensos
Investidores:	Otimistas	Pessimistas
	Sanguíneos	Estressados
	Ansiosos para comprar	Desinteressados em comprar
Donos de ativos:	Felizes por tê-los	Não veem a hora de se desfazer deles

Vendedores	Poucos	Muitos
Mercados:	Saturados	Famintos por atenção
Fundos:	Difíceis de entrar	Abertos a qualquer um
	Há novos todos os dias	Aplicações só nos melhores
	Participantes estipulam as condições contratuais	Poucos ditam os termos contratuais
Desempenho recente:	Forte	Fraco
Preço dos ativos:	Alto	Baixo
Perspectiva de retornos:	Baixa	Alta
Risco:	Alto	Baixo
Características mais populares:	Agressividade	Cautela e disciplina
	Baixa seletividade	Seletividade
Características adequadas:	Cautela e disciplina	Agressividade
	Seletividade	Baixa seletividade
Erros comuns:	Comprar demais	Comprar de menos
	Pagar para ver	Cair fora
	Assumir risco demasiado	Não assumir risco algum

Conforme eu dizia na introdução do guia, "em cada par, marque aquele que você acha mais descritivo do mercado atual. Se a maioria de suas marcas estiver na coluna da esquerda, ponha um escorpião no bolso".

Esses tipos de marcadores podem nos dizer onde estamos no ciclo e as prováveis implicações disso no futuro. Assim, eles ajudam no que chamo de "medir a temperatura do mercado". Veja como descrevi o processo em *The Most Important Thing:*

> Se estamos alertas e perceptivos, podemos avaliar o comportamento daqueles que nos rodeiam e, a partir daí, o que devemos fazer.
>
> O ingrediente essencial aqui é a *inferência*, uma das minhas palavras favoritas. Pela mídia, todos vemos o que acontece a cada dia. Mas quantas pessoas se esforçam para entender o que esses eventos cotidianos dizem sobre a psique dos participantes do mercado, o clima de investimento e, portanto, o que se deve fazer?
>
> Simplificando, devemos nos esforçar para entender as implicações do que está acontecendo ao nosso redor. Quando os outros são imprudentemente confiantes e compram agressivamente, é preciso ser muito cauteloso; quando outros estão com medo de ficar inertes e, em pânico, vendem de qualquer jeito, deve-se ser agressivo.
>
> Então olhe ao redor e se pergunte: os investidores estão otimistas ou pessimistas? Na mídia, os comentaristas aconselham a ir ou evitar os mercados? Novidades em termos de investimento são prontamente aceitas ou descartadas de imediato? As ofertas de valores mobiliários e as chamadas para abrir ou participar de fundos são tratadas como oportunidades para ficar rico ou possíveis engodos? O ciclo de crédito tornou o capital prontamente disponível ou impossível de obter? Os índices de preço/lucro são altos ou

> baixos no contexto histórico, e as margens de ganho são estreitas ou generosas?
>
> Todos esses fatores são importantes, contudo, nenhum deles tem algo a ver com previsão. Podemos tomar excelentes decisões de investimento com base nas observações do que ocorre atualmente, sem necessidade de adivinhar o futuro. A chave é tomar nota de coisas como essas e deixar que elas mostrem como agir. Nem sempre é preciso agir, mas quando os mercados estão nos extremos do ciclo, é extremamente importante atentar para os recados que dão.

A todo instante, muitas coisas estão acontecendo no mundo, na economia e no ambiente de investimento. Está fora do alcance de quem quer que seja estudar, analisar, entender e incorporar todas elas em decisões de investimento. E é irrelevante tentar: eventos diferentes ocorrem em cada ciclo, em uma sequência diferente e com resultados diferentes.

O que quero destacar aqui é que nem todos os detalhes têm relevância. Em vez disso, interessa (a) descobrir quais são os mais importantes, (b) inferir o que está acontecendo a partir dos mais importantes (e depois, talvez, considerar tantos quantos pudermos dos menos importantes), e (c) concluir dessas inferências quais são as duas coisas que mais caracterizam o ambiente de investimento e qual ação elas exigem. Em outras palavras, estar sintonizado com os desenvolvimentos cíclicos e seu significado.

Em particular, é necessário citar que os ciclos de mercado não podem evoluir até chegar a extremos com as avaliações sendo feitas com base nas métricas normais. As avaliações são o resultado — e portanto sintomático ou indicativo — da psicologia do investidor.

Os elementos psicológicos e emocionais que listei têm seu principal impacto ao convencer os investidores de que os padrões de avaliação do passado se tornaram irrelevantes. Quando os investidores estão nas nuvens, ganhando dinheiro, acham fácil encontrar razões convenientes pelas quais os ativos devem ser desvinculados das restrições das normas de avaliação. A explicação geralmente começa com "desta vez é diferente". Fique atento a esse sinal ameaçador da suspensão voluntária da descrença. Da mesma forma, quando os preços dos ativos desabam, isso geralmente é atribuído à suposição de que nada que se apoie em um valor do passado pode ser confiável para funcionar no futuro.

Assim, a chave para entender onde estamos no ciclo depende de duas formas de avaliação:

- A primeira é totalmente quantitativa: aferir as avaliações. Esse é um ponto de partida apropriado, pois se as avaliações estiverem em linha com a história, é improvável que o ciclo de mercado estenda-se sobremaneira em qualquer direção.
- E a segunda é essencialmente qualitativa: a consciência do que se está passando ao redor e, em especial, do comportamento do investidor. É importante ser disciplinado, mesmo observando esses fenômenos não quantitativos acontecendo amiúde.

As questões-chave podem ser reduzidas a duas: como as coisas são precificadas e como os investidores ao redor se comportam? Avaliar esses dois elementos — de forma consistente e disciplinada — pode ser muito útil. As respostas nos darão uma ideia de onde estamos no ciclo.

Para encerrar este assunto, quero repetir algo em que estive insistindo: até o melhor estudo meteorológico não pode nos dizer como estará o tempo... apenas dá a tendência dele.

No que se refere aos ciclos de mercado, não dá para se basear no que ocorreu antes para ter certeza do que ocorrerá em seguida, uma vez que eles não primam pela regularidade em termos de amplitude, ritmo e duração de suas flutuações. Assim, a partir de um determinado ponto no ciclo, o mercado é capaz de se mover em qualquer direção: subir, planar ou descer.

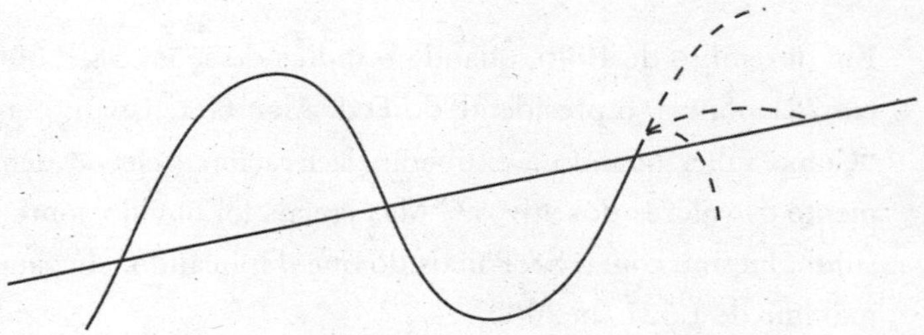

Mas isso não significa que todos os três são igualmente prováveis. Onde estamos influencia as tendências ou probabilidades, mesmo que isso não determine com certeza a evolução futura. Tudo o mais constante, quando um mercado está no alto do ciclo, uma correção para baixo é mais provável do que ganhos contínuos, e vice-versa. Não há obrigatoriedade nisso, claro, mas essa é a aposta mais segura. A avaliação da nossa posição no ciclo não nos diz o que acontecerá a seguir, apenas o que é mais e menos provável. O que não é pouco.

~

A melhor maneira de ensinar como reconhecer excessos cíclicos é através de exemplos nos extremos, em que isso pode ser feito e é mais importante. Assim, nas próximas páginas irei rever a formação de duas bolhas recentes e a queda que se seguiu à segunda delas. Mesmo as duas bolhas sendo diferentes, cada um desses três eventos de mercado ilustra a importância de avaliar a temperatura do mercado.

Primeiro analisaremos a ascensão meteórica das ações no final dos anos 1990 e início de 2000, e especialmente a formação da bolha da internet. O que o investidor alerta deve ter notado durante esse período?

- Na década de 1990, a economia norte-americana desfrutou da mais longa expansão em tempo de paz de sua história.

- Em dezembro de 1996, quando o índice de ações S&P 500 estava em 721 pontos, o presidente do Fed, Alan Greenspan, perguntou: "Como saber quando a exuberância irracional elevou demasiadamente os valores dos ativos?" Mas jamais foi ouvido sobre esse assunto, mesmo com o S&P mais do que duplicando, chegando a um máximo de 1.527 em 2000.

- Em 1994, o professor Jeremy Siegel, da Wharton School, publicou seu livro *Stocks for the Long Run*, no qual destacou que nunca houve um período longo de tempo em que o desempenho das ações não tivesse superado títulos, dinheiro vivo e inflação.

- Não obstante pesquisadores da Universidade de Chicago tenham concluído, anteriormente, que o retorno normal das ações dos EUA estava na vizinhança de 9% ao ano, na década de 1990 o retorno médio do S&P era de quase 20%.

- Quanto melhor o desempenho das ações, mais investidores aplicam nelas. Isso foi especialmente verdadeiro para as ações de tecnologia, que claramente eram o xodó do mercado.

- A composição dos índices de ações começou a incluir mais ações de tecnologia. Tais índices, como o S&P 500, indexam parcial ou totalmente os investidores, fazendo-os comprar mais deles, levando os preços a subir — e atraindo ainda mais capital para eles. Esse era um clássico "círculo virtuoso", cujo término ninguém podia imaginar.

- A inexistência de lucros na maioria das empresas da "nova economia" eliminou qualquer exigência de que suas ações fossem vendidas com razoáveis índices de preço/lucro.

- Quando a bolha estava próxima de seus limites de expansão, os preços de algumas ações pontocom aumentaram várias centenas por cento no dia de seus lançamentos em bolsa (ou IPO — Oferta Pública Inicial). Para estarem dispostos a comprar as novas ações pós-IPO em seus preços inflacionados, os compradores precisariam ter concluído que ou (a) os fundadores das empresas estavam dispostos a vender as ações por uma fração de seu valor real ou (b) os fundadores sabiam menos sobre o valor das ações do que os compradores. Ambas as conclusões deixaram muito a desejar.

- Para compartilhar esse milagre — e evitar o desconforto de ficar só na observação enquanto outros lucravam —, os investidores participavam de IPOs de empresas que não lucravam (e, em alguns casos, nada faturavam) e de cujos modelos de negócios sabiam pouco ou nada.
- Em 1999 foi publicado o *Dow 36,000*, de James Glassman e Kevin Hassett. Seus autores argumentavam que, como o risco de aplicar em ações era muito baixo (veja Siegel na página 224), não era preciso oferecer um prêmio de risco tão grande como os observados historicamente. Isso significava que seus preços deveriam subir imediatamente para níveis a partir dos quais proporcionariam retornos prospectivos adequadamente reduzidos. Assim, o Dow Jones Industrial Average (um renomado índice de cotação de ações da Bolsa de Nova York) merecia mais do que triplicar dos 10 mil pontos que ostentava no momento.
- A relação p/l do S&P 500, impulsionada pelo crescimento descontrolado e pelas ações de tecnologia, chegou a 33 durante o boom das ações de tecnologia, o dobro do usual do pós-guerra e a maior valorização da história desse índice até aquele momento.

Então, quais elementos estavam presentes?

- Boas notícias no fronte econômico.
- Artigos e livros favoráveis.

- Comportamento despreocupado, alheio ao risco, dos investidores.
- Retornos de investimento extraordinários.
- Valorização extremamente elevada em relação aos números históricos.
- Disposição generalizada de pagar preços analiticamente injustificados.
- Crença na existência de um moto-contínuo: aquela situação de mercado não sofreria interrupção.

Este último ponto é particularmente importante. Cada bolha começa com um quê de verdade, como observei anteriormente. Mas, nas bolhas, a importância e o potencial de lucro dessa verdade são superestimados; a descrença é posta em suspensão, e é amplamente aceito que os ganhos podem durar para sempre.

Certamente, um observador atento e objetivo poderia ter detectado a presença de uma bolha substancial cujo peso a faria esborrachar-se no chão. Eis alguns dos fenômenos que descrevi em "Bubble.com" (janeiro de 2000):

- O Webvan Group [um serviço de entrega de compras online], fundado em 1999, teve um faturamento de US$3,8 milhões e um lucro de US$350 mil no trimestre encerrado em setembro. Atualmente, o mercado de ações o avalia em US$7,3 bilhões.
- Em 9 de dezembro, as ações da VA Linux[1] subiram 698% naquele dia em relação a seu lançamento, sendo cotadas a US$239, para um valor de mercado de US$9,5 bilhões, metade do valor da Apple. A empresa faturou US$17,7 milhões em 1999, até aquela data, e obteve um prejuízo de US$14,5 milhões (já a Apple lucrou US$600 milhões nos últimos 12 meses).

---

[1] Nota do Tradutor: uma empresa de hardware de sistemas.

- Como os índices de preço/lucro das empresas de internet são tão bizarros — geralmente negativos —, alguém pode ficar tentado a considerar a relação preço/vendas[2] para falar sobre avaliação. Na Red Hat [empresa de softwares], por exemplo, esse índice chegou a 1.000:1 em determinado período de 1999.

- O Yahoo! vale US$119 bilhões, mais do que General Motors e Ford juntas, empresas de outros setores que não o tecnológico. Ao preço atual de US$432, seu p/l em 1999 era estimado em pouco mais de 1.000.

Sob tais, e incomuns, circunstâncias, o *The Wall Street Journal* escreveu em 10 de dezembro de 1999 que "as avaliações de ações assumem uma importância extraordinariamente grande na aferição do desempenho de uma empresa". Em outras palavras: na ausência de outros sinais, as pessoas precisam considerar o preço da ação como uma indicação de como a empresa está se saindo. Isso não é dar um passo para trás? Antigamente os investidores descobriam como o negócio estava indo, e depois, definiam o preço da ação.

Nesse vácuo de parâmetros de avaliação, uma "mentalidade de bilhete de loteria" parece governar a decisão de compra. O modelo para investimentos nas empresas de tecnologia e pontocom não é a probabilidade de um retorno anual de 20% ou 30% com fundamento nos ganhos projetados e índices p/l, mas um ganho de 1.000% com base em um conceito. O "discurso de vendas" pode ser: "Estamos procurando financiamento inicial para uma empresa avaliada em US$30 milhões que acreditamos poderá oferecer um IPO em dois anos no montante de US$2 bilhões". Ou talvez

[2] Nota do Tradutor: total das ações em circulação dividido pelas vendas anuais ou anualizadas.

> seja "O IPO será precificado em US$20. Pode terminar o dia em US$100, e chegar a US$200 em seis meses".
>
> Você entraria nessa? Poderia suportar o risco de dizer não e estar errado? A pressão para comprar pode ser imensa.
>
> Sempre houve ideias, ações e IPOs que geraram grandes lucros. No entanto, a pressão para participar não era tão grande quanto hoje porque no passado os vencedores ganhavam milhões, não bilhões, e isso levava anos, não meses. O lado positivo das negociações que deram certo até agora foi de 100:1 (em cada 100, uma negociação dá errado). Com esse tipo de potencial, (a) o lado positivo torna-se irresistível e (b) não é necessária uma probabilidade muito alta de sucesso para justificar o investimento. Eu já disse no passado que, embora o mercado geralmente seja movido pelo medo e pela ganância, às vezes o maior motivador é o medo de perder. Nunca tão verdadeiro como hoje, isso só intensifica a pressão para se juntar ao rebanho e nadar de braçada para longe dessa coisa de risco.

No fim das contas, em uma bolha extrema como essa, o investidor racional não precisa fazer distinções sutis. Tudo o que tem a fazer é ser capaz de identificar um comportamento insano quando o vir. Para mim — como um observador imparcial do lado de fora, não alguém com a pele em jogo —, os eventos presentes na bolha de tecnologia/internet tiveram a aparência de um conto de Hans Christian Andersen. Aqueles mergulhados nela queriam-na inflada sem que ninguém se atrevesse a dizer que o imperador estava nu. Situações como as que acabamos de descrever eram sinais da histeria coletiva, que faz parte de cada bolha.

O desempenho das ações nos anos 1990 — em especial ações de tecnologia e internet — enriqueceu muitas pessoas, levando-as a prever que uma nova era de prosperidade e criação de riqueza surgiria, e eles responderam aos retornos de que desfrutaram ampliando suas expectativas de retornos futuros. (A respeito, Charlie Munger cita o antigo estadista e orador grego Demóstenes: "O que o homem deseja, também acredita ser verdade".) Mas cabeças mais arejadas concluíram que a compra impulsionada pela euforia dos anos 1990 tinha passado da conta e sacado em excesso sobre o futuro, com implicações altamente negativas. Demorou apenas alguns anos para que esse diagnóstico se provasse certeiro.

O resultado foi que entre 2000 e 2002 houve (a) o primeiro declínio de três anos do mercado de ações desde 1929/1931, com uma queda de 49% no S&P 500 de alto a baixo (ignorando a renda), (b) declínios acentuados das ações de tecnologia, e (c) perdas de 100% em muitas ações de internet e e-commerce.

~

Normalmente, seria de esperar da dolorosa deflação de tal bolha — que tinha sido impulsionada por excessos de otimismo e credulidade — um sério impacto educacional, adiando em uma década ou duas o surgimento de outra bolha do tipo. Mas não foi o caso. Por ser tão importante, repetirei mais uma vez o que John Kenneth Galbraith disse sobre o aprendizado das lições financeiras:

> Contribuindo para... a euforia há dois outros fatores pouco notados em nosso tempo ou em tempos passados. O primeiro é a extrema brevidade da memória financeira. Em consequência, desastres financeiros são rapidamente esquecidos. E como corolário, quando ocorrerem as mesmas (ou semelhantes) circunstâncias, às vezes em apenas alguns anos, elas serão saudadas por uma nova geração, muitas vezes jovem e sempre supremamente autoconfiante, como uma descoberta brilhantemente inovadora em um mundo financeiro e econômico mais amplo.

Os eventos que apenas alguns anos depois levaram ao boom das hipotecas subprime — algo apropriadamente descrito anteriormente neste livro — forneceram um ótimo exemplo da forma como os excessos cíclicos são construídos sobre o erro:

- Como escrevi na página 123, alguns líderes dos EUA decidiram que somente o bem poderia vir do aumento da posse da casa própria.
- As agências federais encarregadas de emitir hipotecas captaram a mensagem e aumentaram a disponibilidade de hipotecas.
- O declínio das taxas de juros tornou as hipotecas, e por conseguinte a casa própria, cada vez mais ao alcance das pessoas.
- Maior acessibilidade e disponibilidade de hipotecas permitiram que a compra e a demanda de imóveis residenciais se intensificassem.
- Esse aumento da demanda fez com que os preços das casas aumentassem substancialmente. O canto de sereia de que "os preços das casas só sobem" tornou-se uma verdade aceita, ocasionando ainda mais demanda por residências.
- O pseudoargumento adicional de que "nunca pode haver uma onda nacional de inadimplência de hipotecas" passou a ser lugar-comum, fazendo com que os títulos lastreados em hipotecas fossem aceitos como principais candidatos a investimento, particularmente por instituições financeiras.
- Wall Street apresentou um modelo para a securitização de hipotecas residenciais em prosaicas e confiáveis "tranches" (veja mais no Capítulo IX) — o próximo item de alto retorno e baixo risco.
- A criação e venda de CDOs[3] e outros títulos garantidos por hipotecas aumentaram muito os lucros dos bancos.

[3] Nota do Tradutor: sigla em inglês para "Obrigações de Dívida Colateralizada".

- Com regulamentações frouxas permitindo aos bancos empregar uma alavancagem materialmente maior, grandes quantidades de capital estavam disponíveis para investimento na criação de títulos garantidos por hipotecas.

- O crescimento meteórico do "empacotamento" de títulos garantidos por hipotecas criou uma crescente demanda por uma matéria-prima essencial no processo: novas hipotecas emitidas.

- A fim de aumentar o volume de hipotecas que emitiam, quem concedia crédito criava novas formas de atrair os tomadores: hipotecas cujos juros apenas minimizavam os pagamentos mensais, eliminando a exigência tradicional de amortização do principal; hipotecas de taxa ajustável que permitiam aos mutuários se beneficiar de taxas de juros bem baixas no início da curva de juros; e, mais importante, hipotecas "subprime" (às vezes chamadas de "empréstimos mentirosos"), que dispensavam os candidatos de documentar renda e emprego.

- Com as hipotecas subprime sendo desmembradas em títulos e passadas para a frente, ao contrário de serem mantidas como no passado, a ênfase dos credores transferiu-se da capacidade de pagar dos mutuários para o volume dos empréstimos que concediam. Capazes de repassar as hipotecas desmembradas imediatamente e, portanto, não tendo nenhum risco de inadimplência, não havia razão para eles se preocuparem com a credibilidade de seus tomadores. Claramente isso se revelou um incentivo perverso para eles. (Incentivos como esses — que permitem que os participantes se engajem em comportamentos de risco sem ter que se preocupar com as consequências — foram descritos na Crise Financeira Global como criando um "risco moral", um termo em voga na época. Ouvido com menos frequência hoje em dia, o conceito sobrevive e continua perigoso.)

- A chave para o suposto sucesso dos títulos garantidos por hipotecas subprime reside na "engenharia financeira" executada por analistas de dados quantitativos e doutores, muitos deles em seus primeiros empregos. Eles modelaram o risco com base no falso pressuposto de que as inadimplências das hipotecas permaneceriam não correlacionadas e benignas, como no passado.

- A criação de grandes quantidades de títulos subprime significava que havia muitos negócios para as agências de rating cuja aprovação era essencial. Entretanto, essas lucrativas atribuições iam para a agência que fornecia a classificação mais alta. Isso levou à comercialização de ratings criando mais incentivos perversos, dessa vez apoiando a ampla inflação dos ratings.

- Em consequência, as agências de classificação de risco emitiram muitos milhares de ratings AAA para títulos lastreados em hipotecas (em comparação com as *quatro* empresas dos EUA que desfrutavam de ratings AAA na época). O pessoal das agências claramente não estava capacitado para entender completamente a complexidade dos títulos hipotecários que estava avaliando.

- Os bancos e outras instituições financeiras compraram enormes quantidades de tais títulos, auxiliados por técnicas de "gerenciamento de riscos", como Value at Risk, fortemente vinculados ao curto e benigno histórico dos ratings excessivamente generosos, subestimando, assim, o risco que os compradores estavam assumindo.

- Todos os itens citados ocorreram e foram facilitados por atitudes alheias ao risco caracterizadas pela retórica da "morte do risco" (veja a página 123).

Então onde está a raiz da formação dessa bolha? De acordo com meu memorando "Now It's All Bad?" ("Agora Tudo Está Ruim?", em tradução livre, de setembro de 2007):

... uma combinação padrão que se provou perfeitamente incendiária:

- Ganância subjacente.
- Bons retornos na fase alta do ciclo.
- Euforia e complacência.
- Mercado de crédito livre e fácil.
- A inventividade e capacidade de persuasão de Wall Street.
- A credulidade dos investidores.

Os fatores resultantes que alimentaram a ascensão do ciclo são claros:

- Uma enorme diminuição da aversão ao risco e, portanto, o desaparecimento do ceticismo.
- A aceitação de amplas generalizações positivas em relação a casas e hipotecas.
- Fé excessiva em novas ferramentas, como engenharia financeira e gestão de risco.
- Cegueira generalizada quanto ao impacto dos incentivos indevidos sobre os envolvidos no processo.

Além da falta de memória de longo prazo, excessos psicológicos e lapsos lógicos, a bolha que surgiu em títulos lastreados em hipotecas foi estimulada por dois fatores adicionais:

- Como essa nova bolha surgiu no setor de hipotecas — uma parte dos mercados financeiros completamente separada daquela que havia sido visitada pela bolha da tecnologia e da internet —, os investidores de

> renda fixa e as instituições financeiras que compunham esse mercado não foram afetados em primeira mão, e não aprenderam com isso.

O péssimo desempenho recente das ações desencorajou de tal modo os investidores em ações — e taxas de juros trazidas para baixo por um Fed bastante comedido, diminuindo muito os rendimentos dos investimentos de renda fixa —, que eles desistiram de obter elevados retornos em ações e títulos. Esse estado de espírito os tornava altamente suscetíveis à promessa de uma nova fonte de retorno sem risco: títulos garantidos por hipotecas.

Este é um bom momento para um valioso aparte. Ir para a coisa certa — o ativo que fornecerá retorno sem risco, ou o que eu chamo de "bala de prata" (que remonta a *The Lone Ranger*, um faroeste dos anos 1950 sobre um homem da lei cujos tiros nunca erravam o alvo) — é um dos maiores e recorrentes erros cometidos por investidores. Ele exemplifica "o que todo homem deseja", como disse Demóstenes, mas não faz sentido. Se houvesse uma bala de prata:

- Por que alguém a ofereceria a você em vez de comprá-la?
- E todos os outros não comprariam e aumentariam o preço até o ponto em que não seria mais uma certeza?

Já me deparei com dezenas de balas de prata no decorrer dos meus 48 anos de carreira. Nenhuma delas cumpriu o que prometia. Nenhuma estratégia ou tática de investimento jamais proporcionará um alto retorno sem risco, especialmente para compradores que não têm um alto nível de habilidade para investir. Excelentes resultados de investimento só podem vir de uma habilidade excepcional (ou talvez em momentos isolados de boa sorte).

Como informei anteriormente, as bolhas geralmente nascem de um quê de verdade. Mas todas foram longe demais, e seu estouro deixa o mundo dos investimentos em maus lençóis. A crença em uma bala de prata está por trás de muitas bolhas. O fato de os investidores estarem dispostos a aceitar sem constatações uma promessa de retorno sem risco é um indicador infalível de que o ceticismo é escasso, a psicologia está superaquecida, e o ativo em questão é superestimado e, portanto, provavelmente seu preço está sobrevalorizado. Cuidado com isso; resista se puder. Por definição, são poucos os que conseguem não participar delas.

Eu resumiria a conclusão-chave da seguinte maneira: a bolha das hipotecas subprime surgiu da ampla aceitação de que a ideia funcionaria de um modo jamais visto. A análise de formas de investimento deve implicar (a) postura cética e premissas conservadoras e (b) exame ao longo período histórico que inclua algumas épocas difíceis. Essas coisas estavam claramente ausentes.

De fato, a maioria das bolhas, se não todas, é caracterizada pela aceitação inquestionável de coisas que nunca foram verdadeiras no passado, de avaliações que estão dramaticamente em desalinho com as normas históricas, e/ou de técnicas e ferramentas de investimento que não foram testadas.

~

A bolha das hipotecas subprime demonstrou um princípio extremamente importante em ação que não abordei até agora. O ambiente financeiro e de investimento — e o desempenho de técnicas e instrumentos de investimento — não é imutável. Muito ao contrário, como informei muitas vezes em relação aos ciclos, essas coisas são afetadas pelo envolvimento das pessoas.

Não existe um mercado que seja separado — e imune à ação — das pessoas que o formam. O comportamento das pessoas no mercado muda o mercado. Quando suas atitudes e comportamento mudam, o mercado muda.

No caso em questão:

- As forças do mercado mudaram as motivações dos participantes.
- Essas motivações alteradas mudaram o comportamento deles.
- Esse comportamento alterado determinou claramente os resultados.

Como se vê claramente, uma progressão essencial estava em curso:

- Recorreu-se à história como garantia de que não poderia haver uma onda nacional de inadimplência de hipotecas.
- A aceitação desse histórico benigno fez com que imensas quantias fossem investidas em títulos garantidos por hipotecas.
- Isso deu aval para que os valores mobiliários fossem estruturados de forma agressiva.
- E também fez com que as agências de classificação de risco extrapolassem a experiência benigna e concedessem ratings elevados.
- Mais importante ainda, a forte demanda por títulos lastreados em hipotecas criou uma necessidade de matéria-prima — empréstimos hipotecários — e levou a tal ansiedade de emiti-las, que fez com que os padrões de concessão de empréstimos se deteriorassem.
- Esses fatores atuando em conjunto virtualmente garantiram que *haveria* uma onda nacional de inadimplência de hipotecas.

Como mencionei anteriormente, graças ao impacto de práticas de empréstimo descuidadas — cuja adoção passou em grande parte despercebida na época —, o padrão da experiência com hipotecas emitidas do final dos anos 1990 até 2007 demonstrou ser muito pior do que havia sido historicamente. Pior do que as estruturas de valores mobiliários e as agências de classificação de risco consideravam possíveis, e pior do que os modelos dos compradores informaram que seria. Ignorar essa possibilidade contribuiu, e muito, para a criação da bolha hipotecária subprime. E sua ocorrência provocou a crise resultante.

A chave é entender que o comportamento dos investidores pode alterar o mercado, mudando os resultados que os investidores podem esperar que o mercado entregue. Isso reflete a teoria da reflexividade de George Soros:

> Em situações que têm participantes pensantes, aqueles... com visões distorcidas podem influenciar a situação com a qual se rela-

> cionam, porque visões falsas levam a ações inapropriadas. ("Soros: General Theory of Reflexivity" — "Soros: Teoria Geral da Reflexividade", em tradução livre —, *Financial Times*, 26 de outubro de 2009.)

As pessoas que tentam entender como as coisas funcionam nos mundos econômico e financeiro devem levar essa lição muito a sério.

~

Tudo o que é necessário para que o moto-contínuo pare de girar é que uma ou duas hipóteses se mostrem falsas, além do funcionamento de algumas regras gerais:

- As taxas de juros podem subir ou descer.
- Platitudes podem falhar.
- Incentivos inapropriados podem levar a comportamentos destrutivos.
- As tentativas de quantificar o risco antecipadamente — particularmente quanto a novos produtos financeiros para os quais não há histórico — serão muitas vezes inúteis.
- O "pior caso" pode, na verdade, ser ultrapassado no lado negativo.

O equívoco em todos esses pontos é sempre claro em retrospectiva. Mas as práticas arriscadas em relação às hipotecas e títulos lastreados em hipotecas —que foram tomadas em tão alta conta — estavam ocorrendo em um canto obscuro do mundo financeiro. Eram, assim, invisíveis para as diretorias das áreas de investimento, estrategistas de portfólio, investidores em ações, gerentes de investimentos alternativos, compradores de títulos tradicionais e aparentemente até mesmo para os investidores em hipotecas.

Lá na Oaktree tivemos a sorte, nos anos em que a bolha hipotecária surgiu — levando à Crise Financeira Global —, de entender que o ciclo de crédito seguia um rumo ascendente e, portanto, que os mercados estariam cada vez mais precários. Isso nos levou a vender ativos, liquidar os grandes fundos em dificuldades e substituí-los por outros de menor porte, aumentar nosso nível de consciência de risco e conservadorismo, e a levantar um fundo de reserva várias vezes o maior de todos os tempos para aproveitar as oportunidades de dívidas inadimplentes ou prestes a estar nessa situação que sentimos poderiam se materializar.

Em que nos baseamos para fazer isso? Em retrospecto, foi fácil — embora nunca pareça tão fácil em tempo real. O que estava ao alcance, no período de 2005 a 2007, era fazer as seguintes observações gerais:

- O Fed reduziu a taxa básica de juros para níveis muito baixos, a fim de afastar os efeitos depressivos do estouro da bolha tecnológica, bem como a preocupação com o "bug do milênio".
- Devido à baixa remuneração dos títulos do Tesouro (dos EUA) e títulos com grau de investimento, bem como do desencanto com as ações decorrente do contínuo declínio entre 2000 e 2002, os investidores estavam ansiosos para investir em instrumentos alternativos.
- Os investidores já tinham dado de ombros para as consequências funestas do colapso da bolha tecnológica em 2000 e da bolha das telecomunicações e escândalos corporativos de 2001 a 2002.
- Havia, assim, pouca aversão ao risco (especialmente em outras áreas que não a de ações, ainda observadas com cautela), tornando os investidores geralmente ansiosos por investimentos em instrumentos exóticos, estruturados e sintéticos.
- Como resultado de todos os itens citados, os mercados estavam abertos para a emissão de dívida de baixa qualidade, instrumentos mal estruturados e alternativas não testadas.

Essas foram nossas observações, e a última nos chamou mais a atenção para as tendências negativas que estavam em andamento. Parecia que não havia um dia em que Bruce Karsh ou eu não visitássemos o escritório um do outro para reclamar sobre um novo produto financeiro, dizendo: "Não deveria ser possível emitir um lixo como esse. Há algo de errado com o mercado". Esses negócios arriscados nos diziam que medo, ceticismo e aversão ao risco eram insuficientes, e ganância, credulidade e tolerância ao risco estavam em alta. As implicações dessa combinação nunca são boas.

Todos os pontos aqui mencionados eram óbvios, e não sujeitos a debate. Tudo o que importava era se você fez essas observações e tirou as conclusões apropriadas. Não era preciso entender completamente o que estava errado com as hipotecas subprime ou desconsiderar os títulos garantidos por hipotecas e obrigações de dívida colateralizadas altamente estruturadas. *Nós, com certeza, não entendíamos.*

E, a propósito, naqueles anos em que a bolha hipotecária estava crescendo, as ações não estavam indo bem ou sendo vendidas em grandes lotes, e a economia não estava crescendo (e, por conseguinte, necessariamente caminhando para uma recessão). Mas quem fez as observações que acabamos de listar provavelmente teria concluído, como fizemos, que era hora de reduzir o quantum de risco em seu portfólio. Isso foi tudo o que era preciso.

E aqui estão os resultados do estouro da bolha hipotecária e de suas repercussões, como mostrado no desempenho de alguns dos índices de investimento padrão em 2008, o ano em que tudo se desfez. Claramente um ano em que foi extremamente importante ter um risco reduzido.

Standard & Poor's 500 Stocks	(37.0)%
Dow Jones Industrial Average	(31.9)
NASDAQ Composite	(40.0)
MSCI Europe, Australasia, Far East Stocks	(45.1)
Citigroup High Yield Market Index	(25.9)
Merrill Lynch Global High Yield European Issuer Index (in Euro)	(32.6)
Credit Suisse Leveraged Loan Index	(28.8)
Credit Suisse Western European Loan Index (in Euro)	(30.2)

~

Finalmente, ao discutir como detectar e reagir aos extremos do ciclo de mercado, convém voltar mais uma vez ao pânico generalizado que se seguiu à quebra do Lehman Brothers, em setembro de 2008.

Embora tenha se originado em um canto periférico do mundo financeiro e de investimentos, a crise das hipotecas subprime logo se espraiou, contagiando principalmente as instituições financeiras que subestimaram o risco dos títulos lastreados em hipotecas e, portanto, investiram pesadamente neles. Em seguida, como consequência da ameaça a essas instituições essenciais, impactou os mercados de ações e títulos em todos os países — e depois as economias em todo o mundo — na forma da Crise Financeira Global.

Com isso, como descrevi anteriormente, os fundos de investimento constituídos de títulos do mercado de valores mobiliários e papéis representativos da dívida corporativa tinham que ser garantidos pelo governo dos EUA. Vários bancos e instituições financeiras importantes se deram mal, precisando ser socorridos, resgatados ou absorvidos. Desconhecia-se até onde iria a hemorragia do sistema financeiro. Os mercados de ações e dívida entraram em colapso. Agora a generalização havia saltado para o lado negativo: "o sistema financeiro poderia derreter totalmente" em um círculo vicioso sem fim.

Com o caráter negativo das generalizações, a máquina de gerar erros emperrou. Já não havia ganância, apenas medo. Nenhum otimismo, só pessimismo. Nada de tolerância ao risco, apenas aversão a ele. Nenhuma capacidade de ver pontos positivos, somente negativos. Vontade alguma de interpretar as coisas de forma positiva, muito ao contrário. Bons resultados eram inimagináveis. No horizonte, só os ruins. Assim, chegamos ao dia em que tive a conversa mencionada nas páginas 136–137, em que o diretor do fundo de pensão não podia ou não estava disposto a aceitar que qualquer suposição sobre possíveis inadimplências pudesse ser suficientemente conservadora.

Qual a observação essencial a ser feita? Eis o que escrevi em "The Limits to Negativism" ("Os Limites do Negativismo", em tradução livre):

> Fazer o oposto do que os outros fazem, ou "nadar contra a corrente", é essencial para o sucesso do investimento. Mas como a crise de crédito atingiu um pico na semana passada, as pessoas se deixaram levar em vez de resistir. Eram raros os otimistas; a maioria era pessimista em algum grau. Alguns se tornaram genuinamente deprimidos — até mesmo alguns grandes investidores que conheço. Relatos cada vez mais negativos do colapso próximo foram trocados via e-mail. Não houve quem fosse cético ou dissesse "que o horror de uma situação dessas era improvável". O pessimismo alimentou-se de si mesmo. A única preocupação das pessoas era proteger seus portfólios para superar o colapso iminente ou levantar dinheiro suficiente para atender aos resgates. A única coisa inexistente na semana passada eram ofertas agressivas de compra de títulos. Então, os preços caíram, e caíram vários pontos de cada vez — ou seja, "a casa caiu".
>
> A chave, como de costume, era se tornar cético sobre o que "todo mundo" estava dizendo e fazendo. Alguém poderia ter dito: "Claro, os aspectos negativos podem ser verdadeiros, mas certamente já estão precificados no mercado. Então há pouco a ganhar apostando nisso. Por outro lado, se não forem verdadeiros, os níveis de preços estão tão deprimidos, que a valorização será enorme. Eu compro!" A história negativa pode ter parecido atraente, mas é a história positiva — na qual poucos acreditavam — que detinha e ainda detém o maior potencial de lucro.

Nesse ciclo de mercado extremo, todas as notícias eram realmente negativas... e certamente não imaginárias. As únicas perguntas que me fizeram foram: "Até onde vai?" e "Quais serão os efeitos?" Dado que os preços dos ativos refletiam apenas um pessimismo abjeto em relação a essas coisas — eu diria um pensamento quase suicida —, a chave para lucrar está em reconhecer que, mesmo diante de notícias uniformemente ruins e de uma péssima perspectiva, o pessimismo pode ser exagerado e, assim, os ativos podem se tornar baratos demais.

Foi o excesso de pessimismo que me levou a escrever "Os Limites do Negativismo" com relação ao mercado de crédito em outubro de 2008. Nele, apontei, como mencionado no capítulo sobre atitudes em relação ao risco, que o ceticismo inato do investidor superior "exige pessimismo quando o otimismo é excessivo. Mas também exige otimismo quando o pessimismo é excessivo". Essa dupla face do ceticismo estava totalmente ausente nos dias mais sombrios do mercado, é claro.

Pouco depois da quebra do Lehman, em 15 de setembro de 2008, Bruce Karsh e eu chegamos à conclusão de que (a) ninguém poderia saber até onde iria o colapso das instituições financeiras, mas (b) a negatividade era certamente abrangente e possivelmente excessiva, e os ativos pareciam terrivelmente baratos. Pensando estrategicamente, concluímos que se o mundo financeiro acabasse — algo que não se podia descartar —, não importaria se comprássemos ou não. Porém, se o mundo não acabasse e não tivéssemos comprado, teríamos deixado de fazer nosso trabalho.

Então partimos para as compras de dívida agressivamente. A Oaktree investiu mais de meio bilhão de dólares por semana durante as 15 semanas entre 15 de setembro e o final do ano. Em alguns dias pensamos que estávamos indo rápido demais, e em outros, devagar demais; isso provavelmente significava que estávamos certos. Bem, o mundo não acabou, o ciclo vicioso da implosão das instituições financeiras parou no Lehman Brothers, os mercados de capital reabriram, as instituições financeiras voltaram à vida, a dívida foi novamente capaz de ser refinanciada, as falências acabaram sendo muito poucas em relação aos dados históricos, e os ativos que compramos se valorizaram substancialmente. Em resumo, fomos recompensados por prestar atenção ao ciclo.

~

Embora estejamos revisitando o clima no final de 2008, este é o momento apropriado para uma discussão sobre o comportamento do investidor quando o mercado se encaminha, ou está, lá no fundo (do poço).

Para começo de conversa, o que é fundo do poço? É o ponto no qual os preços mais baixos do ciclo são atingidos. Pode-se dizer que ele é alcançado no dia em que o último investidor, em pânico, vende o que tem, ou o último dia em que os vendedores predominam em relação aos compradores. Seja por que motivo for, é o último dia no qual os preços caem e, assim, o dia em que eles atingem seu nadir. (Claro que essas definições são altamente exageradas. A expressão "fundo do poço" — tal como "pico" — descreve um período de tempo, não um dia. Assim, a frase "o último dia" é principalmente uma figura de linguagem). A partir do fundo, os preços sobem, já que não há detentores de capital para capitular e vender, ou porque os compradores agora estão mais decididos a comprar do que os vendedores a vender.

A questão que quero abordar aqui é: "Quando devemos começar a comprar?" Já me referi anteriormente, neste livro, a "fundo do poço". Trata-se de um conceito muito importante. Quando um mercado está desabando, os investidores podem ouvir dizer: "Não dá para saber se chegamos ao fundo do poço". Em outras palavras, "A tendência é de queda, e não dá para adivinhar quando isso vai deixar de acontecer. Então, por que deveríamos comprar sem ter certeza de que o fundo foi alcançado?"

Mas o que eu acho que eles estão realmente dizendo é: "Estamos com medo — em especial de comprar antes que o declínio cesse e, portanto, de nos dar mal —, então vamos esperar até que o fundo do poço seja alcançado, a poeira abaixe e a incerteza passe". Mas espero que a esta altura tenha deixado bem claro que quando a poeira baixar e os nervos dos investidores se acalmarem, o bonde já terá passado, levando com ele as oportunidades perdidas — as pechinchas.

Na Oaktree, rejeitamos fortemente a ideia de esperar pelo fundo do poço para começar a comprar.

- Primeiro, não há como saber quando o fundo foi alcançado. Não há um LED piscando lá embaixo. Reconhecemos isso quando se constata estarmos no dia anterior ao início da recuperação. Por definição, isso só pode ser identificado após o fato.
- Em segundo lugar, geralmente é durante os escorregões do mercado que você pode comprar as maiores quantidades daquilo que quer, de vendedores que estão jogando a toalha e enquanto os que esperam o fundo do poço chegar estão abraçando-se pelos cantos. Mas, uma vez que o escorregão leva o mercado ao chão, por definição há poucos vendedores para vender, e os compradores predominam. Assim, as vendas entram em fase minguante, e os potenciais compradores enfrentam uma crescente competição.

Começamos a comprar dívidas inadimplentes[4] imediatamente depois que o Lehman entrou com pedido de falência, em meados de setembro de 2008, e continuamos até o fim do ano, à medida que os preços diminuíam. No primeiro trimestre de 2009, outros investidores haviam captado os valores disponíveis e reunido algum capital para investir. Mas, com os vendedores motivados pelas vendas efetuadas e as compras tendo começado, era tarde demais para comprar em grandes volumes sem aumentar os preços.

Como tantas outras coisas no mundo dos investimentos que podem ser testadas com base na certeza e precisão, esperar pelo fundo do poço para começar a comprar é um ótimo exemplo de insensatez. Então, se mirar o fundo é errado, quando comprar? A resposta é simples: quando o preço está abaixo do valor intrínseco. E se o preço continuar caindo? Comprar mais, pois agora é provavelmente um negócio ainda mais interessante. Tudo que se precisa para ter êxito nisso é (a) uma estimativa do valor intrínseco, (b) a atitude emocional de perseverar, e (c), por fim, ter provado que sua estimativa de valor estava correta.

[4] Nota do Tradutor: também tratadas aqui pelas chamadas dívidas em dificuldades - DD.

Eis como os principais índices de investimento se comportaram no ano seguinte. Os retornos disponíveis em 2009 mostram a importância de ter reconhecido um ciclo em um extremo negativo e ter comprado (ou pelo menos mantido) no caos que o acompanhava.

Standard & Poor's 500 Stocks	26.5%
Dow Jones Industrial Average	22.7
NASDAQ Composite	45.4
MSCI Europe, Australasia, Far East Stocks (in US$)	27.8
Citigroup High Yield Market Index	55.2
BofA Merrill Lynch Global High Yield European Issuer Index	83.0
Credit Suisse Leveraged Loan Index	44.9
Credit Suisse Western European Loan Index (in Euro)	47.2

É hora de um aparte: se você olhar as duas últimas tabelas — aquelas que mostram grandes perdas em 2008 e grandes ganhos em 2009 —, será fácil concluir que os dois anos juntos constituem uma espécie de "não evento". Por exemplo, se você tivesse colocado $100 no Credit Suisse Leveraged Loan Index no primeiro dia de 2008, teria perdido 29% ao longo do ano e ficaria com apenas $71 no final. Mas depois teria ganho 45% em 2009, e terminado com $103 transcorridos dois anos, o que significa um ganho líquido de $3. Os resultados de dois anos nas classes de ativos listados anteriormente variaram de perdas líquidas moderadas a ganhos líquidos moderados.

É importante, todavia, o que você fez no meio. Sim, segurar-se lhe permitiria recuperar a maioria ou todas as perdas e acabar bem, com os resultados descritos antes. Mas se você perdeu o controle dos nervos e vendeu "no meio" — ou se, tendo comprado com dinheiro emprestado, recebeu uma chamada de margem que não podia atender e se viu em uma posição vendida —, você experimentou o declínio, mas não a recuperação, e seu resultado líquido nesse período de dois anos de "não evento" foi desastroso.

Por essa razão, é importante frisar que sair do mercado após um declínio — e, por conseguinte, não participar de uma recuperação cíclica — é realmente o pecado capital no investimento. Experimentar uma perda de marcação a mercado na fase descendente de um ciclo não é fatal em si, contanto que você se mantenha também na parte de cima, benéfica. Converter essa flutuação descendente em uma perda permanente ao vender no fundo do poço é realmente terrível.

Assim, compreender os ciclos e ter os recursos emocionais e financeiros necessários para vivenciá-los é um ingrediente crucial no sucesso do investimento.

~

Antes de cantar vitória na Crise Financeira Global e seguir em frente, quero declarar com firmeza que o sucesso que meus colegas e eu tivemos em lucrar com esse ciclo não foi inevitável. Isso porque, refletindo o tema de Elroy Dimson, o bom resultado que tivemos não era o único resultado que poderia ter-se materializado. Estou convencido de que, se Hank Paulson, Tim Geithner e Ben Bernanke não tivessem agido como o fizeram, ou se tivessem agido de forma diferente, ou se suas ações não tivessem sido tão bem-sucedidas como foram, um colapso financeiro e a reprise da Grande Depressão com certeza poderiam ter ocorrido. Nesse caso, nossas ações não seriam motivo de comemoração.

Meu receio é o de que as pessoas possam olhar para o declínio de 2008 e para a recuperação que se seguiu e concluir que declínios sempre podem depender de serem recuperados prontamente e com facilidade, e, portanto, não há nada com que se preocupar com os ciclos de queda. Mas acho que essas são as lições erradas da crise, já que o resultado que realmente ocorreu foi muito melhor do que algumas das "histórias alternativas" (como Nassim Nicholas Taleb as chama) que poderiam ter ocorrido em seu lugar. E se essas lições incorretas são as que são aprendidas, como acredito que possam ter sido, então elas provavelmente trarão um comportamento que aumente a amplitude de outro ciclo dramático de boom/colapso algum dia, talvez com um ciclo mais sério e consequências de longa duração para os investidores e para toda a sociedade.

Mas muito se perdeu para nós na recuperação da crise, e para todos os investidores "longos". Certamente posicionamos de modo correto os portfólios de nossos clientes para o futuro que se materializou, e muito disso foi devido ao nosso sentimento pela maneira como os ciclos psicológicos e de mercado operam. Dada a incapacidade de prever o futuro, é o melhor que qualquer um pode fazer.

Bolhas e quebras têm um padrão próprio: uma lógica — ou falta de lógica — cuja essência rima de uma instância para outra. Os três episódios analisados aqui mostram a oscilação do ciclo em sua forma mais extrema, e, assim esperamos, eles fornecem uma indicação de como os ciclos podem ser reconhecidos e tratados.

Quero levantar alguns últimos pontos essenciais.

- Primeiro, todos os elementos nas progressões que descrevi eram claros o bastante para serem identificados naquela ocasião, resguardando os investidores de emoções e percepções distorcidas sobre o que se passava.

- Segundo, inferir o que era essencial e, portanto, tomar as ações apropriadas não exigia qualquer previsão. As descrições das progressões então correntes são convincentes, sem adivinhações sobre o futuro. Os eventos e excessos cíclicos resultantes apontavam para um comportamento lucrativo.

- Finalmente, embora eu diga que os eventos foram óbvios e as implicações também, quero afirmar categoricamente que nada era fácil na época. Mesmo os melhores e menos emocionais entre nós estão sujeitos às mesmas entradas e estímulos que todos os outros. Nós nunca tivemos certeza, mas fizemos a coisa certa, no entanto. E enquanto os erros que levaram à Crise Financeira Global foram facilmente reconhecíveis, o tempo de sua correção foi absolutamente além da previsão. O melhor que os investidores podem fazer é agir à luz do que se passa no meio ambiente. Mas eles devem ter em mente o que John Maynard Keynes teria dito: "O mercado pode permanecer irracional por mais tempo do que você pode permanecer solvente".

Para fechar o assunto de como lidar com eventos cíclicos, quero fornecer mais um exemplo, de 1991. As aquisições alavancadas de controle societário haviam crescido nos anos 1980, graças à capacidade de contrair dívidas dos compradores de empresas, muitas vezes chegando até 95% do preço total de compra. Isso levou muitas empresas a se sujeitarem a dívidas que não poderiam honrar na recessão que se seguiu. Quebras e inadimplências foram inúmeras, e, assim, sobreveio a primeira crise dos títulos de alto risco. Isso tudo veio à tona logo após formarmos nossos Fundos II e IIb para dívidas em dificuldades. Veja como avaliei o ambiente em uma carta aos investidores nesses fundos em 23 de janeiro de 1991:

> Em geral, os preços de mercado das empresas inadimplentes ou prestes a inadimplir diminuíram durante 1990. Parte disso deveu-se aos fundamentos, pois o valor de mercado de todos os ativos enfraqueceu junto com a economia, enquanto alguns decorreram de "condições técnicas", um eufemismo para a significativa expansão da oferta desse tipo de títulos da dívida, que desencorajou os compradores e os retirou do mercado.
>
> A piora do clima econômico e psicológico nos dá a oportunidade de escolher entre um grande número de investimentos prospectivos a preços que são verdadeira pechincha. O ambiente é depressivo, pois muito do que se compra é logo cotado mais abaixo e não há animação.
>
> Essas são exatamente as condições sob as quais queremos estar trabalhando. Quando os compradores estão ativos e dando vivas porque tudo o que compram aumenta mais no dia seguinte e os faz se sentirem espertos, o "índice de dor" é muito baixo, e os compradores são encorajados.
>
> As condições de hoje me dizem que estamos mais propensos a ganhar mais do que se estivéssemos em um clima como esse. Há poucos concorrentes para aumentar os preços das coisas que que-

remos comprar. É mais provável que cada preço de compra seja um "baixo" do que um "alto".

Não podemos presumir que começaremos a investir no dia em que a economia e o mercado batam no fundo do poço. Nossa maior esperança é a de que isso aconteça em algum momento durante o período em que estamos investindo ativamente, e que compraremos no caminho, ao longo e depois daquele momento.

Esse é um bom exemplo de sentir o pulso do mercado em tempo real... não apenas porque fui eu quem o fez, e não apenas porque acabou dando certo (os fundos de dívidas em dificuldades que estávamos investindo naquela época tinham alguns dos maiores retornos que já alcançamos). Foi bom porque detectamos e nos precavemos contra as influências emocionais deprimentes que impediam os outros de comprar. Isso mostra que sabíamos que as condições "lúgubres" e as perdas decorrentes da marcação a mercado que estavam afastando compradores eram mais propensas a ter implicações favoráveis e não desfavoráveis aos retornos subsequentes, e que os preços em queda são bons para os compradores, não ruins.

Entender o que as coisas realmente significam — em vez de como elas fazem os investidores se sentirem — é o primeiro passo para fazer as coisas certas na ocasião.

~

Este capítulo estendeu-se bastante, mas já que é assim, terminarei com uma discussão geral sobre como pensar em posicionar um portfólio à medida que o mercado passa por seu ciclo.

Penso ser útil ter uma abordagem organizada para o que chamo de "riscos gêmeos". Estou referindo-me aqui ao fato de que os investidores têm que lidar diariamente com duas possíveis fontes de erro. A primeira é óbvia: o risco de perder dinheiro. A segunda é um pouco mais sutil: o risco de perder a oportunidade. Os investidores podem eliminar qualquer um deles, mas isso os exporá inteiramente ao outro. Então a maioria das pessoas equilibra as duas.

Qual deve ser a postura normal de um investidor em relação aos dois riscos: equilibrada ou favorecendo um ou outro? A resposta depende principalmente dos objetivos, das circunstâncias, da personalidade e da capacidade de resistir ao risco (e das mesmas coisas em relação aos clientes, se houver).

À parte de sua postura normal, o investidor deve alterar o equilíbrio de tempos em tempos? Em caso positivo, como? Minha opinião é a de que os investidores devem tentar ajustar apropriadamente sua postura se eles (a) acharem que têm a percepção necessária e (b) estão dispostos a se empenhar nisso e assumir o risco de estar errados. Eles devem fazer isso com base em onde o mercado está em seu ciclo. Em suma, quando o mercado está no alto de seu ciclo, eles devem enfatizar a limitação do potencial de perda de dinheiro, e quando está em um ciclo baixo, devem enfatizar a redução do risco de perda de oportunidade.

Como? Tente viajar para o futuro e olhe para trás. Em 2023, você acha que é mais provável dizer: "Em 2018, gostaria de ter sido mais agressivo" ou "Em 2018, gostaria de ter sido mais defensivo"? E há algo de hoje sobre o qual você provavelmente diria: "Em 2018, perdi a chance de uma vida inteira para comprar xyz"? O que você acha que pode dizer daqui a alguns anos pode ajudá-lo a descobrir o que deve fazer hoje.

As decisões citadas referem-se diretamente à escolha entre agressividade e defensividade. Quando um investidor quer reduzir sua chance de perder dinheiro, deve investir com uma postura mais defensiva. Mais preocupado com a falta de oportunidades? Nesse caso, é necessário aumentar a agressividade. A variação de sua postura deve ser feita em resposta a onde o mercado está em seu ciclo, e, novamente, isso pode ser abordado em termos de como o mercado é valorizado e como outros investidores estão se comportando — os dois elementos na avaliação do mercado mencionados anteriormente.

Quando a maioria dos investidores está se comportando de forma agressiva, isso é um bom sinal de que o mercado é um lugar arriscado, pois há pouca aversão ao risco. E a agressividade dos investidores provavelmente terá como resultado direto a elevação nos preços dos ativos. Nos dois sentidos, como já mencionei antes, a agressividade dos outros torna o mercado arriscado para nós.

Uma boa maneira de pensar sobre essa decisão é considerar quais atributos são adequados para o ambiente de mercado atual. No final de 2008, início de 2009, um investidor só precisava de duas coisas para ganhar muito dinheiro: capital para investir e coragem para investir. Possuindo ambas as coisas, ganharia muito dinheiro nos anos vindouros. Em retrospecto, o que ele não precisava era de cautela, conservadorismo, controle de risco, disciplina, seletividade e paciência: quanto mais dessas coisas ele tinha, menos dinheiro fazia.

Isso significa que "dinheiro e coragem" é sempre uma fórmula infalível para o sucesso do investimento? Absolutamente não. Se um investidor tivesse dinheiro e coragem no início de 2007, teria sobre os ombros todo o peso da Crise Financeira Global. Foi quando ele precisou de cautela, conservadorismo, controle de risco, disciplina, seletividade e paciência. Além disso, mesmo no final de 2008, início de 2009, os investidores inteligentes não podiam abandonar completamente a cautela e a disciplina, porque não havia como saber que a recuperação da CFG seria tão rápida e suas sequelas tão relativamente indolores para os investidores. Na Oaktree, investimos muito, mas enfatizamos a dívida sênior de empresas de alta qualidade, não a dívida júnior e os emissores mais frágeis, nos quais, como se viu, teríamos ganhado ainda mais dinheiro.

Entre os muitos fatores que tornam o investimento interessante está o fato de que não há tática ou abordagem que sempre funcione. A única maneira de tentar se posicionar corretamente conforme o ciclo se move é fazer julgamentos bem fundamentados e ajustar-se às circunstâncias. Mas, convenhamos, não é tarefa fácil.

Uma das maneiras pelas quais as pessoas tendem a responder aos desafios destes dias é perguntar: "Em que ponto estamos?" Desde o colapso financeiro no final de 2008, ouvi essa pergunta regularmente. O que as pessoas realmente querem dizer com isso é: "Onde estamos no ciclo?" No quarto trimestre de 2008, elas se perguntaram: "Quanto já sofremos e quanto mais está à frente?" Mais recentemente têm me perguntado principalmente sobre o ciclo de crédito:

por quanto tempo ele continuará em alta — facilitando o empréstimo — e quando a disponibilidade de crédito começará a diminuir?

Considero essas questões à luz do meu senso de quão longe as coisas estão, e respondo do jeito que quem me pergunta quer: 15 minutos de jogo (apenas começando), fim do primeiro tempo (no meio do jogo), ou nos minutos finais. Mas recentemente me tornei mais consciente da limitação dessa abordagem: ao contrário de um jogo de futebol normal, não temos como saber por quanto tempo um ciclo em particular irá se desenrolar. Não há uma regra que determine o tempo de jogo. Um ciclo econômico ou de mercado não tem um tempo definido, isso não é determinável.

Nenhuma dessas abordagens oferece uma técnica infalível para decidir como posicionar portfólios. Há apenas modos de pensar sistematicamente sobre algo que não está aberto a respostas fáceis. Mas espero que eles sugiram uma rota que seja superior a decisões tomadas com base na emoção, adivinhação ou apenas seguindo a manada.

Como lidar com os ciclos é uma das coisas mais importantes no investimento. Ciclos acontecerão. A questão-chave é a resposta que se dá a eles.

XIV
POSICIONAMENTO NO CICLO

Posicionar com sucesso um portfólio para os movimentos de mercado vindouros depende de como se age (agressiva ou defensivamente) e quando se age (com base em uma compreensão superior do que os ciclos implicam para futuros movimentos do mercado).

Certa vez conheci um homem que era otimista e agressivo por natureza — talvez porque tivesse tido o bom senso de ter nascido rico e de levar uma vida daquelas tão sonhadas. Ele nunca duvidou de si mesmo e jamais pareceu questionar a exatidão de suas previsões ou a probabilidade de que seus estratagemas fossem bem-sucedidos. Era agressivo desde que eu o conhecia, o que acabou sendo uma ótima ocasião para agressividade. Essa experiência me inspirou a cunhar uma frase que descrevesse as forças em ação:

> São três os ingredientes para o sucesso: agressividade, agir no momento certo e habilidade; e se você tem bastante agressividade no momento certo, não precisa de muita habilidade.

~

Em fevereiro de 2017, eu estava trabalhando nos capítulos finais deste livro enquanto estava de férias na Índia. Ali, visitei uma das maiores atrações do mundo, a Amer Fort de Jaipur, e tentei capturar uma pequena fração de sua beleza fotografando-a. Ao revisar minhas fotos depois, tive a sorte de dar com algumas que havia tirado alguns meses antes em outro local exótico: China.

Quando lá estive, um cliente de Pequim me fez uma série de perguntas provocativas, e ao respondê-las, fiz alguns rabiscos, como sempre faço, em um quadro branco. As respostas que vieram a mim naquele dia não haviam passado antes pela minha cabeça. Reconhecendo isso, tirei fotos do quadro com meu iPhone antes de sair. (Que inovação! Vinte anos antes, eu nunca levaria uma câmera em uma apresentação.) Três meses depois, enquanto revisava meu trabalho fotográfico no Amer Fort, me deparei com aquelas fotos da China, e pela primeira vez me recordei de tais ideias. Muito do que falo neste capítulo apoia-se nelas.

Na Índia, após uma noite de sono entrecortada pela diferença de mais de dez horas de Nova York, por alguma razão amanheci com uma conexão entre o que acabei de mencionar, o sucesso, as fotos de Pequim e a questão de como lidar com ciclos. Em suma, pensei em como analisar os principais componentes da habilidade de investir.

(Note que eu digo "amanheci com uma conexão", e não "fiz uma conexão". Eu conscientemente escolho a forma passiva aqui porque com frequência ideias "vêm a mim", em vez de sentir que as desenvolvo por meio de um esforço, um processo intencional. É assim que surgem muitos de meus insights, geralmente auxiliados pela redução do pensamento a uma representação gráfica como as que fiz na China. Minha mente funciona dessa maneira.)

Voltando a minha explicação inicial de sucesso, em que usei a expressão "momento certo", preciso acrescentar a ela mais duas palavrinhas: "da sorte". Afinal, o que poderia ser melhor do que ser agressivo em um momento fortuito? Mas, deitado na cama na Índia, notei que o bom momento não precisa ser exclusivamente resultado da sorte. Em vez disso, um bom momento para investir pode vir da avaliação diligente de onde estamos em um ciclo e, em função disso, fazer a coisa certa. No estudo dos ciclos, o objetivo é como posicionar seu portfólio em face do que está por vir. Em uma frase, é disso que este livro trata.

~

Gostaria de voltar a essa frase simples e refletir um pouco mais sobre a fórmula para o sucesso do investimento. Concluo que para isso devem ser considerados seis elementos principais, ou melhor, três pares deles:

- **Posicionamento do ciclo** — O processo de decidir sobre a postura quanto ao risco de seu portfólio em resposta aos julgamentos que você fez em relação aos ciclos principais.
- **Seleção de ativos** — O processo de decidir quais mercados, nichos de mercado e títulos ou ativos específicos estão sub ou sobreapreciados.

Posicionamento e seleção são as duas principais ferramentas no gerenciamento de portfólio. Pode ser uma simplificação excessiva, mas acho que tudo o que os investidores fazem se enquadra em um ou outro desses itens.

- **Agressividade** — A suposição de aumento do risco: arriscar mais de seu capital, deter ativos de menor qualidade, fazer investimentos que dependam mais de macro desfechos favoráveis, e/ou empregar alavancagem financeira ou ativos e estratégias de alta volatilidade (sensíveis ao mercado).
- **Defensividade** — A redução do risco: investir menos capital e reter dinheiro, enfatizar ativos mais seguros, comprar coisas que possam se dar relativamente bem mesmo na ausência de prosperidade, e/ou evitar alavancagem e volatilidade.

A escolha entre agressividade e defensividade é a principal dimensão na qual os investidores posicionam os portfólios em resposta a onde eles pensam que estão nos ciclos e o que isso implica na evolução futura dos mercados.

- **Habilidade** — A capacidade de tomar decisões corretas (embora certamente não em todos os casos) por meio de um processo intelectual repetível e com base em suposições razoáveis em relação ao futuro. Hoje em dia isso ficou conhecido por seu nome acadêmico: "alfa".
- **Sorte** — O que acontece nas muitas ocasiões em que habilidade e suposições razoáveis se provam inúteis, isto é, quando a aleatoriedade tem mais efeito sobre os eventos do que os processos racionais, resultando em "períodos de sorte" ou "azar".

Habilidade e sorte são os elementos principais que determinam o sucesso das decisões de gerenciamento de portfólios. Sem a habilidade do investidor, não se deve esperar que as decisões redundem em êxito. De fato, há algo chamado de habilidade negativa, e para as pessoas que estão sobrecarregadas com isso, jogar uma moeda ou abster-se de decisões levaria a melhores resultados. E a sorte é o curinga. Ela pode fazer com que as boas decisões falhem e as ruins sejam bem-sucedidas, mas principalmente no curto prazo. No longo prazo, é razoável esperar que a habilidade vença.

Parte de meu despertar indiano — decorrente de minhas reflexões na China — dizia respeito à dicotomia entre seleção e posicionamento, e a maneira como essa habilidade influência o resultado dessas duas atividades.

Um mercado fará o que fará. Parte do resultado virá de eventos econômicos e lucratividade corporativa, outra parte será determinada pela psicologia do investidor e do comportamento resultante, e parcela dele decorrerá da aleatoriedade ou sorte. Podemos ter algumas ideias sobre o que o futuro trará em termos de desempenho de mercado; elas podem ser baseadas em raciocínio sólido ou prenhe de vieses, e podem estar certas ou erradas. Mas vamos analisar o desempenho futuro do mercado — seja ele qual for, seja ele reconhecível ou não — como o ponto de partida para nossa discussão aqui. Vamos expressar a expectativa usual para o comportamento de um mercado como uma distribuição de probabilidade:

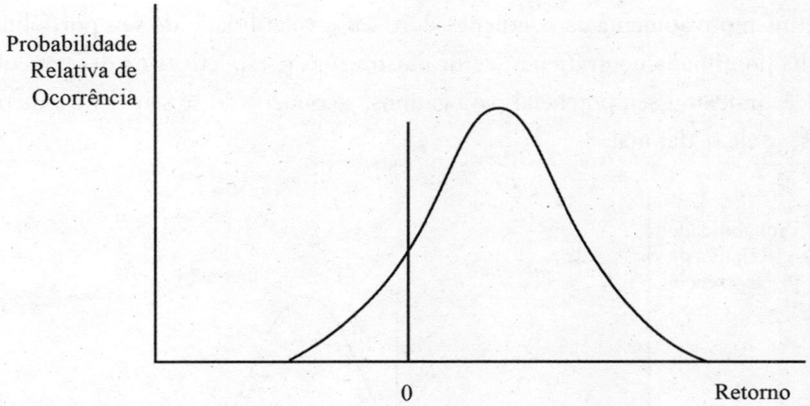

Esse é o ponto de partida — a tela, se você quiser — para as ações de um investidor. A questão é se ele tem a habilidade necessária para superar o desempenho do mercado mediante decisões ativas, ou se deve desistir de fazê-lo e, ao contrário, investir passivamente, conformando-se ao desempenho do mercado.

Mencionei antes as duas principais maneiras pelas quais um investidor pode ampliar retornos: o posicionamento do ciclo e a seleção de ativos. Começarei pelo primeiro, e me aprofundarei bastante nele.

Como já disse, acredito que o posicionamento do ciclo consiste primordialmente em escolher entre uma postura agressiva ou uma postura defensiva: aumentar ou diminuir a exposição aos movimentos do mercado.

Digamos que você conclua que está em um ambiente propício:

- O ciclo econômico e o de lucro estão em ascensão e/ou tendem a atender ou exceder as expectativas das pessoas.
- A psicologia do investidor e as atitudes em relação ao risco são sóbrias, não febris.

- Portanto, os preços dos ativos são de moderados a baixos em relação ao valor intrínseco.

Nesse caso, a agressividade é necessária. Assim, você aumenta seu comprometimento e aumenta as condições de risco e volatilidade de seu portfólio. A linha pontilhada no gráfico a seguir mostra suas perspectivas de desempenho. Você aumentou seu potencial para ganhos, se o mercado se sair bem, *e* de perdas, se ele se der mal.

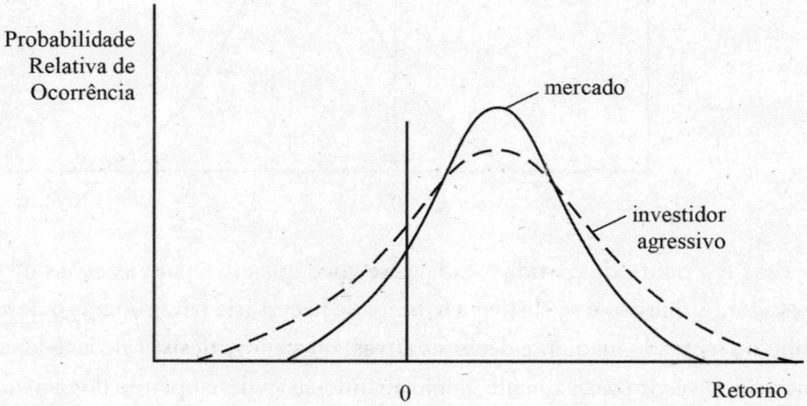

Caso seus julgamentos sejam validados por um aumento de mercado, seu portfólio posicionado de forma agressiva, com maior sensibilidade de mercado, aumentará ainda mais, fazendo com que você tenha um desempenho superior, conforme mostrado no gráfico a seguir:

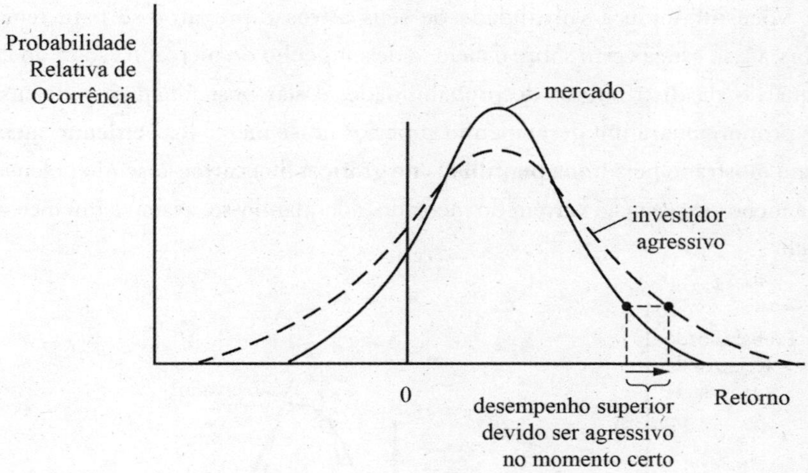

A receita para o sucesso aqui consiste em (a) uma análise cuidadosa de onde o mercado está em seu ciclo, (b) em decorrência, um aumento de agressividade, e (c) ficar provado que isso está correto. Essas coisas podem ser resumidas como "habilidade" ou "alfa" no posicionamento do ciclo. É claro que "c" não é uma questão de todo dentro do controle de ninguém, em particular devido ao grau de aleatoriedade a que está sujeito. Então, "ficar provado que está correto" não acontecerá o tempo todo, mesmo para investidores hábeis bons de raciocínio.

Por outro lado, sua análise pode concluir que o posicionamento do ciclo é ruim — a economia está em ritmo lento, a psicologia é excessivamente otimista, e, consequentemente, os preços dos ativos também —, o que significa tender para a defensividade. Nesse caso, você deve reter algum capital e diminuir o nível de risco com um portfólio descrito pelo gráfico a seguir.

Você diminuiu a volatilidade de seus ativos e preparou-se para tempos ruins. Caso esteja certo sobre o ciclo, o desempenho do mercado estará do lado esquerdo da distribuição de probabilidade, e seu posicionamento defensivo lhe proporcionará um desempenho superior nesse mercado, perdendo menos, como mostrado pela linha pontilhada no gráfico. Sua carteira, sendo defensiva, está menos exposta ao vaivém do mercado, adequando-se, assim, a um mercado fraco:

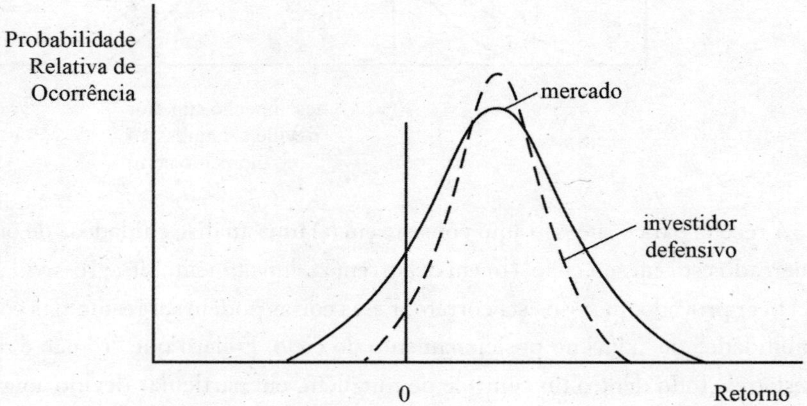

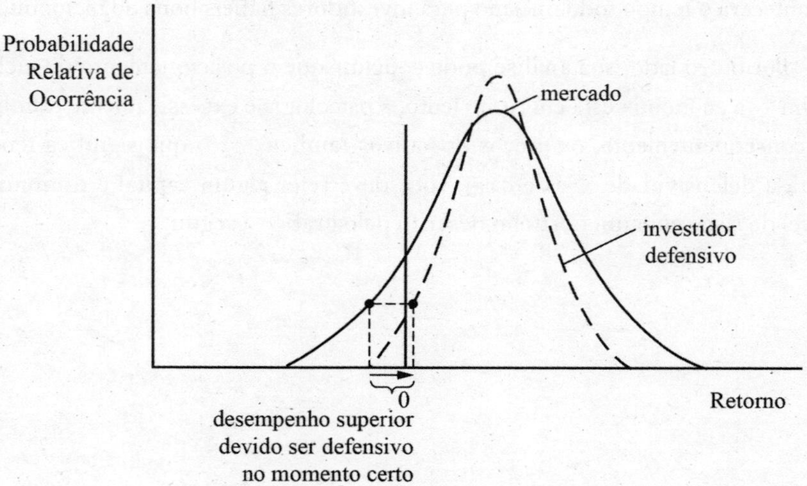

Claro que nem todos têm uma compreensão superior dos ciclos; assim, nem todos os esforços de posicionamento têm êxito. Suponha que um investidor que não tenha a habilidade de estabelecer o posicionamento decida tornar-se defensivo e cortar sua exposição ao mercado como mostrado. Se o mercado surpreende positivamente, ele errou, e seus investimentos estão abaixo do esperado:

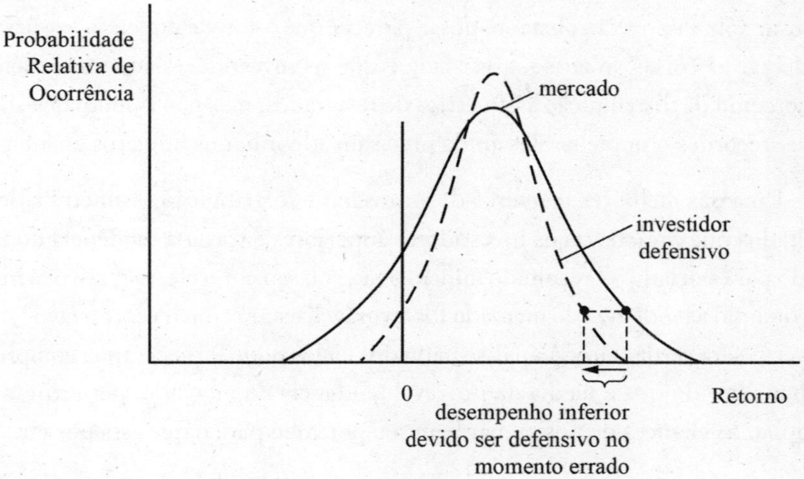

No primeiro capítulo, apresentei o assunto "tendências". A perspectiva de mercado deve ser considerada por meio de uma distribuição de probabilidades, a qual, se construída com precisão, dará uma ideia da tendência factível. O movimento do mercado ao longo do ciclo reposiciona a distribuição e, portanto, influencia sua provável tendência futura, como mostrei nas páginas 210–211.

Quando o ciclo de mercado está na fase de baixa, os ganhos são mais prováveis do que o normal, e as perdas são menos prováveis. Vale o inverso quando a fase é de alta. Os movimentos de posicionamento, baseados em onde você acredita que o mercado está em seu ciclo, significam tentar preparar melhor seu portfólio para os eventos que estão por vir. Embora sempre se possa ter azar sobre a relação entre o que logicamente deve acontecer e o que realmente acontece, boas decisões de posicionamento podem aumentar a chance de que a tendência do mercado — e, portanto, a chance de desempenho superior — esteja de seu lado.

Em 1977, a cidade de Nova York experimentou uma onda de assassinatos de casais namorando em locais isolados, cometidos por um serial killer rotulado como "o Filho de Sam". Em 2014, li o obituário de Timothy Dowd, o detetive que o flagrou. Adorei a parte em que o citei dizendo que era seu trabalho "preparar-se para ter sorte". Considerando minha visão do futuro como indeterminada e sujeita a uma aleatoriedade considerável, acho que é uma ótima maneira de pensar sobre isso. Não obstante possa parecer que estou defendendo ser passivo e deixar as coisas ao acaso, a verdade é que os investidores superiores têm-se favorecido da distribuição assimétrica de resultados, mas não a ponto de estabelecer recordes olímpicos: eles ainda precisam adivinhar os números da loteria.

Uma das melhores maneiras de aproveitar a distribuição assimétrica de resultados que caracteriza os investidores superiores é trazer a tendência do mercado para seu lado. O resultado nunca estará sob seu controle, mas se você investir quando a tendência do mercado for favorável, estará com o vento a favor — e o inverso será verdadeiro. A análise hábil dos ciclos pode fornecer uma compreensão melhor do que a média da provável tendência do mercado, permitindo-lhe ampliar as chances de posicionar bem seu portfólio para o que está por vir.

~

O que vem a seguir foge por completo do assunto dos ciclos, então se isso é tudo em que você está interessado, pode pular adiante. Mas quero concluir a discussão das ações que os investidores podem adotar para melhorar o desempenho cobrindo o outro componente da gestão de portfólio: a seleção de ativos.

A seleção de ativos consiste em identificar mercados, setores de mercado e ativos individuais melhores ou piores do que os demais, dando-lhes um peso maior ou menor no portfólio. Quanto mais alto for o preço de um ativo em relação a seu valor intrínseco, menores serão as expectativas em relação a ele (tudo o mais constante), e vice-versa. O requisito-chave para um desempenho superior nesse aspecto é a percepção acima da média do valor intrínseco do ativo, as mudanças futuras prováveis nesse valor e a proporção entre o valor intrínseco do ativo e seu preço de mercado atual.

Todos os investidores que seguem determinado ativo têm (ou deveriam ter) um opinião sobre seu valor intrínseco. O preço de mercado do ativo reflete o consenso dessas opiniões, ou seja, os investidores coletivamente definiram o preço. É aí que compradores e vendedores concordam em fazer transações. Os compradores, porque acham que é um investimento inteligente ao preço atual, e os vendedores, porque acham que o preço é cheio ou superapreciado. O que sabemos sobre a precisão desses pontos de vista?

- **Teórica** — A hipótese do mercado eficiente afirma que todas as informações disponíveis são incorporadas aos preços "eficientemente", de modo que os preços dos ativos sejam justos, e os investidores não consigam "vencer o mercado" escolhendo entre eles.

- **Lógica** — Estamos falando sobre a capacidade de fazer julgamentos melhores do que o investidor médio e, assim, alcançar um desempenho acima da média. No entanto, a única coisa que sabemos com certeza é que, em média, todos os investidores estão na média. Assim, a lógica nos diz que eles não podem fazer julgamentos acima da média.

- **Empírico** — Estudos de desempenho mostram que pouquíssimos investidores estão consistentemente mais certos do que os demais sobre esses julgamentos. A maioria dos investidores é pior do que os mercados, especialmente após a subtração dos custos de transação, taxas de administração e despesas. Essa é a razão que explica a crescente popularidade do investimento em índices passivos.

Isso não significa que ninguém supera o mercado. Muitas pessoas fazem isso todos os anos, mas em geral não mais do que ocorreria em função da aleatoriedade. Algumas o fazem de maneira mais consistente do que a aleatoriedade sugere, e algumas delas ficam famosas. O ingrediente essencial — maior compreensão do valor intrínseco — é o que lhes dá essa capacidade. Chamo isso de "pensamento de segundo nível": a capacidade de pensar diferentemente do consenso e melhor.

Não me ocuparei aqui com questões a propósito de valor intrínseco, relação entre preço e valor ou pensamento de segundo nível, uma vez que tratei disso em detalhe em *The Most Important Thing.* O importante, porém, é que o investidor superior — que consegue pensar em segundo nível — é capaz de escolher ativos com melhor desempenho e, assim, investir mais neles do que naqueles de menor desempenho. A receita para a seleção de ativos superior é simples.

E como essa superioridade se manifesta? Resultados assimétricos.

O investidor não hábil na seleção tem a mesma proporção entre ativos vencedores e perdedores que o mercado. Assim, ele se sai bem quando o mercado se sai bem, e mal quando o mercado se dá mal:

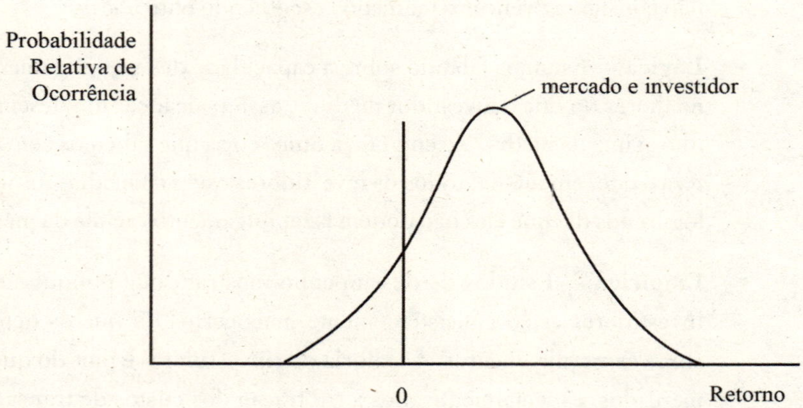

Um investidor com habilidade negativa na seleção escolhe proporcionalmente mais perdedores do que ganhadores e, assim, se comporta pior do que o mercado, para o bem ou para o mal, como mostrado a seguir. Em outras palavras, sua distribuição de probabilidade é deslocada para a esquerda do mercado:

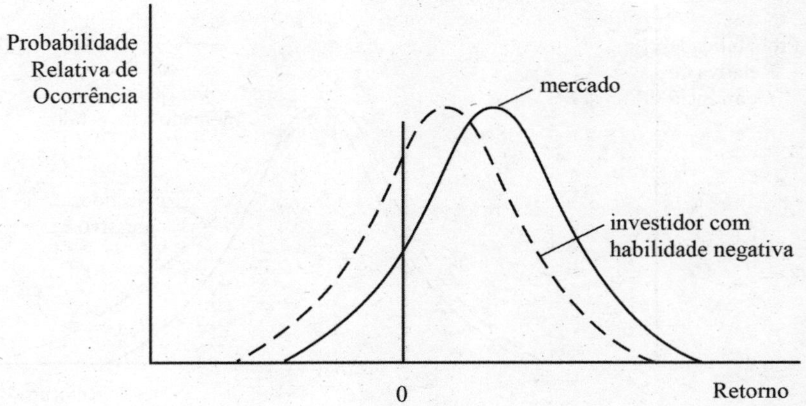

Mas quem é hábil seleciona de modo a ter uma proporção melhor de vencedores em relação a perdedores do que o mercado, ele é capaz de investir mais em ativos vencedores do que em perdedores, e os ganhos são mais que proporcionais em relação às perdas.

- Os investimentos de um aplicador habitualmente agressivo, que é capaz de uma seleção superior, se valorizarão mais do que o mercado quando este sobe, e pode cair mais do que o mercado quando ele cai. Mas sua margem de superioridade no lado superior excederá seu grau de inferioridade em virtude de sua capacidade de selecionar ativos que ofereçam potencial positivo mais que proporcional em relação ao risco de perdas. Ou seja, ele se dará melhor que o mercado quando este subir, mas não tão mal quando o mercado cair, como sua agressividade sugeriria. Eis aí um exemplo da assimetria que caracteriza o investidor superior:

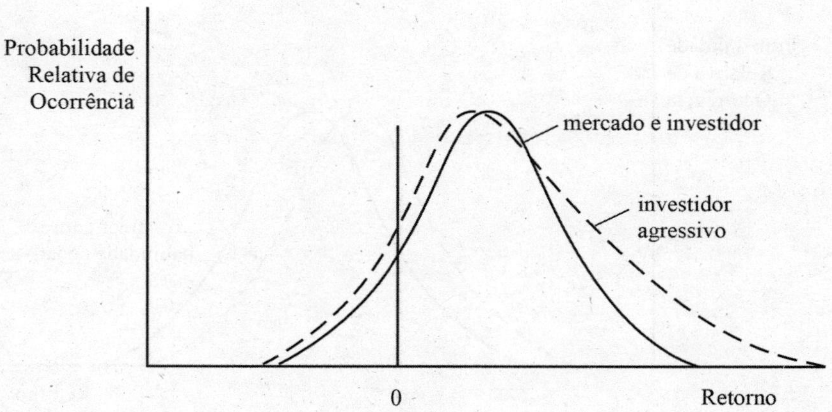

- Da mesma forma, o investidor habitualmente defensivo com habilidade de seleção superior se sairá melhor do que o mercado quando este cair, mas sua habilidade na seleção o impedirá de apresentar um desempenho inferior nos mercados em ascensão, o que sua atitude defensiva, por si só, sugeriria. Sua habilidade na seleção de ativos lhe permite encontrar ativos defensivos cuja participação positiva compense o risco de queda. Também aí há uma distribuição assimétrica:

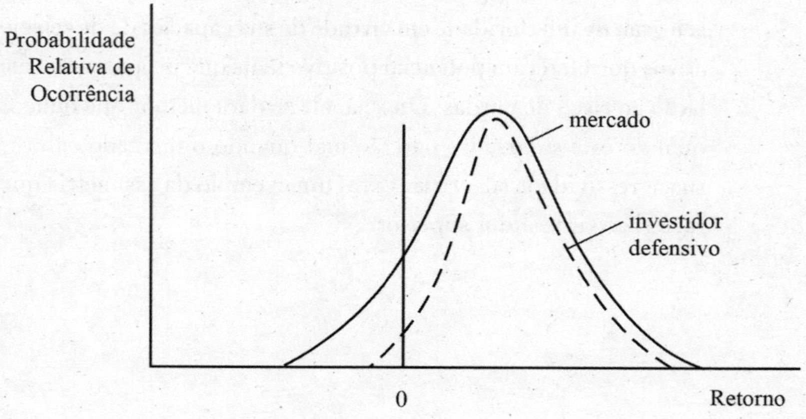

Ambos os investidores com habilidade de seleção superior — a agressiva e a defensiva — apresentam assimetria em relação ao mercado. Ou seja, ambos têm distribuições de desempenho com viés favorável. Os dois têm um potencial positivo mais que proporcional a seu risco de queda (embora de maneiras diferentes). É assim que o alfa na seleção de ativos se manifesta.

Finalmente, o investidor que habitualmente não é agressivo nem defensivo — mas que é hábil no posicionamento do ciclo e na seleção de ativos — ajusta a exposição do mercado de modo correto e no momento certo, e tem o desempenho assimétrico originado por uma relação melhor do que a média, seja dos vencedores, seja dos perdedores. Este é o melhor de todos os mundos:

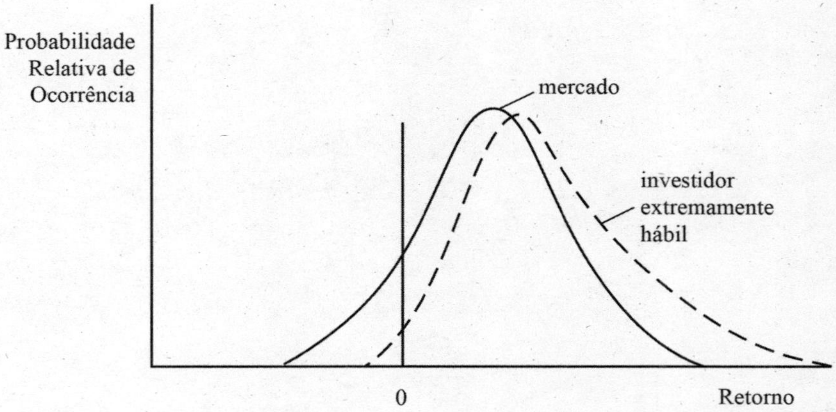

Quase todos podem ganhar quando o mercado sobe e perder quando ele cai, e quase qualquer um pode ter a mesma proporção de vencedores para perdedores do que o mercado em geral. É preciso habilidade superior para melhorar naqueles aspectos e produzir a assimetria que marca o investidor superior.

Por favor, note que nesta discussão separei as habilidades de posicionamento do ciclo e de seleção de ativos. Essa bifurcação é um tanto artificial. Faço isso para descrever os dois elementos que influenciam o desempenho, mas muitos grandes investidores têm ambos, e a maioria dos demais não tem nenhum dos dois. Os investidores que são capazes de ambos têm uma melhor percepção da provável tendência do mercado e podem formar portfólios mais adequados ao ambiente de mercado e que, provavelmente, estão à frente em termos da proporção de vencedores para perdedores. Isso é o que os torna ótimos... e raros.

~

Minha epifania na Índia me ensinou que posicionar com sucesso um portfólio para os movimentos de mercado vindouros depende de como se age (agressiva ou defensivamente) e quando se age (com base em uma compreensão superior do que os ciclos implicam para futuros movimentos do mercado). O objetivo deste livro é ajudar no "como" e no "quando" agir.

XV
LIMITAÇÕES AO LIDAR COM CICLOS

Acho muito razoável tentar melhorar os resultados de investimento a longo prazo, alterando as posições com base na compreensão do ciclo do mercado. Mas é essencial entender também as limitações, as habilidades necessárias e as dificuldades envolvidas nisso.

Procurei escrever este livro para ter a oportunidade de definir o que sei sobre ciclos e porque gosto de escrever, mas, principalmente, como já informei aqui, para ajudar o leitor a lidar com os altos e baixos do mercado.

Nas páginas anteriores abordei muitas das considerações que envolvem o processo de compreensão dos ciclos, bem como os fatores que restringem a confiança que alguém deveria ter em relação à sua capacidade de chegar a bom termo nisso. Meu objetivo aqui é repetir essas considerações, resumindo-as.

Investir, como informei, consiste em posicionar o capital para se beneficiar de eventos futuros. Informei também que nunca sabemos o que o futuro nos reserva e, portanto, para onde estamos indo. Mas devemos fazer todo o possível para saber onde estamos, pois a posição atual do ciclo tem implicações poderosas sobre como devemos lidar com seu possível futuro.

Onde estamos em ciclos tem uma profunda influência sobre as tendências futuras: sobre o que é provável que aconteça e talvez até quando. Como discuti no Capítulo I e ilustrei no capítulo anterior, nosso posicionamento de ciclo desloca a distribuição de probabilidade que governa o futuro.

Muitas coisas podem acontecer. Sabemos que enfrentamos incerteza e risco. Na melhor das hipóteses, tudo o que podemos saber sobre o futuro é quais são as probabilidades. Conhecê-las pode nos ajudar a estar, em média, mais certos do que os outros. Mas é essencial lembrar-se de que conhecer as probabilidades está longe de ser o mesmo que saber exatamente o que acontecerá.

Em geral não há outra escolha a não ser se contentar em conhecer as probabilidades. Mas a amostra para cada resultado (por exemplo, o crescimento do PIB de cada ano ou o ganho de cada ação no próximo ano) normalmente será limitada a uma observação — uma experiência —, significando que muitas coisas podem acontecer, mas apenas uma de fato acontecerá. Não haverá observações suficientes que permitam supor que a realidade futura será a indicada como a mais provável... nem que a coisa mais provável acontecerá em breve.

Vamos pegar, por exemplo, a correção de uma bolha impulsionada pela euforia. Teoricamente, isso nunca deveria acontecer. Mas a verdade dos ciclos diz que (a) isso uma hora acontecerá e (b) quanto mais tempo passar sem que isso aconteça — e quanto mais tempo o ciclo continuar subindo —, mais provável (e geralmente mais iminente) é a correção esperada.

Naturalmente, quanto mais tempo se passar antes que esse evento lógico ocorra — e quanto mais o ciclo tomar o rumo ascendente —, mais pessoas concluirão que as regras dos ciclos foram de alguma forma suspensas e que a correção prevista por elas *nunca* acontecerá. Isso pode levar ao tipo de compra que vimos em 2000 e, por fim, a um resultado extremamente traumático.

Temos que proteger nossos portfólios (e nossos negócios de administração de investimentos) contra o perigo decorrente do fato de que a coisa mais provável de acontecer — que nossa compreensão dos ciclos pode nos dizer — pode não acontecer até muito depois de se tornar provável. E temos que nos precaver emocionalmente para poder viver o atraso potencialmente longo entre chegar a uma conclusão bem fundamentada e vê-la tornar-se correta.

~

Que tal rever a história? Em meados da década de 1990, o mercado exuberante e o setor de tecnologia em franca expansão levaram os investidores conservadores a concluir que as ações estavam altamente supervalorizadas. O raciocínio pode ter sido sólido — baseado em uma interpretação eficaz dos dados relevantes —, e a necessidade de cautela pode ter sido forte. Anos passariam-se, porém, até o mercado provar que eles estavam certos, dando razão a um dos mais importantes adágios de investimento: "Estar muito à frente de seu tempo é indistinguível de estar errado". Conclusões tão bem fundamentadas levariam os investidores a se limitar apenas ao que era bom, senão, com a correção de 2000-2002, eles poderiam ter perdido muito do capital sob seus cuidados.

Contudo, o afiado intelecto que levou esses investidores a tais conclusões, combinado com alguma convicção, deveria ter sido razão suficiente para tê-los mantido na rota que lhes era habitual. Era de se esperar que tivessem permanecido cautelosos, em vez de capitular e comprar na alta. Fosse assim, teriam provado estar certos alguns anos depois e recuperariam sua reputação e seus ativos. Mas o intervalo que viveriam certamente teria sido doloroso.

Um avanço rápido para a década atual, e topamos com a chance de mais do mesmo. Investidores conservadores tiveram outra oportunidade de concluir que as ações norte-americanas estão superaquecidas. Para as empresas cautelosas, reduzir a exposição, e, portanto, deixar de ganhar mais, poderia significar a saída dos clientes: com isso, seus ativos encolheriam (em um mercado crescente).

A cautela é apropriada novamente? Será tida como adequada pelos eventos futuros? Uma correção virá logo, o suficiente para que os investidores cautelosos aproveitem os benefícios de estar certos? Serão vistos como aqueles investidores que sempre acham que as ações cairão, e cuja sorte os premia de vez em quando com períodos de declínio? Ou como estrategistas brilhantes que estão certos em princípio, mas até agora frustram-se com a falta de confiança na lei de causa e efeito no mundo dos investimentos? Essas perguntas são em grande parte impossíveis de responder. Mas o mais importante é que o leitor tenha em mente esta lição fundamental: posicionar-se para ciclos não é tarefa fácil.

Acho muito razoável tentar melhorar os resultados de investimento a longo prazo, alterando as posições com base na compreensão do ciclo do mercado. Mas é essencial entender também as limitações, as habilidades necessárias e as dificuldade envolvidas nisso.

É importante ressaltar o fato óbvio de que, em vez dos altos e baixos cotidianos do mercado, os exemplos claros que forneci no Capítulo XII envolviam todos os extremos cíclicos que ocorrem "uma vez na vida" (que hoje em dia parecem acontecer uma vez por década). Primeiro, os extremos da bolha e do colapso — e, em particular, o processo que os faz surgir — ilustram mais claramente o ciclo em ação e como responder a ele. E segundo, é quando se lida com extremos pronunciados que devemos esperar a maior probabilidade de sucesso.

A seguir, o que penso sobre o impacto dos movimentos do mercado no ambiente de investimento em que trabalhamos. É uma visão simplista, e sugere um mundo discernível e muito mais regular do que o real. Mas funcionou para mim por décadas como uma estrutura geral, e bate de frente com a tentativa de entender o mundo como uma série de zigue-zagues irregulares e aleatórios:

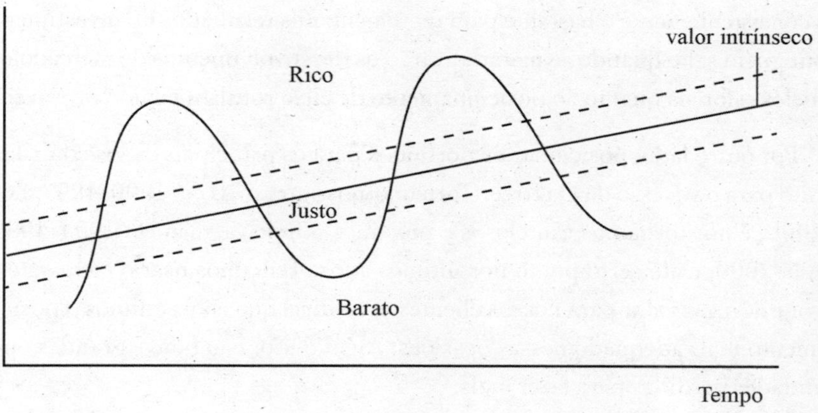

Por definição, o estado da relação entre preço e valor em nenhum lugar é tão claro quanto nos extremos. Assim:

- É difícil fazer distinções frequentes e é difícil fazê-lo corretamente.
- No meio termo — onde está a relação "justa" — as distinções não são tão lucrativas quanto nos extremos, e não se pode esperar que essas distinções funcionem como se fossem confiáveis.

Detectar e explorar os extremos é de fato o melhor que podemos esperar. Acredito que isso pode ser feito de forma confiável sendo analítico, perspicaz, experiente (ou versado em história) e não emotivo. Mas isso significa que não se deve esperar conclusões lucrativas todos os dias, meses ou mesmo todo ano.

Não há como criar grandes oportunidades para monitorar o mercado por meio de nosso entendimento dos ciclos. É ele quem decidirá quando as teremos. Se não houver nada inteligente para fazer, o erro está em tentar ser inteligente.

A razoabilidade do esforço para identificar o momento do ciclo depende simplesmente do que se espera dele. O êxito é improvável se você frequentemente tenta localizar onde estamos no ciclo no sentido de "o que vai acontecer amanhã?" ou "o que está reservado para nós no mês que vem?" Qualifico esse esforço como "tentando ser fofo". Ninguém pode fazer boas distinções frequente ou consistentemente o bastante para incrementar os resultados do investimento. E ninguém sabe quando se materializarão os desenvolvimentos de mercado que aqueles esforços quanto ao posicionamento de ciclo rotulam como "prováveis".

Por outro lado, posicionar os portfólios para os principais ciclos contribuiu muito para o sucesso da Oaktree. Tornamo-nos agressivos em 1990–1993, 2002 e 2008, e nos tornamos cautelosos e puxamos o freio de mão em 1994–1995 e 2005–2006, e até certo ponto nos últimos anos. Tentamos usar o ciclo a nosso favor e agregar valor para nossos clientes, e eu diria que conseguimos o posicionamento mais adequado nessas ocasiões. Além disso, não houve grandes oportunidades perdidas para fazer mais.

Então, até agora, nossas principais chamadas de ciclo se mostraram todas corretas. A palavra "todas" faz parecer que esta é uma batalha que se ganha de forma consistente. Mas meu "tudo" pessoal consiste em quatro ou cinco vezes em 48 anos. Ao agir daquela maneira apenas nos maiores extremos cíclicos, maximizei minhas chances de estar certo. Ninguém — e certamente não eu — pode ter sucesso regularmente, a não ser nos extremos.

Sempre tento alertar as pessoas de que isso não é fácil, e não quero dar a impressão de que os leitores devem esperar encontrar facilidades ou ficar desapontados quando não o fizerem. Como informei em "On the Couch" ("No Sofá", em tradução livre, janeiro de 2016):

> Quero deixar bem claro que, quando pedi cautela em 2006–2007, ou para comprar ativamente no final de 2008, ou novamente cautela em 2012, ou uma postura um pouco mais agressiva aqui no início de 2016, fiz isso com considerável incerteza. Minhas conclusões resultam do meu raciocínio, aplicado com o benefício da minha experiência (e colaboração de meus colegas da Oaktree), mas nunca as considero com 100% de chance de estarem corretas, ou mesmo 80%. Acho que estão certas, é claro, mas sempre faço minhas recomendações com tremor nas mãos.

Eu leio os mesmos jornais que todo mundo. Vejo os mesmos dados econômicos. Sou alvo dos mesmos movimentos do mercado. Meu estado emocional é fustigado pelos mesmos fatores. Talvez eu esteja um pouco mais confiante em meu raciocínio e, por certo, tenho mais experiência do que a maioria. Mas a chave é que, por algum motivo, sou capaz de resistir às minhas emoções e seguir minhas conclusões. Nenhuma dessas conclusões tem uma fórmula que possa ser posta no papel. Se ela existisse, a maioria das pessoas inteligentes chegaria às mesmas conclusões, com o mesmo grau de confiança. Digo isso só para comunicar meu sentimento de que ninguém deve temer não estar à altura da tarefa só porque não tem certeza de suas conclusões. Há coisas em que a certeza está fora de questão.

Concluirei este capítulo com a sábia contribuição de Peter Bernstein a este assunto:

Depois de 28 anos neste posto, e 22 anos antes disso gerenciando dinheiro, posso resumir assim qualquer sabedoria que porventura acumulei: o truque não é ser o mais competente selecionador de ações, o mais vitorioso nas previsões ou o desenvolvedor do modelo mais elegante. Tais triunfos são transitórios. O truque é sobreviver! Conseguir isso requer um estômago forte quando se está errado, porque todos nós estaremos errados com mais frequência do que esperamos. O futuro não é nosso para conhecê-lo. Mas ajuda saber que estar errado é inevitável e normal, não uma tragédia horrível nem uma falha terrível de raciocínio nem mesmo má sorte na maioria dos casos. Estar errado vem com a franquia de uma atividade cujo resultado depende de um futuro desconhecido... (Jeff Saut, "Being Wrong and Still Making Money" — "Estar Errado e Ainda Ganhar Dinheiro" —, Seeking Alpha, 13 de março de 2017)

XVI
O CICLO DO SUCESSO

A lição importante é que — especialmente em um mundo interconectado e informado — tudo o que produz lucratividade incomum atrai capital incremental até ficar saturado e totalmente institucionalizado, ocasião em que seu retorno prospectivo ajustado ao risco se moverá em direção à média (ou pior).

E, correspondentemente, as coisas que funcionam mal por algum tempo finalmente se tornarão tão baratas, devido à sua relativa depreciação e à falta de interesse dos investidores, que estarão preparadas para iniciar um desempenho superior. Ciclos como esses detêm a chave para o sucesso no investimento, e não a crença de todos em um crescimento em que o céu é o limite.

Agora você está preparado para a tarefa de reconhecer, avaliar e responder aos ciclos. Isso pode contribuir substancialmente para o sucesso de seu investimento. Mas, como disse Peter Bernstein, mesmo os melhores investidores não terão êxito o tempo todo. Compreender isso é uma parte importante de poder viver esforçando-se. O sucesso, como as outras coisas mencionadas neste livro, vem e vai.

Ao longo de minha carreira, detectei um ciclo de sucesso. Em grande medida, o fluxo e refluxo do sucesso, como os outros ciclos que descrevi, decorre do papel desempenhado pela natureza humana. E, mais uma vez, cada desenvolvimento no ciclo leva ao seguinte. Há muito mantenho a convicção que mencionei na página 35 — e tem sido fortemente reforçada em meus 29 anos de envolvimento com dívidas em dificuldades — de que "o sucesso carrega dentro de si as sementes do fracasso, e este, as sementes do sucesso".

Peter Kaufman, biógrafo de Charlie Munger e CEO da Glenair, um excepcional fabricante de componentes aeroespaciais, descreve o funcionamento do materialismo dialético da seguinte forma: "Como qualquer sistema cresce em direção a seu máximo ou pico de eficiência, ele desenvolverá as próprias contradições internas e fraquezas que ocasionarão sua decadência e morte (em seu ensaio nº 49: "The Perpetual See-Saw" — " A Perpétua Gangorra", em tradução livre —, 2010). Isso captura o processo que garante que o sucesso será cíclico.

O Papel da Natureza Humana

Outra maneira que coloco isso é que "o sucesso não é bom para a maioria das pessoas". Em suma, o sucesso pode mudar as pessoas, e em geral não para melhor. O sucesso faz as pessoas pensarem que são inteligentes. Nada contra, mas também podem haver ramificações negativas. O sucesso também tende a tornar as pessoas mais ricas, e isso pode levar a que se diminua o nível de motivação.

No ato de investir há uma relação complexa entre humildade e confiança. Como os melhores negócios costumam ser encontrados em meio a coisas não percebidas ou desconsideradas, um investidor, para ser bem-sucedido, precisa ter confiança suficiente em seu julgamento para adotar o que David Swensen, o bem-sucedido gestor do fundo de investimentos formado por doações de Yale, descreve como " portfólios desconfortavelmente idiossincráticos, que frequentemente parecem francamente imprudentes aos olhos da sabedoria convencional" (*Pioneering Portfolio Management* — "Pioneirismo em Gestão de Portfólio", em tradução livre —, 2000). Por definição, é mais provável que os elevados ganhos em pechinchas sejam encontrados entre coisas que a sabedoria convencional descarta, que deixam desconfortáveis a maioria dos investidores e cujos méritos são difíceis de compreender. Investir neles requer considerável força interior.

Quando uma dessas posições inicialmente não aumenta como o investidor espera, ou talvez vá na direção oposta, este tem que ter confiança suficiente para manter sua posição ou até mesmo cacifá-la. Com certeza, ele não pode diminuir o preço como sinal de "venda". Em outras palavras, não pode assumir que o mercado sabe mais do que ele.

Mas, por outro lado, o investidor também precisa conhecer suas limitações e não se presumir infalível. Ele tem de entender que ninguém sabe ao certo o que o futuro macro guarda. Embora provavelmente tenha opiniões sobre o futuro das economias, mercados e taxas de juros, ele deve saber que eles não estão necessariamente corretos. E, em contrapartida, não deve sempre assumir que está certo e o mercado está errado — e, portanto, manter ou adicionar sem limitação e sem rever seus fatos e seu raciocínio. Isso é arrogância.

Conforme os sucessos se acumulam, é comum as pessoas concluírem que são espertas. E depois de ganhar muito dinheiro em um mercado em forte ascensão, decidem que investiram magistralmente. Sua fé magnifica suas próprias opiniões e instintos. Seus investimentos refletem menos insegurança, significando que eles pensam menos sobre a possibilidade de estarem errados e preocupam-se menos com o risco de perda. Isso pode fazer com que não mais insistam na margem total de segurança que deu origem a seus sucessos anteriores. Esta é a razão de um dos mais antigos e importantes adágios de investimento: "Não confunda cérebros com um mercado em alta".

A verdade é que há pouco valor a ser aprendido com o sucesso. As pessoas que são bem-sucedidas correm o risco de ignorar o fato de terem tido sorte ou recebido ajuda de outras pessoas. No investimento, o sucesso ensina às pessoas que ganhar dinheiro é fácil e que elas não precisam se preocupar com riscos — duas lições particularmente perigosas.

Eles podem concluir que a pequena oportunidade que lhes deu sua grande vitória é infinitamente reproduzível, o que a maioria não é. E muitas pessoas, incluindo investidores que ganharam fama por um único êxito, concluem que podem se ramificar em inúmeros outros campos porque a inteligência que produziu aquele primeiro sucesso épico é amplamente aplicável.

Fatores como esses dificultam replicar o sucesso do investimento, o que significa que este pode ser cíclico, em vez de serial. De fato, em vez de sugerir que outro está vindo, um sucesso pode tornar um segundo menos provável. Citarei Henry Kaufman, ex-economista-chefe do Salomon Brothers: "Há dois tipos de pessoas que perdem muito dinheiro: aquelas que nada sabem e aquelas que sabem tudo" ("Archimedes on Wall Street" — "Arquimedes em Wall Street", em tradução livre —, *Forbes*, 19 de outubro de 1998).

Algumas pessoas famosas que foram capa da *Sports Illustrated* ou da revista *Forbes* podem levar à má sorte. Estar em uma capa pode ser o resultado de uma realização singular que pode ter vindo de um golpe de sorte, uma oportunidade única, não replicável, ou de uma atitude de extremo risco. Ou os bons resultados deles — incluindo os investidores de sucesso louvados pela *Forbes* — podem fazer com que eles se tornem mais confiantes e convencidos, e menos disciplinados e esforçados… algo não muito condizente com uma fórmula para o sucesso.

O Papel da Popularidade

Uma das principais maneiras pelas quais o sucesso carrega as sementes do fracasso do investimento é por meio do aumento da popularidade. Escrevi há pouco que os melhores negócios são encontrados com mais frequência entre aquelas coisas difíceis de compreender, desconfortáveis e facilmente descartadas pela multidão. A performance do investimento em curto prazo é, em grande parte, um concurso de popularidade, e a maioria das pechinchas existe pela simples razão de que ainda não foram percebidas pela manada e não se tornaram populares. Ao contrário, ativos com bom desempenho são, em geral, aqueles que ganharam popularidade graças a seu óbvio mérito e, portanto, se tornaram caros.

Vamos pensar em estratégias de investimento. É crucial entender que nada funcionará para sempre: nenhuma abordagem, regra ou processo pode ter alta performance o tempo todo. Primeiro, a maioria dos valores mobiliários e abordagens são apropriados para certos ambientes e partes do ciclo, e inapropriados para outros. E em segundo lugar, o sucesso passado por si só tornará o sucesso futuro menos provável.

Na década de 1960, quando a ideia de investir em ações estava ganhando popularidade entre os norte-americanos, a ênfase estava nos líderes da indústria e nas ações chamadas "blue-chip". As ações de baixa capitalização de mercado (em inglês, "small-caps") foram, de início, amplamente desconsideradas, mas por fim foram percebidas e compradas. Isso fez com que se saíssem melhor do que as de grande capitalização. Quando as pessoas notaram os retornos superiores das ações de pequena capitalização nessa fase de "virada de mesa", comprá-las proporcionou ganhos adicionais para elas... até que alcançaram o preço cheio das grandes empresas. Nesse ponto, o interesse voltou-se para as ações "grandes", que então recuperaram a liderança.

Da mesma forma, as ações de tecnologia e as "growth stocks[1]" saíram-se muito melhor do que as demais ações no final da década de 1990. Essa divergência atingiu o máximo em 1999, com o diferencial a favor das growth stocks chegando a quase 25 pontos percentuais em relação às "value stocks[2]". Mas o desempenho extraordinário das growth stocks as subestimou, e quando o mercado de ações foi corrigido, em 2000–2002, elas perderam muito mais do que as value stocks, que antes haviam definhado.

Em outras palavras, "desempenho superior" é apenas outra maneira para dizer que uma coisa está sendo avaliada em relação à outra. E, claramente, isso não pode durar para sempre. Independentemente de quão grandes sejam seus méritos, é improvável que "a" seja infinitamente mais valioso do que "b". Isso significa que se "a" continuar se valorizando em relação a "b", tem que haver um ponto em que se torna supervalorizado em relação a "b". E quando a última pessoa desiste de "b"

---

[1] Nota do Tradutor: ver o Capítulo XII.

[2] Nota do Tradutor: ações de empresas com ótimos fundamentos cuja cotação é inferior a seu valor intrínseco.

porque este está se saindo mal e o troca por "a", é hora de "b" (agora relativamente barato em relação a "a") passar a ter um desempenho superior.

Forças poderosas geram uma tendência para estratégias, investidores ou gestores de investimentos, que conseguem, por algum tempo, evitar segui-la. Já disse que a maioria das ideias não é infinitamente escalável. Uma verdade essencial sobre o investimento é que, em geral, bons resultados trarão mais dinheiro para gestores e estratégias de "hot money[3]", e se houver crescimento sem controle, mais dinheiro trará má performance.

Em meados dos anos 2000, a arbitragem rapidamente ganhou popularidade. Sem uma noção do comportamento futuro de uma determinada ação, os investidores estavam dispostos a comprar títulos conversíveis em ações, desde que fossem capazes de vender as ações subjacentes com um "nível de hedge[4]" apropriado (veja meu memorando "A Case in Point" — "Exemplo de Caso", em tradução livre —, de junho de 2005). Quem fez isso obteve excelentes retornos ajustados ao risco em todos os ambientes de mercado... até que dinheiro e concorrentes atraídos para a estratégia eram tantos, que as posições atraentes eram coisa do passado.

A lição importante é que — especialmente em um mundo interconectado e informado —, tudo o que produz lucratividade incomum atrairá capital incremental até ficar saturado e totalmente institucionalizado, ocasião em que seu retorno prospectivo ajustado ao risco se moverá em direção à média (ou pior).

E, correspondentemente, as coisas que funcionam mal por algum tempo finalmente se tornarão tão baratas, devido à sua relativa depreciação e à falta de interesse dos investidores, que estarão preparadas para iniciar um desempenho superior. Ciclos como esses detêm a chave para o sucesso no investimento, e não a crença de todos em um crescimento em que o céu é o limite.

---

[3] Nota do Tradutor: empréstimos de curtíssimo prazo.

[4] Nota do Tradutor: simplificadamente, uma forma de reduzir a volatilidade do preço das ações.

É tudo uma questão de fluxo e refluxo. Ao investir, as coisas funcionam até que deixam de funcionar. Ou, como Ajit Jain, da Berkshire Hathaway, me contou outro dia sobre investir, "é fácil até não ser mais".

- As small-caps baratas têm desempenho superior até chegarem ao ponto em que já não são mais baratas.
- Seguir a tendência ou investimento por impulso — ficar com os vencedores — funciona por um tempo. Mas, por fim, a rotação e as compras efetuadas pelos retardatários se apropriam da estratégia vencedora.
- "Fazer garimpagem" permite aos investidores tirar proveito da fraqueza momentânea, até o momento em que um grande problema aparece (ou o mercado simplesmente não se recupera mais), fazendo com que os declínios de preços sejam seguidos por mais quedas de preços, e não por recuperações rápidas.
- Os ativos arriscados têm desempenho superior, provenientes de avaliações em que foram excessivamente penalizados por seu grau de risco, até que sejam precificados como ativos mais seguros. Em seguida, eles têm um desempenho inferior até que, mais uma vez, ofereçam prêmios de risco adequados.

O resultado final é claro: nada funciona para sempre. Mas é essencial reconhecer que, quando todos se convencerem de que algo continuará funcionando para sempre, esse é o momento exato em que se tornará certo que não. Costumo dizer que "Ao investir, tudo que é importante é contraintuitivo, e tudo o que é óbvio para todos está errado".

Talvez o maior exemplo da influência da popularidade (em sentido inverso) tenha ocorrido em 1979, e poucos investidores que estavam por lá na época se esqueceram disso. Em 13 de agosto daquele ano, após quase uma década de desempenho dolorosamente ruim do mercado acionário, a revista *Business Week* publicou uma reportagem de capa intitulada "The Death of Equities" ("A Morte das Ações", em tradução livre). Sua conclusão, já antecipada no título, foi baseada no oposto de tudo que recomendo neste livro.

O artigo citou uma série de razões pelas quais o fraco desempenho das ações não se reverteria:

- Sete milhões de pessoas desistiram de investir em ações.
- Muitas outras formas de investimento se saíram melhor.
- Os fundos de pensão estavam voltando-se para "ativos duros", como o ouro.
- A inflação minara a capacidade das empresas de aumentar os lucros.

E continuava:

> Mesmo as instituições que até agora permaneceram nos mercados financeiros estão aplicando em investimentos de curto prazo e em investimentos em "patrimônio alternativo", como papéis lastreados em hipotecas, títulos estrangeiros, capital de risco, arrendamentos, contratos de seguro garantidos, títulos indexados, opções de ações e futuros.

E eis a conclusão deles:

> Hoje, a tradicional atitude [nos EUA] de comprar ações sólidas como pedra angular de uma vida dedicada à poupança e aposentadoria simplesmente desapareceu. Segundo um jovem executivo dos EUA: "Você já esteve em uma reunião de acionistas norte-americanos recentemente? Eles são todos velhos ultrapassados. O mercado de ações não está ali".

Em resumo, o que "The Death of Equities" informou foi que as ações se tornaram tão impopulares, que nunca voltariam a se dar bem. É preciso um pensador de primeiro nível altamente simplista para concluir que o fraco desempenho passado levou à impopularidade hoje, o que implica mau desempenho amanhã. Em vez disso, o pensador de segundo nível diz que o fraco desempenho passado levou à impopularidade hoje, o que implica preços baixos hoje, o que, por sua vez, implica bom desempenho amanhã.

"The Death of Equities" foi publicado apenas alguns anos antes — e em essência expôs o caso por inteiro — do pontapé inicial em 1982 da maior fase de mercado em alta da história. Na época em que foi publicado, o S&P 500 estava em 107 pontos, e em março de 2000, chegou a 1.527. Um ganho de preço de mais de 14 vezes, ou 13,7% ao ano por quase 21 anos (e esses números ignoram os dividendos, que elevaram o ganho total para mais de 28 vezes e o retorno total anualizado para 17,6%). A lição é simples: os investidores devem desconfiar dos ativos populares. Ao contrário, a impopularidade é amiga do comprador.

O Papel das Empresas

Empresas também estão sujeitas a altos e baixos em termos de sucesso, em função de uma série de eventos de causa e efeito. A Xerox é um exemplo marcante.

A gigante fabricante de máquinas de copiar para escritório — pioneira em evitar o processo "úmido" de fotostática, que exigia que os documentos fossem enviados para um laboratório fotográfico para serem reproduzidos — foi uma das primeiras empresas que visitei quando era um analista novato de equipamentos de escritório no final dos anos 1960. Naquela época, a Xerox tinha o monopólio da cópia "seca" e parecia ser dona de seu destino. Meu analista sênior e eu costumávamos nos reunir com um funcionário da Xerox que servia de contato entre nossas empresas, e para cada modelo de copiadora na linha de produtos, ele nos ajudava a triangular as projeções da empresa quanto ao número de máquinas que teria no mercado no próximo ano e a receita anual de locação por máquina.

Em virtude da posição dominante de mercado que desfrutava, a Xerox tinha total capacidade de realizar essas projeções. Poderia cobrar preços monopolísticos que lhe permitissem ajustar a quantidade de máquinas alugadas que lhe desse margens de lucro muito altas. Ela também insistia em um modelo de negócios voltado apenas para aluguel, recusando-se a vender ou fazer "leasing" de suas máquinas e perder o controle sobre elas. Um verdadeiro moto-contínuo!

Mas a gerência da Xerox pode ter ignorado a possibilidade de que essas altas margens se mostrassem insustentáveis. Em 1975, a Xerox resolveu uma queixa antitruste sobre o controle do mercado de copiadoras consentindo em disponibilizar sua ampla carteira de patentes para licenciamento. Os concorrentes começaram a produzir e vender suas próprias copiadoras. Eles conseguiram reduzir os preços da Xerox e abocanhar parte do mercado de locações dessas máquinas. Isso reduziu a participação no mercado de copiadoras da Xerox nos EUA de quase 100% para menos de 20%, impactando significativamente o montante de lucros da companhia. A Xerox teve dificuldade em responder à concorrência de preços, pois isso canibalizaria seus negócios existentes. Os concorrentes fizeram desse fato um primeiro exemplo do que agora é chamado de disrupção.

Em 1968, graças à sua posição monopolista, forte crescimento e alta lucratividade, a Xerox era líder do Nifty Fifty, que descrevi anteriormente — empresas consideradas tão fortes e de crescimento tão rápido que "nada de ruim poderia acontecer" e "preço algum de suas ações era muito alto". Mas o céu não é o limite, e o sucesso raramente é interminável.

Como o comportamento da Xerox havia atraído a concorrência e ela não estava preparada para responder — além de outros motivos —, nos primeiros anos do século XXI ela estava passando por sérias dificuldades.

Tal como as pessoas, as empresas têm o potencial de responder ao sucesso com comportamentos que condenam esse mesmo sucesso. Assim, elas podem:

- Ficar complacentes e tornar-se "gordas e felizes".
- Tornar-se burocráticas e lentas.
- Deixar de agir para defender suas posições.
- Desistir da inovação e não conformidade e juntar-se à multidão medíocre.

- Concluir que podem fazer praticamente qualquer coisa e, assim, se aventurar em áreas além de sua competência.

Dessa forma, o sucesso realmente carrega as sementes do fracasso. Mas a boa notícia — já disse isso — é que o fracasso também traz as sementes do sucesso.

- Sob ataque, as empresas podem recuperar sua motivação e seu senso de propósito.
- Elas podem se livrar da gordura burocrática, levar a sério a competição e ganhar dinheiro.
- E quando o insucesso é grande, podem passar por quebras, encolher, perder linhas de negócios, locações não lucrativas e contratos onerosos e dívidas opressivas. (No entanto, claro, os donos de empresas falidas geralmente perdem seus cargos.)

Jahan Janjigian escreveu assim sobre a Xerox em 2002:

> [Em 2000,] uma nova equipe de gestão implementou várias iniciativas de reestruturação voltadas para a rentabilidade da empresa. Elas incluíram cortes de custos agressivos e a eliminação de 13.600 cargos. A Xerox também vendeu suas operações na China e em Hong Kong, além de 50% da Fuji Xerox para a Fuji Photo Film. Além disso, a Xerox permitiu que a GE Capital assumisse o financiamento de recebíveis, pelo qual já recebeu US$2,7 bilhões. E a Xerox saiu do negócio de pequenos escritórios e home offices.
>
> Em abril, a Xerox concordou em pagar US$10 milhões para encerrar a investigação de dois anos da SEC. Mais tarde, restabeleceu todos os seus resultados financeiros passados, conforme exigido pelo acordo. Além disso, a empresa foi bem-sucedida ao renegociar suas dívidas com os credores, obtendo prazos mais ad-

> ministráveis. E, talvez o mais importante, os produtos da empresa agora são mais competitivos em termos de preço e qualidade.
>
> Devido ao sucesso desses esforços, a Xerox voltou a ser lucrativa mais cedo do que o esperado. Em face de melhorias operacionais significativas, acreditamos que a Xerox é uma compra atraente nos níveis atuais. ("Xerox Back from the Brink" — "Xerox de Volta à Vida", em tradução livre — *Forbes Growth Investor*, outubro de 2002)

Como as empresas não duram tanto quanto as economias e os mercados, o ciclo de longo prazo do sucesso da empresa também pode não ser extenso. Mas ao longo da vida, os ganhos das empresas podem levar a perdas, e as perdas podem estabelecer as bases para ganhos. Há um ciclo no sucesso do negócio.

O Papel do Timing

Entre os fatores que podem contribuir muito para o sucesso de um indivíduo ou de uma empresa está o timing, ou seja, o momento certo. Entre outras coisas, ajuda a se envolver em coisas mais rapidamente. Foi isso que colocou a Xerox no mapa nos anos 1960 e também me ajudou.

Em agosto de 1978, pouco depois de ser transferido do departamento de pesquisa de ações do Citibank para o gerenciamento de carteiras de títulos, recebi um telefonema que mudou minha vida. "Um cara chamado Milken, na Califórnia", disse meu chefe, "está envolvido em algo chamado títulos de alto risco. Um cliente quer um portfólio desses títulos. Você consegue descobrir o que é isso?"

Foi apenas em 1977 ou 1978 que o investimento em títulos de alto risco foi institucionalizado nos EUA. Foi quando Michael Milken conseguiu seu primeiro sucesso em convencer os investidores de que não há problema em empresas sem grau de investimento emitirem títulos — e para as instituições comprá-los — se a taxa de juros for alta o suficiente para compensar o risco. Esse universo consistia em menos de US$3 bilhões em títulos na época em que me envolvi pela primeira vez. A grande maioria das organizações investidoras tinha uma regra contra a compra de títulos classificados abaixo do grau de investimento, que eram comumente chamados de "junk bonds". E a Moody's rejeitava categoricamente os títulos classificados como B, dizendo que "não possuem as características de um investimento desejável".

Como esses títulos impopulares poderiam *não* ser negócios subestimados? Como poderia a participação precoce *não* ter sido uma dádiva?

E então, uma década depois, Bruce Karsh trouxe suas habilidades jurídicas e seus insights estratégicos para minha equipe, complementando a expertise de Sheldon Stone em crédito, e organizamos um dos primeiros fundos de dívidas em dificuldades de uma grande instituição financeira. O que poderia ser mais arriscado e, portanto, mais inconveniente do que investir na dívida de empresas em processo de falência ou prestes a isso? A que ideia as pessoas poderiam ser mais avessas? Em outras palavras, onde se poderia ganhar mais dinheiro com tanta segurança?

Em ambos os casos, e mais, tive a sorte de me deparar com classes de ativos quase completamente desconhecidos, sem aglomeração, e, portanto, com preços baixos. Há poucas situações que podem tornar o investimento tão fácil como ter um mercado em grande parte só para si. É muito difícil tentar arrancar retornos decentes de um mercado que todos descobriram, invadiram, conquistaram e lotaram. Este último está longe de ser uma fórmula para o sucesso. O retardatário de um campo agora lotado não é "o homem sábio no início". Em vez disso, é mais provável que ele seja "o tolo no final". Aqueles de nós que tiveram a sorte de chegar cedo, não tarde, sabem — ou certamente deveriam saber — que nosso sucesso não foi todo ele obra nossa. É preciso que o tempo certo coopere.

E isso me leva a uma grande observação de Henry Phipps, o menos celebrado sócio de Andrew Carnegie e Henry Clay Frick, dois dos maiores empresários do século XIX. Em 1899, Phipps escreveu o seguinte:

> Bons tempos, como os atuais, produzem maus momentos; uma lei tão certa como o balanço de um pêndulo. Nós temos experiência para conhecer essas verdades elementares. Temos o bom senso

> de colocá-las em prática? (George Harvey, *Henry Clay Frick: The Man* — "Henry Clay Frick: O Homem", em tradução livre, 2002).

Tal como acontece com as pessoas — cujos sucessos podem constituir instâncias isoladas, em vez de indicadores de grandes coisas pela frente, como elas poderiam estar habituadas a acreditar —, o passar do tempo pode não corroborar o sucesso contínuo. Bons tempos podem encorajar decisões de investimento que dependem da perpetuação no tempo para ter sucesso. Mas esses bons momentos podem levar a momentos ruins que testam as decisões de maneiras que as pessoas não podem suportar.

Os bons tempos não apenas são seguidos mais cedo ou mais tarde pelos maus tempos, mas — como se dá com tantos outros exemplos de ciclos — eles muitas vezes *produzem* maus tempos. Bons tempos podem levar a emissões imprudentes de títulos da dívida (como vimos na discussão do ciclo de dívidas em dificuldades) ou ao excesso de construções (como vimos na discussão do ciclo imobiliário).

É como Ruchir Sharma, estrategista-chefe global da Morgan Stanley Investment Management, escreveu em seu livro *The Rise and Fall of Nations* ("A Ascensão e Queda das Nações", em tradução livre) sobre o efeito da atuação dos modernos reformistas: "A reforma leva ao crescimento e aos bons tempos, e os bons tempos encorajam uma arrogância e complacência que levam a uma nova crise".

Phipps mostrou que a história denota claramente essas tendências. A questão-chave é se somos perspicazes e não emotivos o suficiente para saber que os bons momentos não levam necessariamente a mais bons momentos e, portanto, que o sucesso realmente pode ser cíclico.

Voltemos à citação de Demóstenes de Charlie Munger: "O que o homem deseja, também acredita ser verdade". Em outras palavras, o pensamento positivo muitas vezes é hegemônico. Isso pode fazer com que os investidores acreditem que os bons tempos serão seguidos por mais bons tempos. Mas isso ignora a natureza cíclica das coisas e, especialmente, do sucesso.

XVII
O FUTURO DOS CICLOS

A tendência das pessoas para o excesso nunca terminará. E assim, uma vez que esses excessos acabarão sendo corrigidos, tampouco cessará a ocorrência de ciclos. As economias e os mercados nunca se moveram em linha reta no passado nem o farão no futuro. Isso significa que os investidores com capacidade de entender ciclos encontrarão oportunidades de lucro.

Até agora fui muito ao passado e fiquei um pouco no presente. Agora, como concluo, quero voltar para o futuro.

Ao longo de minha carreira, presenciei várias ocasiões em que especialistas disseram que a ocorrência de um tipo de ciclo ou outro havia chegado ao fim. Seja por causa da vitalidade econômica, inovação financeira, administração corporativa perspicaz ou a suposta omnisciência de presidentes de bancos centrais e secretários do Tesouro, eles observaram que as flutuações do ciclo econômico ou do ciclo nos lucros não seriam mais vistas.

Debrucei-me algum tempo sobre esse assunto em "Will It Be Different This Time?" ("Será Diferente Desta Vez?", em tradução livre, novembro de 1996). Primeiro reportei-me a um artigo de jornal que apareceu alguns dias antes:

Nele havia o relato (referindo-se aos EUA) do conceito vigente de expansão econômica contínua e livre da recessão. Já na chamada se lia:

> De diretorias a salas de estar, e de escritórios do governo a pregões, está surgindo um novo consenso: o grande e mau ciclo de negócios foi domado.

A atual expansão, aos 67 meses, já superou em muito a média do pós-guerra. No entanto, 51 dos 53 mais conceituados economistas entrevistados pela newsletter da Blue Chip (meus especialistas favoritos e o tema de meu memorando de julho de 1996, "The Value of Predictions II" — "O Valor das Previsões II", em tradução livre) preveem um crescimento de 1,5% ou mais no próximo ano. E a pesquisa da Universidade de Michigan revelou que a expectativa predominante entre os consumidores é de que teremos pela frente mais cinco bons anos.

O Presidente da Sears afirma que "não existe uma lei natural que diga que temos que ter uma recessão". De acordo com o Presidente da Amoco, "não vejo qualquer razão para acreditar [que a recuperação] não pode continuar até a virada do século!" O CEO da Sara Lee diz: "Não sei o que poderia acontecer para ocasionar uma recessão cíclica." ("The Business Cycle is Tamed, Many Say, Alarming Others", *The Wall Street Journal*, 15 de novembro de 1996).

Claramente, tais declarações, feitas em 1996, na verdade não marcaram o fim dos ciclos. Em vez disso, houve uma recessão modesta em 2001 e, em seguida, apenas alguns anos depois, a Grande Recessão de 2008–2009, o evento cíclico mais poderoso já experimentado pela maioria das pessoas atualmente vivas.

Em "Will It Be Different This Time?", continuei a citar uma série de afirmações semelhantes de outros líderes respeitados:

> "Não haverá nenhuma interrupção na atual prosperidade."
>
> "Não posso deixar de levantar uma voz dissidente para as declarações de que... a prosperidade neste país deve necessariamente diminuir e retroceder no futuro."
>
> "Estamos apenas no começo de um período que vai entrar para a história como a era de ouro."
>
> "Os negócios do país... estão assentados em uma base sólida e próspera."

Ao avaliar a razoabilidade dessas declarações, é importante observar sua proveniência: respectivamente, pelo presidente da Pierce-Arrow Motor Car Company, pelo presidente da Bolsa de Valores de Nova York, pelo presidente da Bush Terminal Company e pelo presidente dos Estados Unidos. Os cargos do primeiro e do terceiro devem servir como uma indicação de que tais declarações vieram de um passado distante, mesmo sem você saber que o presidente em questão era Herbert Hoover. A época histórica dessas declarações em 1928 e 1929 — à beira da Grande Depressão que assolou o mundo por mais de uma década — foi menos do que auspicioso. Tanto, pensei, para a prosperidade sem desaceleração quanto para o fim da ciclicidade.

Mas então, na década de 2000, a expectativa de "prosperidade permanente" voltou a surgir. Apesar de não argumentar especificamente que não haveria mais ciclos, muitos investidores, banqueiros e gente da mídia certamente abraçaram a crença de que o risco desaparecera — o que, em essência, era a mesma coisa.

Em sua autobiografia, *Stress Test* ("Teste de Estresse", em tradução livre), o ex-secretário do Tesouro Tim Geithner descreve o clima ao chegar ao Fed em 2003:

> Os economistas estavam começando a debater se o longo período de estabilidade dos Estados Unidos constituía um novo normal, uma Grande Moderação, uma era quase permanente de resiliência a choques. Havia uma crescente confiança de que os derivativos e outras inovações financeiras destinadas a proteger e distribuir riscos — ao lado de uma melhor política monetária para responder a desacelerações e melhor tecnologia para suavizar os ciclos de estoque — tornaram as crises devastadoras uma coisa do passado.

O fato de que essa prosperidade alegadamente permanente recebeu um nome como "a Grande Moderação" sugere que ela havia entrado na consciência popular. Com isso, foi atendido um de meus requisitos para um ambiente mais arriscado possível: quando grassa a crença de que não há risco. Nas páginas 123-125, descrevi os relatos da mídia para esse efeito que enumeravam as forças que haviam causado a eliminação do risco: omnisciência do Fed, a ininterrupta demanda dos países ricos por títulos e as mais recentes invenções de Wall Street.

Todas essas afirmações de que os "ciclos acabaram" não só estavam erradas, como é muito importante notar que cada uma delas coincidiu com — e certamente contribuiu para — a marcha ascendente para uma alta cíclica. E que os eventos que se seguiram a essas altas seriam excepcionalmente dolorosos: a Grande Depressão de 1929-1939, um declínio de três anos no mercado de ações em 2000-2002 (o primeiro declínio desde 1929) e a Crise Financeira Global de 2007-2008.

Em "Will It Be Different This Time?", continuei lembrando as declarações de Poliana citadas apenas para ilustrar o que penso serem as conclusões essenciais sobre este assunto:

> É claro, o que essas observações assinalavam não era que os ciclos não se repetiriam, mas, sim, que os espectadores haviam ficado confiantes demais. Os ciclos nas economias, nas empresas e nos mercados continuarão a ocorrer pelo menos enquanto as pessoas estiverem envolvidas na tomada de decisões-chave — o que, acredito, significa para sempre.
>
> ...Há um momento certo para argumentar que as coisas serão melhores, e é aí que o mercado está em segundo plano e todo mundo está vendendo coisas a preços de bazar de caridade. É perigoso, quando o mercado opera em níveis recordes, alcançar uma racionalização positiva que nunca foi verdadeira no passado. Mas isso já foi feito antes e será feito novamente.

"Desta vez é diferente" são quatro das palavras mais perigosas no mundo dos negócios, em especial quando aplicadas, como é comum, a algo que atingiu o que em tempos anteriores teria sido chamado de extremo.

Quando as pessoas dizem "é diferente" neste caso, querem, na verdade, dizer que as regras e os processos que produziram ciclos no passado foram suspensos. Mas o comportamento cíclico do passado financeiro não resultou da operação de regras físicas ou científicas. Na ciência, causa e efeito desfrutam de um relacionamento confiável e recorrente, de modo que é possível dizer com confiança "se A, então B". Mas, embora existam alguns princípios que operam no mundo das finanças e dos negócios, a verdade resultante difere muito da ciência.

A razão para isso — volto a bater na mesma tecla — é o envolvimento das pessoas. As decisões que elas tomam têm grande influência nos ciclos econômicos, comerciais e de mercado. Na realidade, economias, negócios e mercados consistem em nada além de transações entre pessoas. E as decisões das pessoas não são tomadas cientificamente.

Algumas pessoas levam em conta a história, os fatos e os dados, e outras abordam suas decisões como "homens econômicos". Porém, mesmo os mais estoicos e desprovidos de emoção entre eles estão sujeitos às influências humanas e à perda da objetividade.

Richard Feynman, o conhecido físico, escreveu: "Imagine quão mais difícil seria a física se os elétrons tivessem sentimentos!" Isto é, se os elétrons tivessem sentimentos, não se poderia dar como certo que sempre fariam o que a ciência espera deles, e então as regras da física funcionariam apenas em parte do tempo.

A questão é que as pessoas *têm* sentimentos e, como tal, não estão sujeitas a leis invioláveis. Elas sempre trarão emoções e fraquezas às suas decisões econômicas e de investimento. Consequentemente, se tornarão eufóricas ou desanimadas na hora errada — exagerando o potencial de crescimento quando as coisas vão bem, e o risco de queda quando as coisas vão mal — e, portanto, seguirão a tendência a extremos cíclicos.

Alguns parágrafos de *The Most Important Thing* fornecem uma boa base para uma recapitulação dos principais pontos sobre a persistência dos ciclos:

> A razão básica para a ciclicidade em nosso mundo é o envolvimento dos humanos. Artefatos mecânicos podem seguir em linha reta. O tempo segue em frente continuamente. Assim se dá com uma máquina quando adequadamente posta em ação. Mas os processos em campos como história e economia envolvem pessoas, e quando pessoas estão envolvidas, os resultados são variáveis e cíclicos. A principal razão para isso, penso eu, é que as pessoas são emocionais e inconsistentes, não estáveis e lógicas.
>
> Os fatores objetivos, obviamente, desempenham um papel nos ciclos — fatores tais como relações quantitativas, eventos mundiais, mudanças ambientais, desenvolvimentos tecnológicos e decisões corporativas. Contudo, é a ação da psicologia nessas coisas que faz com que os investidores reajam de forma exagerada ou insuficiente, determinando, assim, a amplitude das flutuações cíclicas.

> Quando as pessoas se sentem bem com o andar da carruagem e otimistas sobre o caminho à frente, seu comportamento é fortemente impactado. Elas gastam mais, e economizam menos. Tomam emprestado para desfrutar mais ou aumentar seu potencial de lucro, mesmo precarizando sua condição financeira (é claro que conceitos como precariedade são esquecidos em tempos otimistas). E se dispõem a pagar mais pelo valor atual ou por um pedaço do futuro.

Os investidores tendem a olhar para os processos em andamento, atribuir dependência mecânica a eles, confiar nisso e extrapolar os processos. E negligenciam o papel das emoções: ganância na recuperação e medo na recessão.

As emoções operam nos ciclos de duas maneiras: ampliam as forças que levam a extremos que em algum momento requerem correção, e fazem com que os participantes do mercado ignorem a ciclicidade exatamente quando reconhecer os excessos é mais essencial e mais potencialmente lucrativo: estágio três dos mercados de alta e baixa descritos nas páginas 197 e 198–199.

A seguinte passagem de *The Most Important Thing* pode servir para resumir as perspectivas de recorrência dos ciclos:

> Ciclos nunca vão parar de ocorrer. Só deixariam de existir (ou pelo menos seus extremos) se houvesse algo como um mercado completamente eficiente, e se as pessoas realmente tomassem decisões calculadas, isentas de emoção. Mas isso jamais acontecerá.
>
> Em uma economia, a alternância entre expansão e contração depende do maior ou menor gasto dos consumidores, que respondem emocionalmente a fatores econômicos ou eventos exógenos, geopolíticos ou naturais. As empresas projetarão um futuro promissor durante o ciclo ascendente e, portanto, ampliarão demais as instalações e os estoques; estes se tornarão onerosos quando a economia cair. Os provedores de capital serão muito generosos

> quando a economia estiver indo bem, favorecendo o crescimento excessivo com dinheiro barato, e pisarão no freio quando as coisas deixarem de parecer tão boas. Os investidores supervalorizam as empresas nos tempos bons, e as desvalorizam nos momentos difíceis...
>
> Ignorar ciclos e extrapolar tendências é uma das coisas mais perigosas que um investidor pode fazer. As pessoas muitas vezes agem como se as empresas prósperas fossem continuar sempre assim, e os investimentos com performance superior manterão esse ritmo ad eternum, e vice-versa. Na verdade, o mais provável é que ocorra o oposto.

Uma profunda compreensão das emoções e do excesso que elas induzem é um dos principais tópicos deste livro. Desvios cíclicos da linha de tendência derivam em grande parte do excesso e sua respectiva correção. Tal fato é obviamente verdadeiro nos mercados de valores mobiliários, que nada mais são do que uma coleção de pessoas que tomam decisões (muitas vezes de maneira semelhante a um rebanho) que, esperam, serão rentáveis. Mas não é menos verdadeiro nas economias e empresas: elas podem parecer máquinas autônomas e bem azeitadas, mas também nada mais são mais que grupos de pessoas tomando decisões, com tudo o que isso implica.

> Na primeira vez que investidores iniciantes se deparam com esse fenômeno, é compreensível que aceitem que algo que nunca tenha acontecido antes — o fim da ciclicidade — possa acontecer. Mas na segunda ou terceira vez, esses investidores, agora experientes, devem perceber o equívoco e transformar esse conhecimento em vantagem.

> Da próxima vez que você topar com uma negociação baseada em ciclos que deixaram de ocorrer, lembre-se de que, invariavelmente, é uma aposta perdida. (*The Most Important Thing*)

Em 1968, aos 22 anos, eu era um novato no que se referia a investimento quando soube do Nifty Fifty. Pessoas muito mais experientes que eu defendiam a grandeza das empresas, seu potencial ilimitado de crescimento, o fato de que nada de ruim poderia acontecer com elas e, portanto, a ausência de qualquer limite nos preços de suas ações. Engoli essas histórias; de qualquer modo, não me lembro de ter insistido na ilogicidade dessa defesa tão intensa. Assim, tive a sorte de aprender minhas primeiras lições sobre ciclicidade, valor e risco em tenra idade e com relativamente pouca aposta em conceitos errôneos.

Já era um pouco menos ingênuo quando organizei a resposta do Citibank ao embargo de petróleo árabe de 1973, ocasião em que o preço do petróleo passou de US$20 o barril para US$60, e os analistas do setor de energia perceberam poucos entraves à continuidade dos aumentos. E também quando, em 1980, as maravilhas dos computadores levaram à formação de muito mais empresas de disquetes do que seria necessário.

Porém, mais tarde, com algumas décadas de experiência, consegui reconhecer os excessos das bolhas tecnológicas, da internet e do e-commerce do final da década de 1990, e do inquestionável comportamento do mercado de capitais que acabou se tornando a Crise Financeira Global de 2007-2008. Esse processo de aprendizado sobre os excessos nos mercados — e sua contribuição para os ciclos — é uma parte indispensável da educação de todos os investidores.

~

A tendência das pessoas para o excesso nunca acabará. E assim, porque esses excessos em algum momento serão corrigidos, e cessará a ocorrência de ciclos. As economias e os mercados nunca se moveram em linha reta no passado nem o farão no futuro. Isso significa que os investidores com capacidade de entender ciclos encontrarão oportunidades de lucro.

XVIII
A ESSÊNCIA DOS CICLOS

Concluirei juntando alguns dos parágrafos do livro que acho que detêm as chaves para entender os ciclos, sua gênese e como eles devem ser tratados. Eu os alterarei apenas quando necessário para deixá-los ficar isolados aqui, fora de contexto. Este não será um resumo do livro, mas, sim, uma recapitulação de algumas de suas principais observações. (E para aqueles que desejarem, ler apenas as frases destacadas fornecerá uma boa sinopse da recapitulação.)

H.M.

O sucesso do investimento é como escolher um ganhador da loteria. Ambos são determinados por um bilhete (o resultado) sendo retirado de uma urna (toda a gama de resultados possíveis). Em cada caso, um resultado é escolhido dentre as muitas possibilidades.

Investidores superiores são pessoas que têm uma noção melhor de quais bilhetes estão na urna e, portanto, se vale a pena participar da loteria. Em outras palavras, ainda que os investidores superiores — como qualquer um — não saibam exatamente o que o futuro reserva, eles têm uma compreensão acima da média sobre as tendências futuras. (página 14)

~

As chances variam de acordo com nossa posição nos ciclos. Se não alteramos nossa postura de investimento conforme as coisas mudam, estamos sendo passivos em relação aos ciclos. Em outras palavras, estamos ignorando a chance de inclinar as probabilidades a nosso favor. Porém, se obtivermos algum insight sobre os ciclos, podemos aumentar nossas apostas e colocá-las em investimentos mais agressivos quando as probabilidades estão a nosso favor, e podemos ficar mais cautelosos e aumentar nossa postura defensiva quando as probabilidades estão contra nós. (página 21)

~

Acredito que a melhor maneira de otimizar o posicionamento de um portfólio em um dado ponto no tempo é decidir como balancear agressividade e defensividade. Penso que a relação entre posições mais agressivas e mais defensivas deve ser ajustada ao longo do tempo, em resposta a mudanças no estado do ambiente de investimento e onde houver uma série de elementos em seus ciclos.

> A palavra-chave é "calibrar". O valor investido, a alocação de capital entre as várias possibilidades e o grau de risco das coisas que se possui devem ser calibrados ao longo de um continuum que vai de agressivo a defensivo... Quando for barato, devemos ser agressivos; quando for caro, devemos recuar. ("Yet Again?", setembro de 2017)

Calibrar a posição de um portfólio é o assunto principal deste livro. (página 12)

~

O que de fato importa é que, no mundo em que os investidores habitam, ciclos sobem e descem, e pêndulos balançam de lá para cá. Ciclos e oscilações de pêndulos vêm em muitas formas e se relacionam com uma ampla variedade de fenômenos, mas as razões subjacentes a eles — e os padrões que produzem —

têm muito em comum, e eles tendem a ser relativamente consistentes ao longo do tempo. Ou, como Mark Twain tem a fama de ter dito (embora não haja provas da veracidade disso), "a história não se repete, mas rima".

Quer Twain a tenha cunhado, quer não, essa frase resume muito do que este livro trata. Os ciclos variam em termos de motivos e detalhes, e em tempo e extensão, mas os altos e baixos (e as razões para eles) ocorrerão sempre, produzindo mudanças no ambiente de investimento e, portanto, no comportamento exigido.

Em meus desenhos, a linha central representa um ponto médio em torno do qual o ciclo oscila. Às vezes ela tem uma direção subjacente ou uma tendência secular ("secular" no sentido de — ou relacionado a — um longo período de duração indefinida), e isso geralmente é ascendente. Assim, com o tempo e em longo prazo, as economias tendem a crescer, os lucros das empresas tendem a aumentar, e (em grande parte por causa disso) os mercados tendem a crescer. E se esses desenvolvimentos forem científicos ou totalmente naturais, processos físicos, economias, empresas e mercados podem progredir em linha reta e a uma taxa constante (pelo menos por um tempo). Mas claro, aqueles não são, então estes também não se comportarão assim.

O fato é que o desempenho dessas coisas é fortemente influenciado no curto prazo, entre outros fatores, pelo envolvimento de pessoas, e pessoas estão longe de ser estáveis. Ao contrário, elas de vez em quando alternam seu comportamento, em muitas ocasiões em virtude do que podemos colocar sob o título amplo de "psicologia". Assim, o modo de ser das pessoas varia, certamente, como o ambiente varia, mas às vezes também na ausência de mudanças no ambiente. (páginas 25)

~

Ciclos oscilam, como mencionei, ao redor do ponto médio. Este é geralmente considerado como tendência secular, norma, meio, média ou meio termo e, de certo modo, é tido como "correto e apropriado". Os extremos do ciclo, por outro lado, são considerados como aberrações ou excessos a serem excluídos, e geralmente são. Embora o conjunto de eventos responsável pela oscilação dos ciclos tenha a tendência de ficar muito tempo acima ou abaixo do ponto médio, a regra geral é a de que o movimento, por fim, toma o rumo de volta em direção à média. O movimento de um extremo alto ou baixo rumo ao meio é frequentemente descrito como "regressão ao meio", uma tendência poderosa e muito razoável na maioria das esferas da vida. Porém, lembrando os estágios do ciclo listados anteriormente, também pode ser dito que o padrão cíclico usualmente consiste tanto de um movimento a partir do razoável ponto médio até um extremo potencialmente imprudente (estágios b, e, h no gráfico anterior) quanto no sentido oposto, partindo de um extremo e indo de volta para o ponto médio (a, d, g).

O ponto médio racional geralmente exerce uma espécie de atração magnética, fazendo com que as coisas responsáveis pela oscilação promovam um movimento de retorno de um dos extremos que segue na direção do "normal". Mas geralmente a permanência no normal não dura muito tempo, pois aquelas mesmas influências continuam em vigor e, assim, fazem com que a oscilação a partir de um extremo ultrapasse o ponto médio, indo em direção ao extremo oposto.

É importante reconhecer e aceitar a confiabilidade desse padrão. Os detalhes variam — tempo, duração, velocidade e força das oscilações e, muito importante, as razões para eles —, e é provável que estejam por trás do comentário de Twain sobre a história que não se repete. Já a dinâmica subjacente é geralmente semelhante. (páginas 28–29)

~

Os temas que fornecem sinais de alerta em cada expansão/contração são os gerais: o otimismo excessivo é algo perigoso, a aversão ao risco é um ingrediente essencial para o mercado ser seguro, e mercados de capitais excessivamente generosos acabam levando a um financiamento imprudente e, portanto, a colocar os participantes em perigo.

Em suma, detalhes não são importantes e podem ser irrelevantes. Temas, porém, são essenciais e tendem a se repetir. Entender essa tendência — e ser capaz de identificar as recorrências — é um dos elementos mais importantes para lidar com os ciclos. (página 37)

~

Quanto mais se distanciam do ponto médio, mais os ciclos têm potencial para causar estragos — ou seja, quanto maiores forem as aberrações ou excessos. Se a oscilação em direção a um extremo for mais longe, provavelmente será mais violenta, e mais danos provavelmente ocorrerão, já que as ações encorajadas pelas condições do ciclo em um extremo se mostram inadequadas para a vida em outras partes do ciclo.

Em outras palavras, o potencial de destruição cresce à medida que o movimento para longe do ponto médio aumenta: ou seja, conforme as economias e as empresas "vão se dando muito bem", e os preços das ações "vão ficando muito altos". Avanços são seguidos por meras correções e altos e baixos dos mercados. Mas booms e bolhas têm como consequência quebras, falências e pânico. (página 29)

~

A maioria das pessoas pensa em ciclos em termos das etapas listadas anteriormente e os reconhece como uma série de eventos. E entendem que tais eventos seguem um ao outro com regularidade e em uma sequência usual: movimentos ascendentes são seguidos por movimentos de contração/recessão, e, por fim, por novos movimentos ascendentes.

Mas isso não é suficiente para que se tenha uma compreensão completa dos ciclos. Os eventos na vida de um ciclo não devem ser vistos apenas como cada um causando pelo próximo. (página 31)

~

As coisas que chamo de ciclos não se originam completamente — ou às vezes de forma alguma — da ocorrência de processos mecânicos, científicos ou físicos.

Eles seriam muito mais confiáveis e previsíveis se o fizessem, mas muito menos potencialmente lucrativos. (Isso ocorre porque os maiores lucros vêm de ver as coisas melhor do que os outros, e se os ciclos fossem totalmente confiáveis e previsíveis, não haveria superioridade em percebê-los.) Às vezes há um princípio subjacente (e às vezes não), mas muita variação é atribuível ao papel dos seres humanos na criação de ciclos, pois suas tendências induzidas por emoções e psicologias exercem influência sobre os fenômenos cíclicos. Chance ou aleatoriedade também desempenham um papel importante em alguns ciclos, e o comportamento humano contribui para sua existência. Humanos são uma grande parte da razão pela qual esses ciclos existem, mas também — junto da aleatoriedade — por sua inconsistência e, portanto, sua falta de confiabilidade.

O esforço para explicar a vida por meio do reconhecimento de padrões — e, assim, chegar a fórmulas vencedoras — é complicado, em grande parte porque, como já mencionei, vivemos em um mundo assediado pela aleatoriedade e em que as pessoas não se comportam da mesma maneira mesmo quando pretendem. A percepção de que os eventos passados foram em grande parte afetados por essas coisas — e, portanto, que os eventos futuros não são totalmente previsíveis — é desagradável, pois torna a vida menos sujeita à antecipação, à criação de regras e à segurança. Assim, as pessoas buscam explicações que tornem os eventos compreensíveis... muitas vezes além do que é apropriado. Isso é tão verdadeiro em investir como em outros aspectos da vida. (páginas 41-42)

≈

Por que o pêndulo é importante? Em essência, as acentuadas oscilações ascendentes e descendentes dos ciclos que estou cobrindo neste livro resultam em grande parte de (e representam) excessos psicológicos em ação.

Nos ciclos de negócios, financeiros e de mercado, a maioria dos excessos no lado positivo — e as inevitáveis reações no lado negativo, que também tendem a exceder — resultam de oscilações exageradas do pêndulo da psicologia. Desse modo, compreender e estar atento a oscilações excessivas é requisito básico para evitar danos causados pelos extremos cíclicos e, com sorte, para lucrar com eles.

As normas em termos de crescimento e apreciação são, em certo sentido, "corretas" e "saudáveis". E se todos se comportassem de acordo com essas normas — em vez de ocasionalmente esperar por mais e, assim, preparar o terreno para mudanças em direção a menos —, o mundo seria um lugar mais estável, menos conturbado e menos propenso a erros. Mas essa não é a natureza das coisas. (páginas 88-89)

~

Tudo parece muito óbvio: os investidores raramente mantêm posições objetivas, racionais, neutras e estáveis. Primeiro exibem um elevado grau de otimismo, ganância, tolerância ao risco e credulidade, e seu consequente comportamento faz com que os preços dos ativos subam, os retornos potenciais caiam, e o risco aumente. Mas, então, por alguma razão — talvez a chegada de um ponto crítico —, eles mudam para pessimismo, medo, aversão ao risco e ceticismo, e com isso os preços dos ativos caem, os retornos prospectivos aumentam, e o risco diminui. E o que é notável: cada grupo de fenômenos tende a acontecer em uníssono, e a oscilação de um lado para o outro muitas vezes vai muito além do que a razão pode exigir.

Trata-se de algo muito louco: no mundo real, as coisas geralmente ficam entre o "mais ou menos bom" e o "nem tanto". Mas no planeta investimento, a percepção frequentemente flutua de "tudo perfeito" para "sem esperança". O pêndulo viaja de um extremo ao outro, quase sem parar no "ponto médio feliz" e muito pouco ao alcance da racionalidade. Primeiro, a negação; depois, a capitulação. (página 99)

~

Quando o balanço do pêndulo o leva a qualquer um dos pontos extremos, um processo pode ter a aparência de um círculo virtuoso ou de um círculo vicioso. Se os eventos são predominantemente positivos e a psicologia é cor-de-rosa, os desenvolvimentos negativos tendem a ser negligenciados, tudo é interpretado favoravelmente, e muitas vezes se pensa que as coisas são incapazes de piorar.

Mas há o outro lado da moeda: quando tudo vai mal por meses ou anos e a psicologia é altamente negativa, o que pode ser esquecido é o potencial de melhoria.

O investidor superior — que resiste a influências externas, permanece emocionalmente equilibrado e age de modo racional — percebe eventos positivos e negativos, pesa-os com objetividade e os analisa desapaixonadamente. O fato, porém, é que às vezes a euforia e o otimismo fazem com que a maioria dos investidores veja as coisas de forma mais positiva do que seria justificável, e às vezes a depressão e o pessimismo os fazem ver apenas coisas ruins e interpretar eventos com um tom negativo. Recusar-se a reagir assim é uma das chaves para um investimento bem-sucedido.

Normalmente, a ascensão em direção a qualquer um dos extremos é prontamente observável, e, portanto, as implicações para os investidores devem ser óbvias para os observadores objetivos. Mas, é claro, a oscilação do pêndulo do mercado para um extremo ou outro ocorre pela simples razão de que a psique da maioria dos participantes do mercado está se movendo na mesma direção, em um estilo parecido com o de um rebanho. (páginas 101–102)

~

Minha opinião de que o risco é a principal peça móvel no investimento me faz concluir que, em qualquer momento, o modo como os investidores coletivamente enxergam os riscos e se comportam em relação a eles é de vital importância na formação do ambiente de investimento em que nos encontramos. E o estado do ambiente é fundamental para determinar como nos comportar em relação ao risco em tal momento. A avaliação de onde estão as atitudes em relação ao risco em seu ciclo é o tema deste capítulo — talvez o mais importante deste livro. (página 107)

~

Nos bons tempos, as pessoas ficam mais otimistas, abandonam a cautela e aceitam prêmios de risco baixos em investimentos arriscados. Além disso, menos pessimistas e menos temerosos, tendem a perder o interesse pelo trecho mais seguro do continuum risco/retorno. Essa combinação de elementos leva os preços dos ativos de risco a subirem em relação aos ativos mais seguros. Assim, não é de admirar que investimentos mais imprudentes sejam feitos mais em momentos bons do que em ruins. Isso acontece mesmo que os preços mais altos em investimentos arriscados possam significar que os prêmios de risco prospectivos, oferecidos para tornar esses investimentos mais arriscados, são mais acanhados do que em tempos de maior consciência sobre o risco. E quando ocorrem eventos negativos, a falta de prêmios de risco adequados e a margem de erro mostram que não houve prudência nos investimentos.

Daí se segue que o risco é alto quando os investidores sentem que ele é baixo. E a compensação de risco é mínima se o risco está no máximo (justo quando a compensação de risco é mais necessária). É demais para o investidor racional!

Para mim, a conclusão de tudo isso é que a maior fonte de risco de investimento é a crença de que não há risco. A tolerância generalizada ao risco — ou um elevado grau de conforto do investidor em relação ao risco — é o maior precursor dos subsequentes declínios do mercado. Porém, como a maioria dos investidores segue a progressão descrita antes, isso raramente é percebido no momento em que percebê-la — e tornar-se cauteloso — é mais importante. (página 117)

~

Assim como a inadequação de sua aversão ao risco lhes permitia empurrar os preços para cima e comprar na alta — hipnotizados pela visão de dinheiro fácil em um mundo no qual não podiam visualizar qualquer risco —, agora eles jogam os preços para baixo e vendem quando o mercado está no fundo do poço. A experiência recente e desagradável deles os convence — ao contrário do que pensavam quando tudo estava indo bem — de que o investimento é um campo arriscado no qual não deveriam ter entrado. E, como consequência, sua aversão ao risco vai de inadequada a excessiva.

Eles tornam-se extremamente preocupados. Do mesmo modo que a tolerância ao risco os posicionou como compradores de ativos cujos preços estavam nas nuvens, agora sua gritante aversão ao risco faz deles vendedores — certamente não compradores — no chão do mercado. (páginas 118–119)

~

Em pânico, as pessoas passam 100% do tempo garantindo que não haja perdas… quando deveriam se preocupar em perder grandes oportunidades.

Em épocas de extremo negativismo, uma exagerada aversão ao risco provavelmente fará com que os preços afundem e perdas adicionais sejam altamente improváveis: o risco de perda, portanto, é mínimo. Como já indiquei anteriormente, a coisa mais arriscada do mundo é a crença de que não há risco. Da mesma forma, o momento mais seguro (e mais recompensador) de comprar geralmente é aquele em que todos estão convencidos de que a esperança morreu. (páginas 137–138)

~

Como as atitudes de risco oscilam de alto para baixo, o mesmo acontece com as oportunidades de lucro ou perda. Na bonança, os preços dos ativos estão subindo, os investidores veem o futuro com óculos cor-de-rosa, arriscam-se como seus amigos e lucram com facilidade. Todos sentem o mesmo, o que significa que pouca aversão ao risco é incorporada nos preços e, portanto, eles são precários. Os investidores tornam-se tolerantes ao risco justamente quando deveriam aumentar sua aversão a ele.

Analogamente, mercados em baixa, investidores idem. Os mercados são tidos como um lugar para perder dinheiro, o risco como algo a ser evitado a todo custo, e as perdas são desoladamente prováveis. Como descrevi no final do último capítulo, na prevalência de um excesso de cautela, ninguém (a) aceitará possibilidades cercadas de qualquer otimismo e (b) admitirá a eventualidade de que uma suposição possa ser "ruim demais para não ser verdade".

Assim como a tolerância ao risco é ilimitada no topo, é inexistente na parte inferior. Essa negatividade faz com que os preços caiam para níveis em que as perdas são altamente improváveis, e os ganhos possam ser enormes. Mas as cicatrizes das quedas anteriores tendem a ampliar a aversão ao risco dos investidores, imobilizando-os bem quando preços e risco estão em seu nível mais baixo. (página 120)

~

Ter ciência de como os investidores estão pensando e lidando com o risco é talvez a coisa mais importante para se propor a ter. Em suma, a excessiva tolerância ao risco contribui para a criação de perigos, e a oscilação para a excessiva aversão ao risco deprime os mercados, criando algumas das maiores oportunidades de compra.

A flutuação — ou inconstância — nas atitudes em relação ao risco é consequência tanto do resultado de alguns ciclos quanto da causa ou exacerbação de outros. E isso sempre vai continuar, já que parece ser difícil para a maioria das pessoas se tornarem mais otimistas e tolerantes a riscos quando as coisas estão indo bem, e depois, quando tudo passa a andar mal, mais preocupadas e avessas ao risco. Isso significa que elas estão mais dispostas a comprar quando deveriam ser mais cautelosas e mais relutantes em comprar quando deveriam ser mais agressivas. Investidores superiores sabem disso e esforçam-se para agir no sentido contrário. (páginas 139–140)

~

Alterações na disponibilidade de capital ou crédito são uma das influências mais basilares nas economias, empresas e mercados. Embora o ciclo de crédito seja menos conhecido do homem comum do que a maioria dos outros ciclos discutidos neste livro, considero ser ele de suma importância e profunda influência.

Quando a janela está aberta, o financiamento é abundante e fácil de obter; se está fechada, o financiamento é escasso e difícil de conseguir. Por fim, é essencial ter sempre em mente que a janela pode passar de aberta a fechada em apenas um instante. Há muito mais para entender completamente esse ciclo — incluindo as razões para esses movimentos cíclicos e seu impacto —, mas esse é o objetivo. (página 143)

~

Prosperidade amplia a oferta de crédito, ocasionando empréstimos imprudentes; estes produzem grandes perdas, levando os emprestadores a se retraírem, acabando com a prosperidade; e por aí vai. (página 148)

~

Procurar a causa de um mercado radicalizado normalmente requer rebobinar a fita cassete do ciclo de crédito por alguns meses ou anos. A maioria dos mercados em alta é incentivada por um aumento na disposição de fornecer capital, geralmente ignorando a prudência. Da mesma forma, a maioria dos colapsos é precedida por uma recusa indiscriminada em financiar certas empresas, setores de atividade ou toda a variedade de potenciais tomadores de empréstimos. (página 153)

~

A chave para lidar com o ciclo de crédito está em reconhecer que ele atinge seu ápice quando as coisas vão bem por um tempo, as notícias estão boas, a aversão ao risco está baixa e os investidores estão ansiosos. Isso torna mais fácil para os tomadores de empréstimo levantar dinheiro e faz com que compradores e investidores disputem entre si a oportunidade de fornecê-lo. Daí resultam financiamentos baratos, baixos padrões de crédito, negócios pouco sólidos e imprudente ampliação do crédito. São os mutuários que dão as cartas quando a janela de crédito está aberta — não quem concede o empréstimo ou investe. As implicações de tudo isso devem ser óbvias: vá com cautela.

Exatamente o oposto torna-se verdadeiro no outro extremo do ciclo de crédito. Seu ponto mais baixo é atingido quando os acontecimentos são desagradáveis, a aversão ao risco aumenta e os investidores ficam deprimidos. Sob tais circunstâncias, ninguém quer fornecer capital, o mercado de crédito congela e propostas implorarão para serem aceitas. Isso coloca as cartas nas mãos dos provedores de capital, em vez dos tomadores de empréstimo.

Como o endividamento é difícil e o capital geralmente não está disponível, aqueles que o possuem e estão dispostos a participar podem exigir padrões mais rigorosos, insistir em fortes estruturas de empréstimo e cláusulas de proteção e demandar retornos prospectivos elevados. São coisas como essas que fornecem a margem de segurança necessária para um investimento superior. Quando esses fatores estão postos, os investidores devem entrar em um modo agressivo.

O investimento superior não é caracterizado pela compra de ativos de alta qualidade, mas por comprar quando o negócio é bom, o preço é baixo, o retorno potencial é substancial e o risco é limitado. Tais condições são muito mais comuns quando os mercados de crédito estão na parte menos eufórica e mais rigorosa de seu ciclo. A fase de "portas fechadas" do ciclo de crédito provavelmente faz surgir mais barganhas do que qualquer outro fator isolado. (página 165)

~

Os méritos do ativo em questão importam muito, mas certamente não podem ser fortes o suficiente para sempre ganhar o dia. A emoção humana inevitavelmente faz com que os preços dos ativos — mesmo os que valem a pena — sejam deslocados para níveis extremos e insustentáveis: ou vertiginosamente altos ou excessivamente baixos.

Resumindo, crer de modo consciencioso na inevitabilidade dos ciclos, como estou pedindo, significa que há certas palavras e frases que devem ser excluídas do vocabulário do investidor inteligente: "nunca", "sempre", "para sempre", "não pode, "não será", "não deverá" e "tem que" e correlatos. (página 185)

~

No início dos anos 1970, ganhei um grande presente: um investidor mais velho e mais sábio apresentou-me "os três estágios de um mercado em alta":

- Primeiro estágio: apenas algumas poucas pessoas bastante perspicazes acreditam que as coisas melhorarão.
- Segundo estágio: a maioria dos investidores percebe que a melhoria está realmente ocorrendo.
- Terceiro estágio: todos concluem que tudo será sempre melhor.

Isso abriu meus olhos para os extremos psicológicos a que os investidores podem chegar, bem como para o impacto desses extremos nos ciclos de mercado. Como muitas das grandes citações e adágios, poucas palavras encerram imensa sabedoria quanto às atitudes: sua mutabilidade, seu padrão ao longo de um ciclo e sua contribuição para o erro.

No primeiro estágio, porque a possibilidade de melhoria é invisível para a maioria dos investidores e, portanto, pouco valorizada, os preços dos títulos incorporam pouco ou nenhum otimismo. É comum o primeiro estágio ocorrer após um declínio incidental dos preços, e a mesma tendência de baixa que dizimou os preços afeta negativamente a psicologia da multidão, que se coloca contra o mercado e jura nunca mais investir.

No último estágio, por outro lado, como tudo vinha correndo bem há muito tempo, os reflexos tão acentuados nos preços dos ativos elevam ainda mais o bom humor do mercado. Com isso, os investidores acabam extrapolando a melhoria para o infinito e aumentam os preços para refletir seu otimismo. Os investidores agem como se o céu fosse o limite... e pagam pelo potencial ilimitado que percebem. Poucas coisas são tão caras quanto pagar por um potencial superestimado.

Segue-se do exposto que alguém que investe no primeiro estágio — quando quase ninguém consegue ver uma razão para otimismo — compra ativos a preços baixos, a partir dos quais é possível uma apreciação substancial. Mas alguém que compra no terceiro estágio invariavelmente sofre pelo entusiasmo excessivo do mercado e acaba perdendo dinheiro.. (páginas 197–198)

A coisa mais importante a se notar é que o ponto máximo de psicologia, a disponibilidade de crédito, o preço e risco e o retorno potencial mínimo são alcançados ao mesmo tempo, e geralmente esses extremos coincidem com o último paroxismo de compra. (página 206)

Quando o último otimista joga a toalha e se está lá embaixo, na antítese do "topo", há a virada do ciclo de mercado. Nesse ponto, vemos agora se juntarem o nadir da psicologia, uma total incapacidade de acesso ao crédito, preços mínimos, retorno potencial máximo e risco mínimo. (página 208)

Na crise financeira de 2007, a essa altura, com as generalizações no lado negativo, a máquina de errar engatou marcha a ré. Nenhum otimismo, só pessimismo. Nada de tolerância ao risco, apenas aversão a ele. Nenhuma capacidade de ver pontos positivos, somente negativos. Vontade alguma de interpretar as coisas de forma positiva, muito ao contrário. Bons resultados eram inimagináveis. No horizonte, só os ruins. (página 240)

Para começo de conversa, o que é fundo do poço? É o ponto no qual os preços mais baixos do ciclo são atingidos. Pode-se dizer que ele é alcançado no dia em que o último investidor, em pânico, vende o que tem, ou o último dia em que os vendedores predominam em relação aos compradores. A partir do fundo, os preços sobem, já que não há detentores de capital para capitular e vender, ou porque os compradores agora estão mais decididos a comprar do que os vendedores a vender.

Quando um mercado está desabando, os investidores podem ouvir dizer: "Não dá para saber se chegamos ao fundo do poço". Em outras palavras, "A tendência é de queda, e não dá para adivinhar quando isso vai deixar de acontecer. Então, por que deveríamos comprar sem ter certeza de que o fundo foi alcançado?"

Mas o que eu acho que eles estão realmente dizendo é: "Estamos com medo — em especial de comprar antes que o declínio cesse e, portanto, de nos dar mal —, então vamos esperar até que o fundo do poço seja alcançado, a poeira abaixe e a incerteza passe". Mas espero que a esta altura tenha deixado bem claro que quando a poeira baixar e os nervos dos investidores se acalmarem, o bonde já terá passado, levando com ele as oportunidades perdidas — as pechinchas.

Geralmente é durante os escorregões do mercado que você pode comprar as maiores quantidades daquilo que quer, de vendedores que estão jogando a toalha e enquanto os que esperam o fundo do poço chegar estão abraçando-se pelos cantos. Mas, uma vez que o escorregão leva o mercado ao chão, por definição há poucos vendedores para vender, e os compradores predominam. Assim, as vendas entram em fase minguante, e os potenciais compradores enfrentam uma crescente competição. (páginas 242–243)

~

Sair do mercado após um declínio — e, por conseguinte, não participar de uma recuperação cíclica — é realmente o pecado capital no investimento. Experimentar uma perda de marcação a mercado na fase descendente de um ciclo não é fatal em si, contanto que você se mantenha também na parte de cima, benéfica. Converter essa flutuação descendente em uma perda permanente ao vender no fundo do poço é realmente terrível.

Assim, compreender os ciclos e ter os recursos emocionais e financeiros necessários para vivenciá-los é um ingrediente crucial no sucesso do investimento. (página 245)

~

Se os fundamentos fossem o único parâmetro de cálculo do valor de mercado, o preço de um título não flutuaria muito mais do que os ganhos correntes de quem o emite e as perspectivas de ganhos no futuro. Na verdade, o preço deveria, de modo geral, flutuar menos que os ganhos, pois as variações trimestrais nos lucros geralmente se igualam no longo prazo, e, além disso, não refletem necessariamente as mudanças reais no potencial de longo prazo da empresa.

E, no entanto, os preços dos títulos usualmente flutuam muito mais do que os ganhos. As razões, claro, são em grande parte psicológicas, emocionais, e não ligadas aos fundamentos. Assim, as mudanças de preço exageram sobremaneira as mudanças nos fundamentos. (página 192)

A verdade é que fatos e números financeiros são apenas um ponto de partida para o comportamento do mercado; a racionalidade do investidor é a exceção, não a regra: no mercado fica-se pouco tempo calmamente pesando dados financeiros e definindo preços livres de emoções. (páginas 194–195)

~

A meta do investidor é posicionar o capital de modo a se beneficiar de desenvolvimentos futuros. Ele deseja ter mais capital investido em um mercado em alta do que quando o mercado cai, e possuir mais das coisas que sobem mais ou caem menos, e menos das outras. O objetivo é claro. A questão é como conseguir isso.Ausente a capacidade de ver o futuro, como podemos posicionar nossos portfólios para o que vem pela frente? Penso que grande parte da resposta está na compreensão de onde o mercado está em seu ciclo e o que isso implica em seus movimentos vindouros. Como escrevi em The Most Important Thing, "talvez nunca saibamos para onde estamos indo, mas é melhor ter uma boa ideia de onde estamos". (páginas 213–214)

~

Qual é o ponto-chave nisso tudo? Saber onde o pêndulo da psicologia e o ciclo em avaliação estão em seus balanços. Recusar-se a comprar — e talvez a vender — quando a psicologia demasiadamente positiva e a vontade de atribuir avaliações exageradas fazem com que os preços subam aos níveis máximos. E comprar quando a psicologia se abate e o abandono de padrões de avaliação, quando no lado negativo, fazem com que os investidores em pânico ofereçam pechinchas vendendo, apesar dos baixos preços. Como bem colocou Sir John Templeton: "Comprar quando os outros estão vendendo e vender corajosamente quando os outros estão gananciosamente comprando requer grande fortaleza e traz a maior recompensa". (páginas 215–216)

~

> O ingrediente essencial aqui é a inferência, uma das minhas palavras favoritas. Pela mídia, todos vemos o que acontece a cada dia. Mas quantas pessoas se esforçam para entender o que esses eventos cotidianos dizem sobre a psique dos participantes do mercado, o clima de investimento e, portanto, o que se deve fazer?
>
> Simplificando, devemos nos esforçar para entender as implicações do que está acontecendo ao nosso redor. Quando os outros são imprudentemente confiantes e compram agressivamente, é preciso ser muito cauteloso; quando outros estão com medo de ficar inertes e, em pânico, vendem de qualquer jeito, deve-se ser agressivo.

Os elementos psicológicos e emocionais que listei têm seu principal impacto ao convencer os investidores de que os padrões de avaliação do passado se tornaram irrelevantes. Quando os investidores estão nas nuvens, ganhando dinheiro, acham fácil encontrar razões convenientes pelas quais os ativos devem ser desvinculados das restrições das normas de avaliação. A explicação geralmente começa com "desta vez é diferente". Fique atento a esse sinal ameaçador da suspensão voluntária da descrença. Da mesma forma, quando os preços dos ativos desabam, isso geralmente é atribuído à suposição de que nada que se apoie em um valor do passado pode ser confiável para funcionar no futuro. (páginas 220 e 221–222)

~

Quando as pessoas dizem "é diferente" neste caso, querem, na verdade, dizer que as regras e os processos que produziram ciclos no passado foram suspensos. Mas o comportamento cíclico do passado financeiro não resultou da operação de regras físicas ou científicas. Na ciência, causa e efeito desfrutam de um relacionamento confiável e recorrente, de modo que é possível dizer com confiança "se A, então B". Mas, embora existam alguns princípios que operam no mundo das finanças e dos negócios, a verdade resultante difere muito da ciência.

A razão para isso — volto a bater na mesma tecla — é o envolvimento das pessoas. As decisões que elas tomam têm grande influência nos ciclos econômicos, comerciais e de mercado. Na realidade, economias, negócios e mercados consistem em nada além de transações entre pessoas. E as decisões das pessoas não são tomadas cientificamente.

As pessoas têm sentimentos e, como tal, não estão sujeitas a leis invioláveis. Elas sempre trarão emoções e fraquezas às suas decisões econômicas e de investimento. Consequentemente, se tornarão eufóricas ou desanimadas na hora errada — exagerando o potencial de crescimento quando as coisas vão bem, e o risco de queda quando as coisas vão mal — e, portanto, seguirão a tendência a extremos cíclicos. (páginas 295-296)

~

Posicionamento de ciclo é o processo de decidir sobre a postura quanto ao risco de seu portfólio em resposta aos julgamentos que você fez em relação aos ciclos principais, e a seleção de ativos é o processo de decidir quais mercados, nichos de mercado e títulos ou ativos específicos estão sub ou sobreapreciados. Essas são as duas principais ferramentas no gerenciamento de portfólio. Pode ser uma simplificação excessiva, mas acho que tudo o que os investidores fazem se enquadra em um ou outro desses itens. (página 255)

~

Posicionamento do ciclo consiste primordialmente em escolher entre uma postura agressiva ou uma postura defensiva: aumentar ou diminuir a exposição aos movimentos do mercado.

A receita para o sucesso aqui consiste em (a) uma análise cuidadosa de onde o mercado está em seu ciclo, (b) em decorrência, um aumento de agressividade, e (c) ficar provado que isso está correto. Essas coisas podem ser resumidas como "habilidade" ou "alfa" no posicionamento do ciclo. É claro que "c" não é uma questão de todo dentro do controle de ninguém, em particular devido ao grau de aleatoriedade a que está sujeito. Então, "ficar provado que está correto" não acontecerá o tempo todo, mesmo para investidores hábeis bons de raciocínio. (páginas 257 e 259)

~

Quando o ciclo de mercado está na fase de baixa, os ganhos são mais prováveis do que o normal, e as perdas são menos prováveis. Vale o inverso quando a fase é de alta. Os movimentos de posicionamento, baseados em onde você acredita que o mercado está em seu ciclo, significam tentar preparar melhor seu portfólio para os eventos que estão por vir. Embora sempre se possa ter azar sobre a relação entre o que logicamente deve acontecer e o que realmente acontece, boas decisões de posicionamento podem aumentar a chance de que a tendência do mercado — e, portanto, a chance de desempenho superior — esteja de seu lado. (página 261)

~

Acho muito razoável tentar melhorar os resultados de investimento a longo prazo, alterando as posições com base na compreensão do ciclo do mercado. Mas é essencial entender também as limitações, as habilidades necessárias e as dificuldade envolvidas nisso.

É importante ressaltar o fato óbvio de que, em vez dos altos e baixos cotidianos do mercado, os exemplos claros que forneci no Capítulo XII envolviam todos os extremos cíclicos que ocorrem "uma vez na vida" (que hoje em dia parecem acontecer uma vez por década). Primeiro, os extremos da bolha e do colapso — e, em particular, o processo que os faz surgir — ilustram mais claramente o ciclo em ação e como responder a ele. E segundo, é quando se lida com extremos pronunciados que devemos esperar a maior probabilidade de sucesso.

Por definição, o estado da relação entre preço e valor em nenhum lugar é tão claro quanto nos extremos. Assim:

- É difícil fazer distinções frequentes e é difícil fazê-lo corretamente.
- No meio termo — onde está a relação "justa" — as distinções não são tão lucrativas quanto nos extremos, e não se pode esperar que essas distinções funcionem como se fossem confiáveis.

Detectar e explorar os extremos é de fato o melhor que podemos esperar. Acredito que isso pode ser feito de forma confiável sendo analítico, perspicaz, experiente (ou versado em história) e não emotivo. Mas isso significa que não se deve esperar conclusões lucrativas todos os dias, meses ou mesmo todo ano.

A razoabilidade do esforço para identificar o momento do ciclo depende simplesmente do que se espera dele. O êxito é improvável se você frequentemente tenta localizar onde estamos no ciclo no sentido de "o que vai acontecer amanhã?" ou "o que está reservado para nós no mês que vem?" Qualifico esse esforço como "tentando ser fofo". Ninguém pode fazer boas distinções frequente ou consistentemente o bastante para incrementar os resultados do investimento. E ninguém sabe quando se materializarão os desenvolvimentos de mercado que aqueles esforços quanto ao posicionamento de ciclo rotulam como "prováveis".

Como Peter Bernstein disse, "O futuro não é nosso para conhecê-lo. Mas ajuda saber que estar errado é inevitável e normal, não uma tragédia horrível nem uma falha terrível de raciocínio nem mesmo má sorte na maioria dos casos. Estar errado vem com a franquia de uma atividade cujo resultado depende de um futuro desconhecido..." (página 269, 272–274 e 275)

A tendência das pessoas para o excesso nunca acabará. E assim, porque esses excessos em algum momento serão corrigidos, e cessará a ocorrência de ciclos. As economias e os mercados nunca se moveram em linha reta no passado nem o farão no futuro. Isso significa que os investidores com capacidade de entender ciclos encontrarão oportunidades de lucro. (página 291)

ÍNDICE